VOCÊ TAMBÉM PODE BRILHAR

TUDO O QUE VOCÊ PRECISA SABER E FAZER PARA INICIAR SUA CARREIRA ARTÍSTICA

MARCELO GERMANO
VOCÊ TAMBÉM PODE BRILHAR

TUDO O QUE VOCÊ PRECISA SABER E FAZER PARA INICIAR SUA CARREIRA ARTÍSTICA

Benvirá

ISBN 978-85-5717-118-3

DADOS INTERNACIONAIS DE CATALOGAÇÃO NA PUBLICAÇÃO (CIP)
ALINE GRAZIELE BENITEZ CRB1/3129

Germano, Marcelo
　Você também pode brilhar: tudo o que você precisa saber e fazer para iniciar sua carreira artística / Marcelo Germano. – 1.ed. – São Paulo: Benvirá, 2017.

ISBN 978-85-5717-118-3

1. Talentos. 2. Carreira artística. 3. TV – atores. 4. Cantores. 5. Cinema. 6. Música. I. Título.

972.9　　　　　　　　　　　　　　　　CDD-792.9
　　　　　　　　　　　　　　　　　　　CDU-792.5

Índices para catálogo sistemático:
1. Talento: carreira artística

Copyright © Marcelo Germano de Souza, 2017
Todos os direitos reservados à Benvirá,
um selo da Saraiva Educação.
www.benvira.com.br

somos | Benvirá

Av. das Nações Unidas, 7221, 1º Andar, Setor B
Pinheiros – São Paulo – SP – CEP: 05425-902

SAC 0800-0117875
De 2ª a 6ª, das 8h às 18h
www.editorasaraiva.com.br/contato

Presidente	Eduardo Mufarej
Vice-presidente	Claudio Lensing
Diretora editorial	Flávia Alves Bravin
Gerente editorial	Rogério Eduardo Alves
Editoras	Debora Guterman
	Paula Carvalho
	Tatiana Allegro
Produtores editoriais	Deborah Mattos
	Rosana Peroni Fazolari
Suporte editorial	Juliana Bojczuk
Preparação	Luiza Del Monaco [Revisionário]
Revisão	Alícia Toffani e Augusto Iriarte [Revisionário]
Diagramação	Simone Fernandes
Capa	Ton Vicentini
Foto Marcelo Germano	Ingrid Gonçalves
Demais fotos de capa	Divulgação
Impressão e acabamento	Corprint Gráfica e Editora Ltda.

1ª edição, 2017

Nenhuma parte desta publicação poderá ser reproduzida por qualquer meio ou forma sem a prévia autorização da Saraiva Educação. A violação dos direitos autorais é crime estabelecido na lei nº 9.610/98 e punido pelo artigo 184 do Código Penal.

Parte dos direitos autorais desta obra (50%) será revertida para a Associação Marcelo Germano.

EDITAR 16230　　CL 670606　　CAE 620161

Dedico este livro ao meu pai, Jayme Renato, falecido em 2010. Um homem apaixonado pela vida, que me deixou como presente a sua experiência na área artística. Foi com o seu legado que eu fiz a minha caminhada profissional. Nos encontraremos em outro plano, meu pai.
Muito obrigado.

SUMÁRIO

Nota do autor | Uma primeira palavra 9
Prefácio | Marcelo, o visionário das passarelas e dos palcos 13
Introdução 17

1 | Sempre caminhando 19
2 | O talento em construção 41
3 | Um jogo de erros e acertos 65
4 | Há lugar para todos 89
5 | Como vender seu peixe 117
6 | A presença, apoio ou ausência dos pais determina o
    (in)sucesso do filho 142
7 | Mitos e fantasmas na vida dos artistas 178
8 | Desventuras e finais felizes 199
9 | Dinheiro também se faz com arte 222
10 | Cheguei ao topo, e agora? 249
11 | O que eles dizem 268

Conclusão | Vocês fazem o espetáculo 302
Agradecimentos 310
Anexo 1 | Guia rápido: cuidados a serem tomados e erros
             a serem evitados em uma carreira artística 314
Anexo 2 | Planilha de planejamento financeiro 319

Nota do autor

Uma primeira palavra

Este livro é uma obra de cunho educacional. Seu objetivo é esclarecer, de forma detalhada e didática, qual é a forma mais segura e eficaz de os pais de menores de idade conduzirem a carreira artística de seus filhos. Esse assunto é de extrema importância tendo em vista a pouca bibliografia disponível sobre o funcionamento do mundo artístico, sobretudo para artistas que ainda não atingiram a idade adulta.

Assim, este livro aborda vários aspectos e possibilidades que surgem nessa área, destacando, em cada uma delas, as melhores decisões a serem tomadas para garantir a esses artistas uma vivência tão sadia quanto a de crianças, adolescentes e jovens que não estão no universo artístico.

Este livro mostra, ainda, a importância fundamental e insubstituível dos estudos regulares para a formação desses artistas, ressaltando que em nenhum momento essas crianças, adolescentes e jovens devem deixar de lado seus estudos. Apenas frequentando escolas formais, eles poderão se tornar, no futuro, pessoas capazes de aplicar seus conhecimentos no âmbito profissional e pessoal, aperfeiçoar seu caráter, se tornar cidadãos autônomos, conscientes de seus direitos e dos direitos dos outros e usufruir, em pé de igualdade com os demais, de todas as oportunidades que a sociedade possa lhes proporcionar.

Esta obra também reforça o papel único que as famílias têm na criação de um ambiente em que esses jovens recebam amor, proteção, carinho, encorajamento, bons exemplos e as condições materiais necessárias para que tenham uma vida feliz e livre de pressões e em que os limites físicos e psicológicos pertinentes à sua idade sejam respeitados.

Em várias passagens deste livro, são feitos alertas e sugeridos cuidados preventivos para que sejam evitadas as ações de empresas e pessoas que têm como objetivo espúrio explorar o trabalho infantil e que se esforçam para enganar pais e jovens talentos com falsas promessas.

Algumas considerações jurídicas acerca da legislação vigente

Sob a ótica jurídica, o artigo 4º do Estatuto da Criança e do Adolescente[1] e o artigo 227 da Constituição[2] atribuem à família e à sociedade em geral a responsabilidade de assegurar à criança e ao adolescente o direito à saúde, à educação, à profissionalização, à dignidade e ao respeito.

---

1. Art. 4º É dever da família, da comunidade, da sociedade em geral e do poder público assegurar, com absoluta prioridade, a efetivação dos direitos referentes à vida, à saúde, à alimentação, à educação, ao esporte, ao lazer, à profissionalização, à cultura, à dignidade, ao respeito, à liberdade e à convivência familiar e comunitária.
2. Art. 227. É dever da família, da sociedade e do Estado assegurar à criança, ao adolescente e ao jovem, com absoluta prioridade, o direito à vida, à saúde, à alimentação, à educação, ao lazer, à profissionalização, à cultura, à dignidade, ao respeito, à liberdade e à convivência familiar e comunitária, além de colocá-los a salvo de toda forma de negligência, discriminação, exploração, violência, crueldade e opressão. (Redação dada pela Emenda Constitucional nº 65, de 2010.)

Dessa forma, busca-se proteger a condição peculiar de cada criança e adolescente como pessoa em desenvolvimento, sendo de fundamental importância a priorização de alguns aspectos para o desenvolvimento profissional destes artistas, como:

- **Saúde:** para o completo e normal desenvolvimento físico e psicológico da criança e do adolescente.
- **Educação:** por meio do estudo regular para sua formação intelectual e social completa.
- **Dignidade e respeito:** para que os artistas usufruam de seu tempo livre com atividades recreativas de esporte, cultura e lazer.

Prefácio

Marcelo, o visionário das passarelas e dos palcos

POR RITA FELCHACK
*Diretora de teatro, autora, atriz e sócia-diretora da Cia
Arte e Manha e da Felchak Produções e Eventos*

Nunca vou me esquecer da primeira vez que vi Marcelo Germano. Foi em meados da década de 1990. Assim que botei os olhos nele, prestei atenção à sua beleza. Era jovem, simpático, comunicativo... Imaginei que fosse mais um artista vindo me contar que estava produzindo um espetáculo. Mas, no minuto seguinte, percebi algo impressionante. Uma energia e uma disposição imensas caminhavam com ele, movimentavam-se com os seus gestos, expressavam-se na sua voz.

Ele se apresentou de maneira informal e imediatamente passou a falar da sua proposta. Queria que eu fosse a professora de interpretação na Escola de Manequins Marcelo Germano. Eu trabalharia em cidades do Sul do Brasil, região em que ele mais atuava. Devo ter perdido parte do que ele dizia, distraída com toda aquela paixão e propriedade.

Ele contou, eufórico, sobre todas as coisas boas que o projeto iria trazer. E não havia como duvidar do que o Marcelo dizia; bastava ver o brilho nos seus olhos para ter certeza de que aquele empreendimento, preparar modelos para o mercado artístico, era o seu grande sonho. Ele era todo orgulho, transparência e sinceridade. Me convenci instantaneamente de que seria uma ótima experiência viajar junto naquele sonho, ao lado de alguém tão especial. Marcamos uma reunião.

Nela, descobri mais uma característica do Marcelo. A assertividade. Em uma folha de papel sulfite, ele escreveu rapidamente o roteiro que eu deveria seguir. Antes que eu começasse a ler, ele já me estendeu o dinheiro para as despesas com táxis, hotéis, alimentação e ônibus (ah, os ônibus... nunca viajei tanto!). Eram três cidades por semana! E havia mais: Marcelo colocou nas minhas mãos uma pasta com a lista de alunos, os nomes dos hotéis, dos restaurantes e o endereço dos locais em que os cursos seriam ministrados.

As salas de aula estavam sempre cheias de crianças, adolescentes, jovens e seus sonhos. Todos animados, ansiosos, os rostos felizes com aquela novidade. Estavam todos encantados — afinal, o Marcelo já havia passado por lá. A energia era contagiante, e era muito bom senti-la.

Conto esses detalhes para destacar a forma admirável como tudo era construído. O Marcelo era a empresa produtora; e a empresa era ele. Marcelo escolhia as cidades, o local do curso, o hotel, o restaurante. Dedicava um tempo para escrever e diagramar os panfletos, mandava imprimi-los, distribuía. Divulgar, conseguir patrocínio, dar o start para tudo aquilo, quem fazia? O Marcelo. E não devemos nos esquecer de que naquela época não havia celular, nem internet. E o Marcelo não tinha carro!

E isso era apenas a preparação. Depois viriam as aulas de passarela, de etiqueta, de interpretação. Marcelo também era professor. Ao final do curso, ele realizava um desfile das melhores lojas da cidade e entregava certificados para os participantes, cujos olhos brilhavam. Era um acontecimento na cidade...

A montagem da estrutura era um espetáculo à parte. Eu me surpreendia, e me divertia, com a energia do Marcelo enquanto ele montava a passarela, colocava o carpete. Ria vendo-o montar tudo aquilo meio sem jeito. O martelo na mão, pregando ripas para construir a boca de cena pela qual os formandos entrariam na passarela. E no final tudo ficava perfeito!

Os muitos imprevistos que a realidade de cada cidade oferecia jamais enfraqueceram a vontade de fazer daquele empreendedor nato. Podia até ser difícil, mas nunca impossível! Eu e o Marcelo viajamos juntos para várias cidades. Devagar, tudo foi melhorando. Ele comprou um carro. Depois uma perua Besta bordô, customizada com o nome que o Brasil ouviria e falaria muitas vezes: Projeto Passarela.

E aquele jovem ousado, visionário, corajoso desejava mais! Conquistar novos horizontes. Os desafios eram sedutores, o empreendimento precisava se modernizar. Afinal, o mundo muda o tempo todo, as pessoas querem novidades. A mesmice cansa! Novos tempos exigem novas experiências, tentativas inovadoras, avanços. Algumas foram acertadas, outras marcadas por profunda decepção e quase falência. Surgiram nuvens negras, que trouxeram consigo tristezas, choros e perdas. Mas, em meio a tantas lutas e sacrifícios, também existiram muitas vitórias, alegrias e comemorações!

Estive com o Marcelo em muitas dessas situações. Conversas, confidências, trocas de ideias. Muitas vezes, lhe sugeri que desacelerasse, acalmasse a mente. Mas, mesmo nos momentos mais difíceis, nunca ouvi dele a palavra "desistir"; ela não fazia parte do seu vocabulário. Desânimo nunca! Ele preferia verbos positivos: "mudar"! "Melhorar"! "Expandir"! "Ousar"! "Conquistar"!

Hoje, olho para a sua equipe, formada por sua família e por pessoas que estiveram com ele em situações complicadas e difíceis. Ele fez questão de resgatar um a um, como forma de gratidão. O seu coração continuou o mesmo. Amoroso e acolhedor! Fico feliz ao ver que aquele jovem que me procurou um dia continua lindo, mas agora mais forte, mais sábio e ainda mais incrível!

Me emociono muito. As lágrimas iluminam os meus olhos ao vê-lo grandioso, à procura da sua evolução espiritual e do equilíbrio emocional. Preparando-se para ser cada vez melhor: melhor pai, melhor esposo, melhor exemplo, o grande realizador de sonhos. Sempre acreditei nele. Tanto é assim que hoje, o meu filho, a minha filha e toda a minha equipe, a Felchak Produções, inspiram-se no Marcelo Germano. Ele é a nossa maior referência de força, coragem e perseverança!

E, como se não bastassem todas as suas realizações, Marcelo nos surpreende com o lançamento deste livro. Com certeza, é mais um fruto da sua visão de futuro, já que esta obra não poderia vir em melhor momento. As carreiras artísticas, para cujo engrandecimento ele tanto contribuiu, estão em franco processo de expansão no cenário brasileiro. Ninguém mais seria capaz de produzir o riquíssimo conteúdo deste livro. Nas páginas seguintes, os leitores, principalmente aqueles que têm filhos que desejam seguir a carreira artística, vão encontrar a melhor orientação que alguém pode receber para ter sucesso nessa viagem iluminada pelos palcos e passarelas.

Ao criador do maior encontro de talentos da América Latina, e por que não dizer, da Terra; ao mágico que reúne em um só lugar milhares de sonhos; ao dono de uma visão 360 graus, que tudo vê; àquele que pensa primeiro na sua clientela, nas crianças, jovens e adolescentes; ao generoso que deseja realizar sonhos e torná-los realidade; a você, meu querido Marcelo Germano, eu tiro o meu chapéu!

Vida longa!

Introdução

Um número enorme de crianças, adolescentes e jovens sonha em seguir carreira artística. Entretanto, a maioria deles e de seus pais acaba agindo de forma intuitiva e pouco profissional na busca desse sonho, investindo tempo, energia e dinheiro em atividades que trazem pouco ou nenhum resultado para a construção de uma carreira artística consistente.

Neste meu livro, mostrarei aos leitores as razões, as motivações e as melhores estratégias e práticas para construir uma carreira sólida no meio artístico. Nas próximas páginas, vou tratar dos fundamentos dessa carreira, fornecer orientações valiosas e pouco conhecidas e apresentar as peculiaridades e os bastidores do universo artístico.

O sucesso na carreira de ator, cantor ou modelo não acontece do dia para a noite. Por isso, falarei também da importância de ter planejamento, persistência, foco, paciência, resiliência, inteligência e outras características que são aprendidas com o tempo, por meio de muita experimentação, erros, acertos e correções de rota. O desenvolvimento de um talento não se assemelha a uma corrida de cem metros rasos, e sim a uma maratona — é a melhoria diária durante vários anos que gera excelentes resultados.

Além disso, abordarei os principais obstáculos e desafios na trajetória de um futuro talento, bem como os cuidados que os pais, adolescentes e jovens devem ter na escolha de profissionais sérios para cuidar da gestão da carreira. Também sugerirei ferramentas, estratégias e boas práticas para alcançar o sucesso. Os leitores ainda conhecerão e aprenderão com as histórias de talentos reconhecidos no mercado: Larissa Manoela, Gabriella Mustafá, Marcelle Bittar, Viviane Orth, Bela Fernandes e outros.

Mais do que um manual, este é um livro que pretende contribuir para a formação de cidadãos responsáveis e empreendedores, pessoas que sejam exemplos de conduta e impactem positivamente a sociedade.

A minha intenção é que estas páginas sejam lidas tanto pelos pais como pelos adolescentes e jovens. Por isso, me esforcei para escrevê-las em uma linguagem acessível e interessante, para que o leitor se sinta como se estivesse sentado à minha frente batendo um papo gostoso e acolhedor.

1

Sempre caminhando

A trajetória de Marcelo Germano e do Projeto Passarela, desde 1993. A influência de seu pai, o modelo Jayme Renato, em sua carreira. Os sucessos e insucessos de seu caminho. As mudanças do mercado e o que está por vir.

A primeira vez que participei de um evento como modelo foi um desastre. Caminhei desajeitado pela passarela e perdi o equilíbrio. Caí em cima do público. Se isso já era ruim, as coisas ficaram ainda piores, porque também fiz xixi na calça. Não me lembro de ter chorado. Com certeza chorei. Mas o que lembro bem é que as pessoas sobre as quais eu caí me levantaram e me puseram de volta na passarela. Lá em cima, fiquei de pé, endireitei o corpo e continuei até o final do desfile. O ano era 1977, e eu tinha 5 anos. O desfile aconteceu em Caxias do Sul, no Rio Grande do Sul, e tinha sido organizado pelo meu pai, Jayme Renato, um modelo e ator bastante conhecido nas décadas de 1970 e 1980.

Naquele momento, esses três elementos, a passarela, o público e a minha família, se uniram para formar a minha estrutura física, mental e emocional, definindo o homem que sou hoje. Ou seja, uma pessoa que tem paixão por toda a beleza que o talento é capaz de expressar, seja na passarela, nos palcos, nas fotos ou nos filmes... não importa onde. Sou uma pessoa que acredita que existem muito mais talentos entre nós do que parece, e que eles estão somente à espera de alguém que lhes dê as condições necessárias para que floresçam com energia e alegria.

Um pai que nem sempre estava lá

Dessa trinca de influências, o meu pai foi a grande estrela-guia da minha trajetória. Mesmo tendo nos deixado em 2010, aos 63 anos, ele ainda brilha no que sou hoje. Mas também é verdade que as lembranças que tenho dele, especialmente as mais antigas, muitas vezes vêm acompanhadas de uma gotinha de amargor. É que as ausências do meu pai sempre estiveram presentes na minha vida. Ele e a minha mãe, Tania, me trouxeram a este mundo quando ela tinha 16 anos de idade. Os dois nunca se casaram. Talvez esse tenha sido o motivo de eu não ter tido muita convivência com ele. Mas nunca deixei de enxergá-lo e amá-lo como pai. E ele, de seu modo peculiar, me amou de volta.

Meu maior contato com meu pai era através da televisão. Eu o via no *Planeta dos homens,* um programa humorístico de grande sucesso na Rede Globo com atores como Jô Soares e Agildo Ribeiro, e também em comerciais e fotos de revistas. Dos nossos encontros ao vivo e a cores, guardo a imagem dele cheio de malas, pronto para viajar, sempre de ônibus, de cidade em cidade, para dar aulas em cursos de manequim e modelo. Uma jornada que eu seguiria, algumas décadas depois, voando por todo o Brasil, acompanhado por uma grande equipe.

Esses encontros com o meu pai ocorriam de maneira esparsa. Cheguei a passar quatro anos sem vê-lo. Mas as ocasiões em que nos víamos eram sempre intensas. Logo após meu primeiro desfile, ele me colocou em outros trabalhos. Me lembro de alguns: fotos para catálogos da malharia Hering; publicidade para as bolachas Isabela, uma marca bastante conhecida no Rio Grande do Sul na época; peças publicitárias para a Pepsi-Cola, quando a marca lançou como brinde uns disquinhos que eram lançados como se fossem aviõezinhos de papel. Fiz ainda alguns comerciais em vídeo. Nunca me esqueço de como me senti frustrado por não conseguir decorar o texto para o teste de um comercial. A fala era longa demais, e eu não conseguia memorizá-la. Chorei todas as lágrimas que um garoto de 7 anos é capaz de produzir.

Todos nós consideramos nossos pais pessoas únicas e especiais, e eles de fato são. Mas, além do amor natural de um filho por um pai, eu era fascinado pela trajetória inusitada que o meu pai tinha percorrido. Ele nasceu em Montenegro, cidade da região metropolitana de Porto Alegre, e ainda bem jovem decidiu ir para o Rio de Janeiro para seguir a carreira de modelo. Foi um dos primeiros modelos gaúchos a fazer trabalhos fora do Brasil, tendo desfilado em Paris e Nova York.

De volta para o Sul, abriu uma agência de modelos em Porto Alegre. Fez um grande número de trabalhos relevantes. Tenho em casa um baú cheio de materiais e fotos dele. Meu pai era um homem muito bonito e de fácil relacionamento. E mulherengo. Casou-se onze vezes, e do seu primeiro casamento, com a Cíntia, nasceu a minha irmã Isabela, que só fui conhecer trinta anos depois de seu nascimento. Tenho por ela um amor muito grande, mesmo tendo passado poucos momentos juntos.

Me alongo um pouco mais contando as histórias do meu pai porque o passo seguinte que ele tomou, já perto dos 30 anos, teve uma importância crucial na minha vida. Nessa época, ele começou a organizar cursos de modelo para crianças e jovens entre 4 e 25 anos. Ele ia para qualquer lugar onde houvesse alguém interessado em aprender a desfilar, a posar para fotos e coisas do tipo. E sempre houve muita gente interessada. Seus cursos, ministrados em várias partes do Brasil, chegavam a reunir entre quatrocentos e quinhentos alunos. A maior parte dos cursos era oferecida no Rio Grande do Sul e em Santa Catarina, principalmente no Balneário Camboriú, região litorânea a oitenta quilômetros de Florianópolis.

Quando eu via meu pai com malas na mão, partindo para mais um curso, sentia uma enorme vontade de ir junto. Talvez esse desejo, que era muito forte, fosse reflexo da grande carência que eu, ainda criança, tinha da sua presença. Quando as aulas eram em Porto Alegre ou quando ele me levava junto para outra cidade, eu assistia fascinado a tudo que ele dizia e fazia. Mas, curiosamente, não me lembro de ter, em algum momento, pensado em seguir a carreira de modelo.

Depois de algum tempo, a minha mãe se mudou para a cidade de Rio Grande, também no Rio Grande do Sul, onde meu avô materno era proprietário da Loja Germano. Ela foi para lá com o objetivo de estruturar a sua vida. Quanto a mim, passei um tempo com a minha avó paterna, Dinorah, na cidade de Montenegro, mas logo nos mudamos para Porto Alegre.

A minha avó Dinorah foi um anjo na minha vida. Me lembro de suas orações ao padre Reus e vou às lágrimas com saudades das noites em que ela me ensinava a rezar: "Com Deus me deito, com Deus me levanto e com a graça de Deus e do Espírito Santo, amém". Também nunca me esquecerei da grande convivência com a minha avó materna, Élida. Carinhosa, ela me chamava de Mimoso.

Quando minha mãe estava com a vida estruturada, fui morar com ela em Rio Grande. Algum tempo depois, ela se casou com o Sérgio, com quem convivi por sete anos. Do relacionamento dos dois, nasceram os meus irmãos Felipe, Guilherme, Juliana, Camila e Rodrigo, nessa ordem. Todos os rapazes trabalham na empresa comigo. Depois de algum tempo em Rio Grande, nos mudamos para Quitandinha, no interior do Paraná, e por lá fiquei até os meus 16 anos, quando a minha mãe se separou do Sérgio e eu me mudei para Porto Alegre.

Três mil cuecas samba-canção

Na capital gaúcha, fui trabalhar com o tio Cláudio, irmão do meu pai, proprietário de uma confecção de cuecas samba-canção, daquelas bem tradicionais. Foi nessa época que, inesperadamente, surgiu uma faceta da minha personalidade que até então eu desconhecia: o meu lado empreendedor. Com um mostruário da confecção do tio Cláudio na mala, viajei para Curitiba. E ali, aos 16 anos, fechei um grande negócio: vendi 3 mil cuecas para a Hermes Macedo, à época uma rede de loja de departamento com sede em Curitiba e filiais em vários estados brasileiros. A confecção do meu tio quase quebrou para conseguir produzir tantas peças; até então, os maiores pedidos que tinha recebido eram lotes de cem peças.

E houve outra turbulência no caminho. Como os juros naquela época eram muito altos — batiam nos 80% ao mês —, quando a fatura dos tecidos venceu, meu tio ainda não havia recebido da Hermes Macedo nem entregado todas as peças encomendadas, mas o valor dos tecidos havia subido tanto que diminuiu o ganho que ele teve sobre a venda das peças. Foi uma venda fantástica, um grande salto, mas no momento errado. Rio até hoje com essa história. Foi mal, tio Cláudio!

Com toda a energia de um rapaz recém-saído da adolescência, mergulhei em várias atividades. Trabalhei como office-boy, vendi tratores — antes disso, fui vocalista em uma banda chamada Energia Solar e vendi frangos assados naqueles fornos conhecidos como "televisões de cachorro". Nos intervalos do trabalho, sempre encontrava tempo para ir a algum curso para modelos promovido pelo meu pai, que vez ou outra me convidava para acompanhá-lo, principalmente quando o evento acontecia em Balneário Camboriú.

Quando os eventos aconteciam em Camboriú, eu colaborava distribuindo panfletos na praia, de barraquinha em barraquinha. Foram muitas as vezes que eu fui de uma ponta a outra da cidade para divulgar o curso do meu pai. Eram panfletos em preto e branco, muito simples, já que naquela época, final da década de 1980, não existia internet, e o Facebook e o WhatsApp não existiam nem nos mais delirantes livros de ficção científica.

Foi enquanto assistia a uma das aulas do meu pai, ou entregava panfletos de mão em mão, não tenho certeza, que me surgiu a ideia de levar o curso dele para Curitiba. Se aos 16 eu tinha conseguido vender 3 mil cuecas para a maior loja de departamentos da cidade, por que agora, aos 17, não conseguiria organizar pessoalmente um curso para modelos? Fiz a sugestão para o meu pai. O curso teria duração de três meses, com uma aula por semana, e seria ministrado na danceteria Number One. Eu organizaria tudo e teria uma porcentagem do lucro. Ele topou. De ônibus, andei por toda Curitiba distribuindo folhetos. Cerca de quarenta pessoas se interessaram, e o curso aconteceu. Eu acompanhei tudo, do início ao fim, observando como as aulas eram dadas e a didática que meu pai usava.

Hoje, quando penso nesse primeiro curso, tento lembrar quais foram as razões que me levaram a tomar essa iniciativa. Uma delas foi, certamente, ajudar a minha mãe, que era sozinha e tinha filhos pequenos para cuidar. Outra razão deve ter sido uma conversa que tive com o meu tio Lica, outro irmão do meu pai, que também foi modelo. Me lembro dessa conversa como se ela tivesse acontecido hoje de manhã. Caminhando ao lado dele pela avenida Protásio Alves, em Porto Alegre, eu me lamentava de que não sabia o que fazer da vida, que eu tinha a mente acelerada, dificuldade de leitura… O tio Lica então sugeriu que eu seguisse os passos do meu pai: "Por que você não toca esse negócio do teu pai?". Na hora, não respondi nada, mas aquilo ficou na minha cabeça.

No entanto, a razão que considero a mais provável é a vontade que eu tinha de trazer meu pai para perto de mim. Já que ele estava sempre viajando por conta dos cursos, a melhor maneira de tê-lo por perto era eu mesmo organizar os seus cursos. E foi o que fiz.

Um negócio sério

De uma coisa, entretanto, eu tenho certeza: quando tive a ideia do curso na Number One, a última coisa em que pensei foi ganhar dinheiro. O que me fascinava era a ideia de organizar o evento. Eu sempre gostei e tive facilidade de trabalhar nos bastidores, de organizar, e tenho uma imensa satisfação quando vejo as coisas surgirem do nada. Não me incomodava pegar um monte de folhetos — ainda que o pacote pesasse cem quilos —, botar tudo dentro de um ônibus e ir para a frente de uma escola. Às vezes, eu chegava a bater boca com os seguranças, que não queriam me deixar distribuir os panfletos para os alunos. Eu falava grosso com eles: "Isso aqui é um negócio sério, e eu vou divulgar, sim". E continuava distribuindo os folhetos, não queria saber de timidez ou impedimentos.

Com o passar dos anos, organizei muitos outros cursos para modelos, mas a felicidade que senti no fim daqueles três meses na danceteria Number One foi muito especial. Não teve a ver com o número de alunos; se tivesse sido só cinco pessoas, ainda assim, teria sido fantástico. Foi o fato de ter organizado tudo sem a ajuda de ninguém que tornou aquele evento perfeito para mim.

E, no final das contas, nós ainda tivemos lucro! Isso porque os nossos custos eram muito reduzidos. O professor era um só, meu pai. O único fornecedor que tínhamos de pagar era a Number One, pelo aluguel do espaço. Não houve publicidade em rádio ou televisão, só o mesmo folheto preto e branco de sempre, que eu mesmo distribuía. Mas, para mim, o que não tinha preço era a oportunidade de aprender, nos mínimos detalhes, como o meu pai dava as aulas. Eu não perdia nada, nenhum detalhe.

Além de aprender, eu queria o reconhecimento do meu pai. Queria ouvir um elogio dele ao que eu havia feito. E, afinal, ele me disse que gostou, que tudo tinha sido muito bem-organizado, e ainda sugeriu que nós dois fizéssemos mais projetos juntos. Esse também era o meu desejo, mas nossas agendas não se acertavam. Por várias circunstâncias, coisas da vida, só voltaríamos a trabalhar juntos muitos anos depois.

Se os projetos com o meu pai ainda teriam de esperar algum tempo, a oportunidade de um novo curso surgiu logo em seguida. O dono da

Number One, encantado com o que tinha visto, me pediu que organizasse um desfile na danceteria, com direito a plateia. O desfile aconteceu, e, entre os convidados, estava Adriana, proprietária da Carbono, uma loja de Campo Largo, também na região metropolitana de Curitiba. Ela gostou do desfile e me pediu que fizesse um na Carbono. Eu concordei na hora.

Já não lembro, mas devo ter sentido um frio na barriga. Mas, como disse, eu estava de posse de todas as referências de que precisava. Por exemplo, lembrava que, para a formatura dos cursos, meu pai tinha criado um cenário com espelhos iluminados e, ao longo das laterais da passarela, havia canaletas de iluminação; era uma coisa simples, ripas de madeira com bocais e lâmpadas. Comecei a fazer tudo igual, sem nem pensar se ia ter lucro ou não; a única coisa que eu tinha na cabeça era: "Eu quero o que o meu pai tem, exatamente igual".

Encomendei os espelhos e fiz eu mesmo as canaletas. Comprei as madeiras e me internei na garagem, grampeando fios, pregando bocais, estourando lâmpadas. Mandei fazer biombos. Contratei um DJ e montei a trilha sonora. Era o tempo dos discos de vinil. Ensaiamos com as garotas e os garotos da cidade por duas semanas. Tinha coreografia e até mesmo uma motocicleta passando sobre a passarela. Aos 17 anos, você tem só coração, quase nenhuma técnica. Então fiz tudo com o coração.

Desfilar como uma modelo

O desfile foi um sucesso. Tudo deu certo. E a mulherada de Campo Largo começou a me perguntar: "Por que você não dá um curso aqui para os nossos filhos?". E por que não? Decidi dar o curso. Claro que senti medo, angústia e insegurança, mas eu tinha entrado sozinho nessa, não tinha para onde correr. Organizar o curso passou a ser a minha ocupação principal. Meus irmãos se divertem lembrando de quando eu treinava em casa o andar das modelos, para dar as aulas. Eu ia e vinha pelos corredores, como se estivesse desfilando, até conseguir o andar perfeito. Mais tarde, ao dar aula em outros cursos, cheguei a sofrer bullying por andar dessa forma. Eu nem ligava, pois amava o que fazia.

Quando abri as inscrições para aquele primeiro curso de modelo, uma surpresa: 282 alunos se inscreveram! Imagine isso: um menino de 18 anos com 282 alunos pagando uma mensalidade que hoje representaria algo em torno de 35 reais. Eu estava no céu. Não só pelo ganho financeiro, mas porque estava fazendo algo de que gostava. Eram duas aulas por semana, na terça e na quinta. Era aquilo o que eu queria para o resto da vida. Naquela época, nem sonhava que os negócios iriam crescer. Quando pensava no futuro, me via feliz dando os meus cursos. Achava que, aos 60 anos, ainda estaria andando de ônibus e distribuindo panfletos em preto e branco.

Depois de Campo Largo, tudo começou a caminhar mais rápido. Organizei um segundo curso, depois um terceiro. Comecei a expandir para cidades mais distantes de Curitiba, como Irati, Prudentópolis, Laranjeiras do Sul, Palotina e Marechal Cândido Rondon. Acabei me mudando para Irati, onde morei por dois anos. Durante esse período, os negócios foram se tornando cada vez mais sólidos, e acabei montando um escritório e me transferindo para Guarapuava, onde residi por dezessete anos.

Foi nessa cidade que, em 1996, aos 24 anos, me casei com Rosemari. Ela foi muito importante para a minha vida, tanto pessoal quanto profissional, durante os dezessete anos em que estivemos juntos. Quando nos conhecemos, eu estava endividado — aquela velha história de artista que não sabe lidar com dinheiro. Eu trabalhava muito, mas gastava mais do que ganhava. E ela, com sua experiência, me ensinou a economizar e a ter uma gestão mais acertada dos negócios. Sou muito grato a ela. Esse relacionamento também me deu o Lucas, meu enteado, um menino fantástico que considero meu próprio filho. Nós dois temos uma amizade e uma cumplicidade muito bonita, que persiste até hoje. Do casamento com Rosemari nasceu a Eduarda, a minha filha, um verdadeiro presente de Deus. Eduarda é minha parceira, minha amiga para todas as horas e também minha companheira de trabalho.

No início, a empresa não tinha uma equipe fixa. Só uma pessoa viajava sempre comigo, o Cláudio Marcos, que havia trabalhado com o meu pai. Nós dávamos aulas juntos. Ele ensinava expressão corporal e interpretação, enquanto eu ministrava as aulas de passarela. As demais funções eram terceirizadas.

Ficamos bem conhecidos na região Sul do Brasil, principalmente no Paraná. Dávamos aulas em sete cidades por semana. A cada dia, um lugar diferente, com uma média de duzentos alunos por curso. No início, fazíamos todas as viagens de ônibus, mas, com a empresa bem-administrada, conseguimos comprar uma van — cor-de-rosa, por sinal. Houve períodos em que tínhamos mais de mil alunos simultaneamente. Entre 1993 e 2003 — quando foi criado o Projeto Passarela —, formamos mais de 10 mil alunos.

Procuram-se talentos

Em meio a essas pessoas que tinham aulas de maquiagem, expressão corporal, interpretação, andar na passarela, coreografia, harmonização de roupas e acessórios, sempre surgia gente muito talentosa, com desenvoltura e habilidades acima da média. No entanto, descobrir talentos não era algo que fazíamos; o nosso negócio continuava sendo uma escola de manequins e modelos. Mas era inevitável que o trabalho que fazíamos começasse a chamar a atenção de scouters, que é como são chamados os profissionais que procuram atores ou modelos de talento para levá-los para o mundo profissional.

Esses scouters atuavam em todas as regiões do país e, quando encontravam os talentos que buscavam, colocavam os candidatos em ônibus e os levavam para São Paulo ou para o Rio de Janeiro, com a promessa de apresentá-los para as agências. Alguns desses scouters nos pediam ajuda para selecionar essas pessoas.

Eu percebia, no entanto, que as pessoas gastavam um valor muito alto com tais viagens. Muitos reclamavam que, além de caras, elas eram cansativas. E, pior ainda, muitas vezes, eles acabavam não conhecendo agência nenhuma. Foi então que me veio uma ideia: por que, em vez de levar os alunos e seus pais até as agências, não trazíamos os agentes que estavam à procura de talentos ao encontro destes, num evento estadual?

Fiz uma parceria com um scouter que sempre nos procurava, e decidimos que o primeiro encontro seria feito em Guarapuava. Ele tinha contato com as agências em São Paulo, e nós tínhamos experiência em lidar com pessoas interessadas na carreira artística. Passamos o ano de 2003 percorrendo municípios como Turvo, Manoel Ribas, Iretama, Pitanga, cidades pequenas que ficam próximas a Guarapuava.

No ano seguinte, realizamos o primeiro encontro, o Paraná Celebrities. No total, participaram 220 talentos e cinco agências. O resultado financeiro? Um prejuízo de 60 mil reais. Mas, de certa forma, deu certo, porque revelamos cinco talentos, entre eles a modelo Damiana Guimarães, da cidade de Iretama, que, inclusive, foi chamada para trabalhos no Japão. Além disso, comprovamos que a metodologia funcionava.

O que não me deixou tão feliz foi o meu parceiro no evento. Fiquei com a sensação de que eu havia feito 90% do trabalho, tendo percorrido sozinho as cidades e tomado as principais providências. Isso me fez decidir tocar o evento por conta própria no ano seguinte. Criei então o Projeto Passarela, registrei o nome, tomei todas as providências legais e comecei a organizar o próximo encontro, que seria realizado em abril de 2005, também em Guarapuava. Convidei cerca de vinte agências, mas, ao que parece, o meu ex-parceiro, zangado com o rompimento do nosso acordo, ligou para todas elas para desqualificar o evento e recomendar que não participassem. Algumas desistiram, mas pelo menos dez agências mandaram representantes, e o evento contou com mais de trezentos talentos.

A partir daí, a coisa não parou mais. Eventualmente, enfrentamos experiências ruins com alguns parceiros, mas em compensação surgiram pessoas iluminadas que trouxeram ótimas sugestões. Uma delas foi o empresário de atores Guilherme Abreu, que gerencia a carreira do ator Thiago Lacerda, entre outros. Guilherme me convenceu a incluir no evento uma convenção de elenco, com palestras, avaliações e orientações para quem está interessado em seguir a carreira de ator, o que implementei no ano seguinte, 2006.

Já em 2009, fizemos também uma convenção musical, que acabou não dando resultados tão bons. Percebemos que os jovens, que já tinham dificuldades para investir no nosso evento, gastavam ainda mais para gravar um CD. O custo acabava sendo proibitivo. Na época, plataformas acessíveis de divulgação musical, como o YouTube, não eram tão populares. Hoje, essas plataformas diminuem os custos para esses jovens mostrarem seu talento como músicos. Graças à tecnologia, já é possível pensar em retomar a convenção musical, que certamente revelará talentos para o teatro musical, uma modalidade crescente no Brasil.

Um gol contra

Não há nenhuma dúvida de que o Brasil é um país de talentos. Nossas modelos são desejadas nos mais importantes centros de moda. Nossa música é ouvida e apreciada em todo o mundo. Atores e atrizes, mesmo tendo de enfrentar a barreira da língua, conquistam cada vez mais espaço no exterior. Mas, acima de tudo, não há como pensar em talentos verde-amarelos sem se lembrar do futebol. Somos o país do futebol e ponto. Qualquer um que diga algo diferente disso está enganado.

Sabendo disso, comecei, em 2010, a selecionar talentos para o mundo da bola. Fiz cinquenta seleções de jogadores com o apoio de uma equipe profissional formada por preparadores de goleiros e de jogadores. E foi aí que ficou ainda mais claro para mim que somos o país do futebol.

O evento começou a tomar uma proporção gigantesca; as rádios AM divulgaram as seletivas nas cidades, e as escolinhas de futebol se interessaram. Foi uma reação mais intensa do que a gerada pelas seletivas de modelos. Apareceram mais de mil meninos. Uma loucura! A repercussão desse evento mexeu não apenas com os interessados, mas também com muitos interesses, alguns não muito honestos. Começaram a surgir denúncias na Polícia Civil de que o que estávamos fazendo era mentira, de que não haveria convenção nenhuma, de que nosso interesse era arrancar dinheiro das famílias das crianças.

Em fevereiro de 2011, duas semanas antes do início da convenção, três integrantes da nossa equipe foram detidos pela Polícia Civil em Campo Mourão, no Paraná, acusados de estelionato. De acordo com a definição jurídica, estelionato é uma fraude por meio da qual alguém induz outra pessoa a acreditar que irá obter algo, sendo que o verdadeiro objetivo é obter vantagem ilícita para si próprio (por exemplo, vender a alguém um carro que não é seu). Segundo as acusações contra nós, estávamos mentindo para as pessoas quanto à realização do evento.

Fui espontaneamente até Campo Mourão, e a delegada da cidade me disse que seria muito difícil eu conseguir autorização para realizar o evento. Mas ela estava enganada. Voltei para Guarapuava e consegui das autoridades o compromisso de que a convenção aconteceria.

Vários olheiros de times compareceram. Por fim, tudo correu bem nesta que foi a primeira convenção de jogadores de futebol do mundo. Mas penso que incomodamos muitas pessoas do meio do futebol que não têm interesses corretos. Pagamos um preço muito alto pela nossa ousadia. A empresa, que na época estava com 53 funcionários, precisou reduzir o quadro para três. As dívidas chegaram a 1 milhão de reais. E foram abertos doze inquéritos policiais contra mim. Mais tarde, fui absolvido de todas as acusações. Toda essa pressão, somada à morte do meu pai poucos meses antes, me levou a desenvolver uma síndrome do pânico.

A virada do jogo

Passei parte de 2011 lambendo as feridas. Mas segui em frente. Ao contrário do que empresas que passam por dificuldades semelhantes, ou até menos graves, costumam fazer, não mudei meu CNPJ. Também não mudei minha motivação, muito menos meus princípios.

Retomei as convenções de modelos em 2012. Como não poderia deixar de ser, depois de tudo o que havia acontecido, o número de interessados foi menor, cerca de quinhentos talentos. Nunca tentei esconder dos pais dos modelos os problemas que eu tinha enfrentado com a convenção de futebol. Em todos os encontros que realizava, contava sobre os inquéritos que haviam sido abertos, mesmo porque, nesta época de redes sociais, não dá para esconder esse tipo de coisa. Mas eu explicava que aquilo era uma sacanagem contra a gente, que estávamos nos defendendo.

Nossa equipe continuava com apenas três pessoas: Thiago, fotógrafo que trabalha comigo há mais de dez anos e jamais abandonou o barco; Izonete, fiel escudeira, que suportou todas as adversidades; e Simone, minha esposa, meu braço direito e suporte para todos meus sonhos. Deste meu segundo casamento, nasceu o Ian, meu filho lindo, que é a alegria de nossas vidas. Para me ajudar, entrariam em cena a minha mãe, preciosa colaboradora nas viagens do projeto e na nossa recuperação empresarial, e, depois, meus irmãos, os intrépidos três mosqueteiros Rodrigo, Guilherme e Filipe, que continuam na empresa até hoje.

Simone Calizotti, na alegria e na tristeza

Se a Marcelo Germano Talents fosse um corpo humano e seus funcionários, os órgãos internos, Simone certamente seria o coração. Esposa de Marcelo Germano desde 2012 e mãe do Ian, nascido em 2014, Simone começou a trabalhar com Marcelo em 2005, quando o Projeto Passarela passou por Arapongas, Paraná, cidade onde ela morava. Sem emprego à época, Simone foi contratada para ajudar nas inscrições dos jovens interessados em participar da seletiva. Ao final do evento, ela e a equipe do Passarela gostaram tanto de trabalhar juntos que, pouco tempo depois, ela se mudou para Guarapuava, onde ficava o escritório da empresa, e foi contratada para trabalhar em tempo integral.

Mais de uma década se passou e Simone testemunhou, primeiro como funcionária e depois como esposa de Marcelo — eles se casaram dois anos após o fim do primeiro casamento dele —, os anos de ascensão, a queda e a recuperação da Marcelo Germano Talents (MGT). Em meio às oscilações da saúde empresarial do grupo, Simone funcionou como um vigoroso coração, a força vital para que Marcelo se recuperasse da depressão decorrente dos problemas enfrentados durante as seletivas de jovens talentos interessados em jogar futebol.

Esse episódio cobrou um preço alto da empresa. Fornecedores foram dispensados, empregados foram demitidos. O total de talentos inscritos nas seletivas caiu para números mínimos. Quando a empresa conseguiu sair da UTI, ninguém duvidava de que tinha sido a calma presença de Simone que fornecera o oxigênio necessário para que a MGT erguesse a cabeça e voltasse, com cada vez mais energia, a caminhar pelo meio artístico.

Mas que não se espere que Simone concorde com o que foi dito no parágrafo acima. Para ela, quem reconduziu a empresa para o caminho do sucesso e da credibilidade foi o próprio Marcelo. "Outro no lugar dele teria desistido. Mas ele dizia: 'Quero sair disso, eu não fiz nada errado'. E a gente conseguiu pensar no futuro." Se Marcelo não desistiu, Simone menos ainda. Juntos, colocaram literalmente o pé na estrada e percorreram o interior do Paraná promovendo o Projeto Passarela na porta de escolas, supermercados, distribuindo folhetos em ruas e avenidas. O resultado pode ser visto hoje nas convenções anuais, nas quais participam mais de 15 mil pessoas.

A energia vem dos sonhos

Eu e o Marcelo somos do mesmo signo: touro. Dizem que taurinos são bons para colocar as ideias em prática. Acho que é por isso que a gente não desiste nunca! Eu sempre gostei muito de trabalhar no Projeto Passarela. Após o baque provocado pela convenção de futebol, a gente se sentou para fazer um balanço de tudo o que havia acontecido. A primeira coisa que vimos foi que o Marcelo, apesar de toda a energia e vontade de fazer, não gostava muito de cuidar da parte financeira e administrativa. Ele é um artista, alguém que tem ideias, e as atividades de gestão não o atraem. Antes do episódio da convenção de futebol, a empresa havia crescido muito rápido, e muitas coisas importantes tinham sido deixadas de lado. O que fez com que a empresa ficasse mal administrada. Decidimos, então, dividir o comando da MGT. Eu fiquei com a parte financeira — comecei a fazer cursos para melhorar meus conhecimentos de administração de empresas —, e ele com a artística, que é de fato a vitrine do que a gente faz.

A gente anunciava o projeto, mas não apareciam mais do que trinta pessoas

Nós ficamos muito unidos nessa época da retomada. Foi muito difícil. As coisas não melhoraram de uma hora para outra. Nos dois ou três anos que se seguiram à crise, a gente ia de cidade em cidade anunciando o projeto. Mas não apareciam mais do que trinta pessoas interessadas. Eu admiro o Marcelo por ele nunca ter tido preguiça do trabalho. E, quando olho para trás, acho que tudo o que fiz foi por amor, porque a gente saía de casa sem saber o que ia acontecer, se ia dar certo ou não.

De certa forma, eu trazia ânimo para a vida dele. Eu o levava para se distrair, saíamos para nos divertir. Mais tarde, fiquei grávida. Embora a gravidez não tenha sido planejada, ela acabou acontecendo no momento certo. O Marcelo estava em um momento muito difícil, e o nascimento do Ian trouxe um novo ânimo para ele. Ele se dá superbem com o filho. Mesmo quando chega cansado em casa, nunca deixa de brincar e dar atenção ao Ian.

A empresa muda com a chegada da Cíntia

O Marcelo sempre foi de agregar as pessoas. Quando alguém precisava de alguma coisa, ele tentava ajudar. Na época em que eu estava grávida, falei para ele que ia precisar de alguém para me ajudar na empresa quando o Ian nascesse. Pensamos em convidar minha irmã, Cíntia, que não estava feliz em seu emprego. Fiquei com medo de que ela não se adaptasse ao trabalho. Tudo era muito estressante, muito trabalhoso. Mas ela se deu superbem. Adorou o trabalho e a empresa (leia entrevista da Cíntia no Capítulo 6). Hoje, ela é o braço direito do Marcelo. Cuida praticamente de todos os setores da empresa. Depois do nascimento do Ian, continuei com as atribuições do departamento financeiro, e a Cíntia passou a atender a parte artística, que envolve conversar com os talentos e seus pais e ajudar o Marcelo nos novos projetos.

Os anos por vir serão ainda melhores

Hoje, as perspectivas estão cada vez melhores. Acho que vão acontecer muitas coisas boas. Em 2016, melhoramos muito a administração das empresas, colocamos cada coisa em seu lugar. Estamos muito mais organizados e profissionais. Aquela fase difícil já passou. Penso que o Marcelo e a empresa estão em seu melhor momento.

O Marcelo sempre foi uma pessoa muito boa. Me lembro que, mesmo nos momentos de dificuldade financeira nos negócios, no aperto e sem poder, ele sempre conseguia uma forma de ajudar o próximo. Ele continua assim, mas agora apoia vários pais e futuros talentos com muito mais planejamento.

Para o Marcelo, tudo é possível

Nesses anos todos, Marcelo sempre me surpreendeu. Pelas ideias que tem, por ser um empreendedor incansável e fantástico! Ele está sempre inovando, pensando em tudo, colocando o coração à frente da razão!

Para o Marcelo, a palavra impossível não existe! Para ele, tudo é possível quando fazemos com amor e dedicação.

Um pai incrível, um esposo amável. Um homem cheio de luz que nasceu para fazer as estrelas brilharem!

Gratidão por ter você ao meu lado!

O número de talentos interessados voltou a crescer paulatinamente. Em 2013, foram mil e poucos talentos; em 2014, foram 2 mil; em 2015, foram 2.200; e, em 2016, no último evento realizado antes da conclusão deste livro, foram 3 mil talentos. Em 2017, a expectativa é de, pelo menos, 3.500.

Tudo o que eu passei em 2011 doeu mais do que mil caneladas, mas eu não vou desistir do futebol! Aquele gol contra ficou entalado na minha garganta. Vou voltar a fazer as seletivas e a convenção de talentos do futebol. Farei isso não para me mostrar, mas para dar a oportunidade para os talentos futebolísticos se apresentarem para o mundo. O futebol brasileiro tem muitas estrelas, e a sua captação não é organizada; pelo contrário, é feita com uma preguiça enorme e de forma pouco ou nada profissional, isso quando não envolve interesses inconfessáveis. O reconhecimento e a captação de talentos no nosso país são muito precários em todas as áreas, mas, no caso do futebol, a situação é ainda pior.

Como já falei, todos os inquéritos contra nós foram arquivados. Fomos absolvidos de todas as acusações, e o futebol vai voltar para a nossa agenda. Vamos achar uma forma jurídica que não dará brecha para essas denúncias oportunistas. O projeto é muito bonito para ser deixado de lado. É uma iniciativa que quer abrir a porta para olheiros internacionais, que manterá os meninos estudando, dará a eles uma base sólida para a vida. Teremos o apoio de toda a sociedade, da imprensa. As velhas e precárias formas de (não) trazer talentos para o futebol irão desaparecer.

Momento de transição

Toda essa confiança que eu tenho de que é possível mudar a maneira como é feita a captação de talentos no país, independentemente da área, não é apenas bravata. Tenho certeza de que coisas boas podem surgir porque há uma grande mudança de conceitos e de situações objetivas acontecendo neste momento. Todo o mercado artístico e de talentos está passando por uma fase de transição.

As agências que cuidam de talentos estão sendo obrigadas a se reinventar, principalmente por causa dos avanços da tecnologia da informação e das mídias sociais, que, de alguma forma, obrigam todos a ter relações cada vez mais transparentes. As agências com as quais eu trabalho são muito sérias, e tenho certeza de que irão superar esses desafios impostos atualmente pelo mercado.

Hoje estão na moda os canais de YouTube que reúnem talentos com o objetivo de vender seus trabalhos sem o intermédio de uma agência. Eu não gosto muito desse modelo; sou a favor de que os talentos sejam representados por agências ou agentes profissionais, desde que, é claro, estes defendam os interesses dos agenciados. Não sou conivente com a política de tirar vantagem de tudo, na qual as coisas são pouco claras e o talento é o último a ver a cor do dinheiro. O mercado tem que ser bom para os três (o cliente que recebe o serviço artístico, a agência que contrata e o talento); se não for assim, não vale a pena.

A todo momento, ficamos sabendo de casos de modelos que deram dinheiro para um booker (o profissional que cuida da agenda do modelo, que acerta trabalhos e contratos) contratar um coach (que dá apoio emocional ou treinamento para os modelos), mas não receberam o serviço acertado. Há grandes eventos brasileiros de moda, de repercussão internacional, que levam até seis meses para pagar o cachê. Isso sem falar nos assédios e nos contratos pouco claros. São armadilhas que as boas agências têm o poder de evitar.

Ainda que o objetivo principal do Projeto Passarela seja descobrir talentos, e que, portanto, essas mudanças impostas pelo mercado não o atinjam diretamente, ele também vai ter de mudar. Desde 2005, quando começamos em Guarapuava, a nossa fórmula teve poucas modificações: fazemos uma pré-seleção de talentos em diferentes cidades brasileiras, e os aprovados são convidados a ir até a convenção anual, da qual participam profissionais que atuam na área de moda, cinema, teatro e televisão e que têm a oportunidade de se apresentar aos participantes e seus pais e orientá-los sobre os riscos do mercado de trabalho artístico.

Mudanças na passarela

Embora a dinâmica do projeto deva permanecer a mesma, alguns ajustes foram necessários. Um deles foi a troca do nome: Projeto Passarela virou MGT — Marcelo Germano Talents, O Encontro. A sigla MGT é o nome oficial da nossa empresa. Optamos por essa mudança porque o que fazemos atualmente é muito mais do que uma convenção, e não estamos mais focados apenas em modelos, como no passado. Hoje, é muito mais do que isso. É um momento de muitas descobertas: dançarinos, músicos, dubladores, modelos comerciais ou até mesmo candidatos a receber uma bolsa de estudos fora do Brasil. Até checamos o nível de inglês do candidato para determinar se é o momento de ele ir ou não para o exterior. Temos parcerias com escolas de arte dramática fora do país, o que facilita intercâmbios. Hoje, o que fazemos é uma identificação de talentos num sentido mais amplo.

Além disso, aumentamos a base dos profissionais que comparecem ao encontro nacional para apresentar de forma mais completa para os talentos e seus pais como funciona o mercado artístico. E passamos a contar com a presença de grandes varejistas da moda de São Paulo, que orientam sobre como são e onde estão as oportunidades, inclusive desfiles, para os que querem se dedicar ao ramo da moda. Os tempos estão mudando, não podemos mais ficar sentados ao lado do telefone ou checando o e-mail esperando que as oportunidades apareçam. Cada vez mais, é preciso tentar se antecipar às mudanças no mercado e ter agilidade para inovar e diversificar sua atuação.

É isso o que estamos fazendo. Quando o evento começou, em 2004, era apenas um encontro de modelos. Em 2006, se transformou em um encontro de modelos e atores. Agora, ele oferece dez possibilidades de carreira. Há várias oportunidades. Nós estamos nos tornando uma produtora, e isso é uma tendência do mercado. Há, inclusive, talentos consagrados que já fazem isso. Alguns atores fazem suas produções na área musical em parceria com várias empresas do país. Assim, quando não estão engajados em alguma novela ou filme, o que é comum acontecer nessa indústria, passam a fazer as próprias produções. Não ficam mais ao sabor da sorte ou da decisão dos outros.

Temos de olhar sempre à frente e tentar adivinhar o que está além da curva da estrada. Quando eu faço isso, no entanto, não me esqueço do caminho que percorri. Já viajei mais de 2 milhões de quilômetros em busca de talentos. Uma média de 10 mil quilômetros por mês desde que comecei. É muito chão. No nosso trabalho, lidamos com 150 mil pessoas por ano. É muita gente. Tratamos de sonhos; podemos tanto mudar uma vida para melhor quanto, se não formos cuidadosos, causar desilusões. É muita responsabilidade.

Quando penso no tamanho de tudo isso, costumo ficar nostálgico. Os olhos da memória ficam compridos. Me lembro de quando andei pela primeira vez na passarela, caí e chorei e de que as pessoas que estavam em volta foram bondosas, me encorajaram, me puseram de volta na pista. Não sei bem de onde veio a força que me fez sacudir a poeira e continuar desfilando. Será que do meu pai, naquela que foi uma das poucas vezes que estivemos juntos? Será que do público, que acreditou que meu caminho era lá em cima, e não chorando no chão? Acho que veio de todos. É com eles, e por eles, que eu continuo caminhando.

Também costumo refletir sobre a essência do meu trabalho. O que eu me proponho a fazer é descobrir talentos, dar-lhes uma base, um primeiro impulso para sua formação artística com as mais precisas ferramentas que alguém pode possuir. Já compararam isso ao ofício de um garimpeiro, que descobre pedras preciosas em um estado ainda bruto e lhes dá a primeira lapidada para que o potencial da beleza delas possa ser visto por outros. Mas o encantamento que essas pedras vão produzir é algo que só elas são capazes de criar. É algo mágico, sutil, que não se pode ensinar. E isso nos leva a uma questão sempre presente: do que, afinal, é feito o talento? Ele nasce com a pessoa, está no DNA ou precisa ser desenvolvido, treinado e construído. E como aprender a nadar ou a andar de bicicleta? Este é um assunto que vamos tratar no próximo capítulo.

2

O talento em construção

Nascer com uma habilidade não garante sucesso; é preciso investir em cursos e contar com a ajuda de especialistas. Ter disciplina, uma mente positiva e saber ouvir "não" são qualidades essenciais para quem quer chegar lá.

Era uma vez um operário da construção civil que estava demolindo um prédio. De repente, no meio dos tijolos quebrados, ele encontrou uma caixa de metal do tamanho de uma caixa de sapatos. Curioso, levantou a tampa e encontrou um sapo verde. Assim que pôs os olhos no operário, o sapo colocou uma cartola, apanhou uma bengalinha e começou a cantar com uma voz grave, forte e melodiosa. O homem arregalou os olhos: "Nossa, que sapo fantástico, ele canta e dança! Vou ganhar muito dinheiro com ele".

O operário pediu demissão, pegou todas as suas economias, que estavam escondidas debaixo do colchão, e montou um espetáculo. Enquanto o teatro ainda estava vazio, atrás da cortina, o sapinho cantava com toda a sua força. Mas, quando chegou a hora do show e a cortina se abriu, o sapo ficou quieto. Não cantou nem dançou, só soltou um coaxado triste, como um sapo comum. A plateia ficou furiosa. Vaiou, jogou objetos no homem e foi embora. O ex-operário ficou ali sozinho, envergonhado e arruinado. Passado um tempo, ele se levantou e fechou a cortina. Nesse momento, o sapo voltou a dançar e cantar. O homem saiu correndo e chamou as pessoas de volta: "O sapo está cantando, voltem!". Mas, assim que ele abriu a cortina, o sapinho ficou mudo outra vez. Não soltou nem um pio.

Essa história é de um velho desenho animado da década de 1950 que hoje em dia pode ser visto no YouTube. Gosto de contar essa história por causa da moral que há por trás dela: o sapo, enquanto não havia público, conseguia mostrar seu enorme talento. Mas, na frente de outras pessoas, fechava-se em si mesmo. Ainda não era seu momento de cantar e dançar em público. Quando o operário, o "caçador de talentos" que o descobriu, montou o espetáculo, ele forçou a barra. E o resultado foi um desastre. Para quem costumo contar essa história? Para os pais de jovens talentos. Trata-se de um conselho de quem já viu alguns sapos cheios de talento ficarem mudos no palco.

Gerenciar talentos é uma tarefa mais delicada e complexa do que muitos pais imaginam. Primeiro, é preciso respeitar o momento do filho. Para crianças e jovens, expor seu talento não é algo que fazem sem esforço nenhum. Muitos não conseguem se apresentar diante de desconhecidos e acabam não se saindo bem nos testes. Em outras palavras, só ter talento não é garantia de sucesso para ninguém.

Por mais que o jovem talento dance, cante, atue, desfile e seja lindo como um anjo, ele precisará treinar, desenvolver e aperfeiçoar muitas outras habilidades para se tornar um modelo ou artista completo. E terá de fazer isso de maneira constante, pelo tempo que durar sua carreira.

Por isso, sempre falo sobre o sapinho cantor do desenho animado. Ele só cantava quando não havia gente por perto. Para encarar a multidão e ser um sucesso de público, ele precisaria da ajuda de vários profissionais, a começar pelo apoio de um psicólogo — se é que alguém já ouviu falar em psicólogo de sapos. É claro que essa história é um faz de conta, mas situações parecidas acontecem com pessoas de carne e osso. Neste capítulo, vamos tratar do que pode ser feito para desenvolver o talento de crianças e adolescentes.

Artistas são pessoas como quaisquer outras

Todos nós conhecemos as emoções que surgem quando vemos algo bonito. Quem nunca acompanhou com o coração apertado as lágrimas escorrendo dos olhos de um ator ou atriz interpretando um personagem desesperado por ter perdido o amor de sua vida? Quantas vezes não nos sentimos subitamente felizes e animados apenas por ouvir um cantor interpretando uma música que tem um significado especial para nós? Como é possível não ficar enfeitiçado pela beleza irretocável dos modelos?

A arte tem esse poder de acertar em cheio o nosso coração e fazer jorrar um turbilhão de emoções. Talvez seja por isso que costumamos achar que os artistas são feitos de algum material mágico. Dificilmente olhamos para eles como pessoas comuns, que fazem coisas normais do dia a dia, como pagar contas, ir ao banheiro, acordar de mau humor, ter medo de barata. Por achar que eles são especiais, também acreditamos que a profissão de artista é algo completamente diferente de todo o resto. Pensamos que são vencedores, que eles nasceram completos, que, com o talento que têm, seu sucesso está garantido para o resto da vida.

Porém, quem acredita nisso está profundamente enganado. E é preocupante o fato de muitos pais de jovens talentos enxergarem a possível carreira dos filhos dessa maneira. Acredite, não basta ter talento ou dom, é preciso muito planejamento, muito estudo e muita disciplina para se ter uma carreira bem-sucedida. No fundo, um artista é um profissional como qualquer outro, um engenheiro, um médico, um administrador de empresas, um advogado, um enfermeiro.

Mas há uma diferença relevante na carreira artística. Pelo fato de, em muitos casos, o talento se manifestar em uma idade muito tenra, o acompanhamento dos pais e da família é de importância crucial. Mais do que em outras profissões, essa atenção especial dos pais pode significar a conquista do sucesso pelos filhos. Entretanto, se os pais não souberem como proceder, podem fazer com que tudo vá para o brejo.

Essa participação dos pais é o primeiro item do qual trato quando faço reuniões com as famílias dos jovens talentos que vão participar das convenções. A primeira coisa que digo a eles é para não serem um pai ou uma mãe pela metade. Nenhum talento vai dar certo se os pais não estiverem com ele por inteiro. E isso já começa na própria seletiva ou na convenção. Os pais e, claro, o filho têm de estar emocionalmente preparados para ouvir tanto um "sim" quanto um "não" nas sessões em que serão indicados para possivelmente celebrar um contrato com uma agência ou uma emissora de tevê.

Como já tive oportunidade de ver, muitos pais precisam ser preparados para encarar a carreira artística dos filhos, para entender que, para correr atrás desse sonho, é preciso abrir mão de muitas coisas. Os pais que não estão preparados dificilmente ficam felizes durante a seletiva e acabam não apoiando o jovem talento como deve ser. Acreditam que esse tipo de seleção é uma perda de tempo, que não vai dar em nada. E talvez eles tenham razão. Tudo poderá ser pura perda de tempo se seus filhos não tiverem um alicerce, uma base sólida, o apoio e o incentivo fundamentais dos pais para dar certo. Sem esse empurrão, não tem jeito, talento nenhum vai para a frente.

É preciso saber quem você é

O alicerce para o jovem talento tem de ser construído com planejamento. E a primeira pedra dessa fundação é o autoconhecimento. Sempre insisto nisso: se o jovem não conhece a si próprio desde pequeno, vai sofrer sérias consequências mais tarde. Sem esse autoconhecimento, não há como saber se seu talento é para cantar, dançar ou representar. Se não conhecer, ele não tem como saber do que gosta nem mesmo que tipo de ser humano é. Além do mais, como você pode planejar qualquer coisa sem saber quem você é, do que realmente gosta? O processo de autoconhecimento passa por diversas etapas, mas, do ponto de vista artístico, aconselho os pais a proporcionarem aos filhos acesso a alguns cursos específicos na área pela qual eles se interessam. É uma maneira de esses talentos descobrirem suas vocações.

Vamos imaginar uma situação. Uma garota entre 4 e 5 anos vê um desfile de moda na tevê e acha aquilo lindo. Decide, então, que quer ser modelo. No mesmo dia, mais tarde, vê uma atriz em uma novela e seu olho brilha; ela diz que vai mesmo é ser atriz. Ela fica perdida, o que não teria tanta importância, pois uma criança nessa idade não precisa saber que profissão vai seguir. Mas, então, de novo, entra em jogo a particularidade da carreira artística. Como, em grande parte das vezes, é na infância que começam a aflorar os talentos artísticos, os pais podem ficar confusos sobre o que devem fazer e, na afobação, dar uma orientação inapropriada.

Para a criança, tudo ainda faz parte do reino da fantasia. E não podia ser diferente. No entanto, é possível, com sensibilidade e delicadeza, lançar alguma luz sobre os caminhos que ela pode percorrer. Um teste vocacional, um curso de dança, de cinema, de teatro ou de modelo podem mostrar para a criança e sua família qual vertente artística irá tocar seu coraçãozinho. Uma criança pequena muito provavelmente não conseguirá verbalizar suas preferências. No entanto, à medida que viver essas experiências, poderá começar a se conhecer melhor.

Na base de tentativa e erro, ela irá descobrir suas preferências. "Essa coisa de fazer novela é legal, mas acho difícil interpretar, não quero fazer isso", ela pode dizer. "Ser modelo, andar na passarela, isso tudo é muito bom." É assim que os talentos descobrem suas preferências, o que lhes dá prazer e as artes pelas quais têm mais interesse e facilidade.

Não basta amar, tem de praticar

Durante as seletivas, já conheci vários adolescentes que se diziam apaixonados por interpretação, que amavam o teatro. Mas, quando aprofundávamos a conversa, descobria que eles nunca haviam feito um curso sequer na área.

Dessa maneira, como é que poderiam saber se teatro era mesmo o que queriam? É preciso ter esse autoconhecimento artístico para saber onde colocar o foco da carreira. E esse começo é cheio de descobertas. Algumas são surpreendentes.

Um jovem pode sonhar ser cantor, mas perceber que não tem jeito para a coisa ao fazer um curso de vocal. Uma garota pode sonhar ser modelo de passarela, mas não ter a altura necessária para isso. A parte boa é que sempre vai haver uma alternativa no ramo artístico. O cantor pode se encontrar no teatro e o modelo mais baixo pode desviar a carreira para a fotografia e a publicidade, por exemplo.

Dessa maneira, esse nosso candidato à carreira artística vai construindo seu autoconhecimento. Nesse exemplo, ele eliminou a parte vocal e a carreira de modelo fashion. Restaram como possibilidades, além do trabalho de modelo comercial, o elenco, a dança e muitas dezenas de outras atividades ligadas a essas carreiras. Não há, portanto, motivos para desanimar: é tentando que os jovens vão conhecendo as possibilidades e descobrindo quais delas estão acessíveis ao seu perfil e às suas habilidades.

Essa é uma maneira racional e adulta de gerenciar uma vocação, pois dessa maneira o jovem talento não se desgasta investindo em carreiras em que ele sabe que não terá qualquer chance, o que só traria frustração e, em alguns casos, traumas. Além disso, durante esse processo, o jovem pode testar sua determinação, paciência, capacidade de se adaptar e de superar os nãos que inevitavelmente vai ouvir pelo caminho. Todas essas habilidades são essenciais para o sucesso na área artística e, mais do que isso, para triunfar em qualquer outra situação da vida.

Como disse anteriormente, como em qualquer outra profissão, ser artista exige um forte e constante trabalho de preparação. É claro que temos de seguir nossos sonhos, mas com os olhos e a mente sempre abertos. É verdade que, na maior parte das carreiras artísticas, a estética pessoal tem uma grande importância; porém, se o jovem talento for para o mercado de trabalho apostando todas suas fichas exclusivamente em sua beleza, ele será um profissional limitado e encontrará muitas portas fechadas. As agências e empresas não querem só carinhas bonitas, elas querem pessoas completas.

Voltemos ao exemplo da garota que é muito baixa para as passarelas. Ao decidir tentar a sorte como modelo comercial, o ideal é que ela busque um curso de modelo. Assim, poderá aprender, por exemplo, expressão corporal e interpretação. Aí você pergunta: mas ela não vai ser fotografada em um estúdio? É uma imagem estática, por que então estudar expressão corporal e interpretação? Porque, em um anúncio, o modelo também está representando um papel; ele tem de criar expressões faciais e corporais e comunicar determinadas emoções para a câmera. Para isso, precisa dominar as técnicas necessárias. Seu corpo precisa expressar a história que o comercial idealizado pelos publicitários quer contar. A dança ensina expressão corporal; o teatro, interpretação. É como eu disse: a carreira artística exige muito mais do que beleza; quer também conteúdo.

Não há atalho para o topo

Me preocupa ver que muitos jovens, apoiados por seus pais, estão caminhando na contramão dessa realidade de mercado e ainda acreditam que há caminhos fáceis para chegar ao sucesso. E, por "caminhos fáceis", eles entendem não estudar e ficar restritos a conhecimentos de apenas uma modalidade artística. Costumo explorar essa questão nas reuniões que faço com pais de jovens talentos. Faço uma dinâmica convidando-os a inverter os papéis: "Agora, vocês, pais, são os avaliadores que vão escolher apenas um candidato entre os duzentos que estão naquela sala. Metade do grupo tem habilidades apenas para modelar. Esses certamente serão eliminados já de início, pois a outra metade tem aptidão para a passarela e também para a música. As opções já começam a ficar melhores. Mas, dentro desse segundo grupo, há ainda três jovens que têm boa desenvoltura para modelar, para música, para dança, para interpretação e ainda falam inglês. O escolhido de vocês não estaria entre esses três que fizeram uma imersão profunda e são artistas completos?". Nenhum dos pais nunca discordou de que essa seria a decisão acertada.

Isso se torna ainda mais verdadeiro quando levamos em conta que os talentos brasileiros estão hoje em uma competição que não é mais apenas nacional. O mercado é globalizado e nossos talentos competem com jovens do mundo todo. Infelizmente, os brasileiros saem em desvantagem diante de alguns países. Os Estados Unidos, por exemplo, desde cedo proporcionam para as crianças e os jovens a possibilidade de uma imersão artística, seja nas escolas ou em outras instituições públicas e privadas. Por aqui, há algumas poucas cidades que oferecem essa facilidade, como Joinville, em Santa Catarina, conhecida pelos cursos de dança, ou Curitiba, no Paraná, onde há boas oportunidades para a música.

Será que meu filho tem talento?

Agora que estamos falando de como os pais devem apoiar a trajetória de seus filhos, talvez seja o momento de abrir um parêntese para esclarecer uma questão. Afinal, como é possível saber se a criança tem, de fato, talento? Vamos dividir a resposta em duas partes.

O primeiro aspecto a ser analisado é a estética. No mundo dos modelos, nem sempre o que os pais consideram bonito nos filhos é o que os contratantes percebem como interessante para atender aos requisitos dessa indústria. A ideia que os profissionais da moda têm de estética é muito particular e, algumas vezes, chega a se distanciar do que é considerado, por quem não é da área, como um jovem ou uma jovem com chances de ser modelo. Explicando melhor: na indústria da moda, os critérios para selecionar um modelo incluem, por exemplo, a fotogenia, ou seja, se a pessoa fica bem em uma foto ou em uma filmagem, o formato do rosto, as características da pele e do cabelo etc. São aspectos que as pessoas comuns muitas vezes não percebem. Nesses casos, o que mostra se o jovem tem ou não o que é valorizado pela indústria são os resultados fotográficos e, claro, os comentários dos especialistas da área. Se seu filho for chamado para fazer testes, isso já é um sinal de que ele está no caminho certo.

Já na área da atuação, pesa mais do que a estética o potencial do jovem talento em responder aos desafios que terá de enfrentar para representar um personagem que lhe será proposto em um teste. No caso da música, o diferencial já é a excelência das composições, a qualidade e a técnica vocal, além da postura no palco. Por sua vez, na dança, são levadas em conta a expressão corporal e a interpretação de um número musical proposto.

O segundo aspecto está relacionado às habilidades intelectuais e físicas do jovem candidato. Essas habilidades geralmente são demonstradas sem interferência dos pais, nos momentos em que as crianças e jovens se sentem à vontade para deixar a imaginação fluir de maneira natural. Sabe aquelas histórias, danças e músicas que eles fazem quando estão brincando no meio da sala e todo mundo em volta fica se perguntando de onde veio aquela representação tão incomum? Se, por exemplo, a minha filha vem com histórias superimaginativas e encenações divertidas que prendem minha atenção como espectador, e não como pai coruja, isso é um bom sinal.

No entanto, saber se esse talento é excepcional o suficiente para ser desejado pelo mercado artístico é algo que somente um profissional da área poderá dizer. O que é sempre válido ter em mente é que a interferência de um adulto é a maior contraindicação para o talento se desenvolver.

A partir do momento em que os pais se intrometem em um texto ou personagem criado pela criança, a espontaneidade e a criatividade estão automaticamente arruinadas.

Essa forçação de barra em cima dos filhos, infelizmente, é algo que se vê com frequência. Há muitos pais que pressionam os filhos para tentar extrair na marra algo que a criança ou o adolescente não consegue entregar. Ou porque não é o momento deles, pois não estão maduros o suficiente, ou porque a reserva de talento que eles têm não é suficiente para voos muito altos. O resultado, nesses casos, será um sapinho verde mudo no palco, nada além disso.

Da mesma maneira que os pais podem ser um obstáculo para o surgimento de um talento, eles também erram ao fazer o contrário, ao não apoiar e se envolver na carreira das crianças e dos adolescentes. Muitos pais acreditam que, se um scouter detecta a capacidade artística de seu filho, cabe a esse profissional cuidar de todo o progresso do jovem talento. Eles acham que podem ficar sentados no sofá da sala esperando o sucesso chegar. Não é bem assim que as coisas funcionam! Tem de existir uma grande parceria entre o descobridor de talentos, a família e o talento. Se qualquer um deles falhar, nada acontece. E é comum que um deles falhe. Ou a coisa não dá certo por causa da falta de tempo ou interesse dos pais, ou porque a criança não recebe o incentivo necessário, ou porque o scouter que descobriu o talento não é tão bom profissional assim.

Família engajada

Estou convencido de que nessa parceria, os pais, ou a família como um todo, são o elo mais forte. Quanto mais eles se aproximarem do sonho dos filhos, mais motivados estes ficam para se envolver seriamente nesse projeto de vida que tem início já na infância. Para que isso aconteça, costumo sugerir aos pais que eles mesmos façam alguns cursos, como de teatro ou de preparação de modelos. Ao fazer isso, além de entender a carreira do filho de maneira mais aprofundada, eles se blindam contra as armadilhas que podem encontrar ao longo do caminho e assim não são facilmente enganados.

É também indispensável que os pais se mantenham inteirados da área artística que seus filhos pretendem seguir. Se minha filha quisesse participar do *The Voice Brasil*, por exemplo, o que eu poderia fazer para ajudá-la? Eu iria atrás de aulas de canto ou procuraria informações sobre como funciona um estúdio musical. Faria uma pesquisa no YouTube para ver como são os vídeos-piloto que as pessoas mandam para esse programa ou outros do mesmo tipo. Se por acaso decidíssemos ter o apoio de algum profissional, eu entraria nas redes sociais para saber da reputação dele. Nos dias de hoje, todas as informações estão disponíveis na internet. O mundo, felizmente, ficou um pouco mais transparente graças à tecnologia.

Enfim, os pais devem fazer tudo o que estiver ao alcance para gerir melhor a carreira do filho. E esse é um trabalho que continua mesmo depois que o jovem talento é contratado por uma agência. A carreira dele não se conclui ali — longe disso, cada passo dado trará novos desafios. E os pais devem cobrar dos filhos disciplina e esforço. Devem ensiná-los a ser empreendedores, mostrar a eles o caminho das pedras e incentivá-los a percorrê-lo.

A partir de agora, vou detalhar um pouco as providências práticas que podem ser tomadas a partir do momento em que uma criança ou adolescente tem seu talento detectado e confirmado. Vamos supor que isso tenha acontecido depois de o jovem ter feito um curso de teatro e impressionado seus professores. Os professores, nesse caso, informam aos pais que o filho tem, sim, o dom para a atuação. É o sinal verde para os pais começarem seu trabalho de colaboração para que o filho desenvolva as habilidades que o posicionarão de maneira competitiva no mercado artístico.

Os primeiros passos

O primeiro passo é estabelecer um processo de coaching — uma dinâmica na qual profissionais, os coaches, usarão sua experiência e conhecimento para levar o jovem talento a atingir os objetivos de desenvolvimento. Um coach pode ser, por exemplo, um bom professor de teatro ou um fonoaudiólogo que trabalhará para aperfeiçoar a dicção do jovem talento ou eliminar seu sotaque (um sotaque muito carregado pode ser um fator limitador de oportunidades, já que prejudica o trabalho do ator no desenvolvimento de personagens). O trabalho do coach pode ser comparado ao de um personal trainer no sentido de que oferece ao aluno um programa de treinamento especialmente desenhado para ele.

Um bom coach é fundamental para eliminar vícios artísticos. E existem vários vícios. Um dos mais comuns é aquele desenvolvido pelo artista que aprendeu a interpretar em cima de um palco. Quando um ator representa no palco de um teatro, tem de desenvolver uma voz possante, gestos amplos e dramáticos. Mas essa é uma exigência daquele ambiente específico, no qual o ator está longe da plateia, não tem a ajuda de microfones e precisa, portanto, usar a voz e os gestos para ser visto e entendido a distância.

Quando o ator está diante de uma câmera, ao gravar cenas de uma novela ou filme, essa forma grandiloquente de expressão torna-se inadequada. A interpretação na televisão e no cinema é outra: voz controlada, gestos contidos, sintonia fina da expressão facial e intimismo. A plateia — que no teatro chega a passar de mil pessoas — pode ser de apenas três em uma gravação: o câmera, o técnico de som e o diretor.

O coach também pode encorajar os jovens a ler com frequência. A leitura é de grande importância para os atores, pois dá ritmo à fala, ensina onde devem entrar as pausas para respiração e indica as ênfases dramáticas, por exemplo. De fato, a falta de leitura por parte dos jovens é, hoje, um grande causador de problemas na interpretação de textos. Quando são apresentados a um texto, muitos atores não obedecem às vírgulas e passam por cima da pontuação. Observamos isso em várias ocasiões na seleção de talentos. Por outro lado, é fácil detectar em um teste de interpretação quem tem o costume de ler. Portanto, posso afirmar sem hesitar que quem lê tem vantagem sobre a maioria.

Outro ponto de grande relevância é o domínio da língua inglesa. Como já disse, as carreiras artísticas hoje também são internacionais. É interessante que uma parte da trajetória seja passada no exterior, e não podemos limitar essa experiência a Portugal ou aos países africanos em que se fala português. Não são esses países que possuem as melhores oportunidades nesse mercado. Portanto, não há como ter uma carreira de relevância sem domínio do inglês. O estudo desse idioma tem de começar desde muito cedo, por volta dos 7 anos; o ideal é que o jovem já seja fluente aos 14 anos.

Coaches em falta

Não há dúvidas de que os coaches terão cada vez mais importância no processo de aperfeiçoamento dos jovens talentos. A quantidade de profissionais capacitados para esse trabalho, entretanto, ainda não é suficiente para atender todos os talentos que surgem pelo Brasil. Esses profissionais são encontrados nas capitais — mas pode acontecer de eles não estarem presentes em algumas delas — e em algumas cidades de maior porte e com tradição cultural mais consolidada, a maioria localizada nas regiões Sul e Sudeste do país. Por esse motivo, quando algum jovem talentoso no qual vale a pena investir é encontrado em uma cidade pequena, sem recursos e sem oferta de profissionais capacitados do mercado artístico, os pais podem ter como única opção mudar para uma cidade maior.

Mesmo nas cidades maiores, ainda há muito espaço para que o número de coaches artísticos cresça. Acredito que as agências de modelo, que hoje passam por uma fase de reinvenção, terão que oferecer o serviço de coaching para seus agenciados. Elas precisarão estar mais próximas dos modelos e prestar a eles mais serviços de apoio; caso contrário, esses garotos encontrarão outros profissionais nas redes sociais, o que poderá tornar o modelo atual das agências irrelevante.

Dei como exemplos do apoio que pode ser dado por esses coaches o treinamento em expressão corporal, o trabalho dos fonoaudiólogos e também de professores de inglês. Mas o número de cursos necessários para o aperfeiçoamento dos talentos artísticos é muito maior.

No entanto, quando falamos de cursos da indústria artística, precisamos atentar para algumas questões. A primeira delas é que cursos específicos de modelo não são recomendáveis para crianças com menos de 12 anos. O aproveitamento nessa idade não será adequado. Um bom curso de modelo vai tratar de temas como maquiagem, regras de comportamento em diferentes situações sociais, postura e expressão corporal, interpretação, uso de salto alto, como andar na passarela, entre outras habilidades. Mas essa restrição etária vale apenas para os aspirantes a modelo; crianças que têm aptidão para música, por exemplo, podem começar bem mais cedo, por volta dos 4 anos.

As aulas de dança e de teatro também são muito eficientes para desenvolver a postura. No caso da dança, o estilo a ser praticado não faz tanta diferença. Street dance, balé ou jazz são muito distintos entre si, porém todos têm como aspecto positivo o aprimoramento da expressão corporal, fator essencial para desfilar na passarela, fazer fotos para comerciais, atuar e cantar. No Brasil, ter desenvoltura na dança passou a ser, nos últimos anos, uma habilidade que abre muitas portas, já que a produção de grandes espetáculos musicais, segmento que demanda talentos de dança, canto e teatro, vem acontecendo em um ritmo crescente.

O mesmo crescimento de oportunidades está ocorrendo no mercado de dublagem, que também é uma opção para aqueles que querem seguir carreira no teatro, cinema e televisão. Para os dubladores, aulas de técnicas vocais, como impostação de voz, são muito importantes.

Dez mil horas de treino

Esses cursos sobre os quais falei são uma eficiente alavanca para a carreira daqueles jovens cujos talentos foram comprovados. Mas o que pode ser feito no caso dos que possuem pouco ou nenhum talento, mas têm o forte desejo de seguir uma carreira artística? Certa vez, um amigo me disse que autores estrangeiros afirmam que qualquer pessoa é capaz de se tornar excelente em qualquer área de conhecimento se tiver um total de 10 mil horas de prática.

Talvez esses autores tenham razão, mas tenho certeza de que isso não funcionaria para qualquer profissão. No caso de um modelo, por exemplo, essa teoria não poderia ser aplicada, pois a pessoa tem de ser extremamente fotogênica. Se não conseguir se vender esteticamente para o mercado da moda, não há treino ou prática que mude essa realidade. Em um caso como esse, o mais recomendável é reconsiderar e tentar partir para outra área artística.

Essa teoria das 10 mil horas, no entanto, nos leva a um ponto muito interessante: as possibilidades que as ramificações dessas profissões artísticas abrem para as pessoas. E, ao dizer "ramificação", me refiro a todas as funções e postos de trabalho que essa indústria oferece, que vão além daqueles mais conhecidos do público. Considerando a profissão de ator, por exemplo: se o jovem não tem todas as qualidades necessárias para alcançar sucesso nos palcos, na tevê ou no cinema, os cursos e sua convivência nesse meio ainda podem lhe dar a base para ser um grande diretor, um produtor qualificado ou ainda um roteirista de grande competência. Essas profissões são a ramificação da carreira de ator.

A mesma coisa acontece na música. O jovem pode nunca se tornar um cantor famoso, mas pode encontrar possibilidades nos bastidores da indústria musical, se essa realmente for sua paixão. Ele poderá ser arranjador, músico de estúdio, produtor musical, compositor, entre outros. Por exemplo, o cantor norte-americano Bob Dylan, um sucesso mundial, tem um timbre de voz que não é totalmente agradável, mas seu talento como compositor é indiscutível e foi isso o que lhe garantiu uma carreira de sucesso.

No caso dos modelos de passarela, a estética é primordial; já para os comerciais, o que vale é a fotogenia. Vender uma imagem interessante é uma exigência eliminatória nesse ramo. É por isso que eu recomendo com insistência que os pais de jovens que sonham com a carreira de modelo se armem com uma grande dose de realismo, sejam transparentes e, sobretudo, tenham um grande amor por seus filhos.

Insistir que o filho tenha uma carreira como modelo quando ele não tem uma aparência condizente só vai fazer com que ele passe por situações cruéis, incluindo bullying por parte dos colegas. Ao participar de sessões de casting que não condizem com suas aptidões, o jovem poderá se deparar com situações que vão desmotivá-lo.

Para quem não se encaixa no perfil exigido pela indústria, mas tem interesse em trabalhar no mundo da moda, existe a alternativa de atuar nos bastidores, as possibilidades são muitas: maquiadores, cabeleireiros, cenógrafos, produtores. O importante é estudar e se especializar.

Sempre digo para esses jovens talentos que trabalhar nessas ramificações artísticas nunca deve ser visto como um prêmio de consolação. "Ah, já que eu não consigo ser ator, vou ser diretor, contrarregra ou iluminador cênico." Essas ocupações têm grande relevância, costumam ser mais estáveis do que a profissão de ator, que tem muitos altos e baixos, e, muitas vezes, rendem mais dinheiro. E, o principal, são capazes de tornar esses profissionais felizes e realizados.

O poder da disciplina

Seja qual for a escolha que o jovem talento faça, ele só conquistará o que quer se tiver disciplina. Não só ele, mas também a família, que, pelo menos durante os primeiros anos de caminhada, será um dos responsáveis pelo sucesso de um jovem talento. Disciplina significa, antes de tudo, procurar um coach, fazer cursos na área de interesse e se dedicar ao aprendizado. Treinar, treinar, treinar. Repetir, repetir, repetir. Disciplina também envolve cumprir os horários e as datas estabelecidos e respeitar as agendas e cronogramas de treinamento. Se o jovem talento tiver uma postura disciplinada, será impossível não obter conquistas, que vão surgir muito mais rápido do que se imagina.

Como pode uma pessoa ter um grande sonho, uma grande paixão, mas, quando questionada sobre os cursos que já fez na área que ama tanto, responder que nunca procurou qualquer auxílio ou aperfeiçoamento? Esse comportamento é uma amostra de que esse aspirante a artista está sem foco e sem disciplina.

Vou relatar dois exemplos que mostram a importância da disciplina na carreira artística. Minha empresa tem uma parceria com a International Modeling & Talent Association (IMTA), uma associação internacional de talentos e modelos que promove dois eventos anuais nos Estados Unidos, um em Los Angeles e outro em Nova York, aos quais comparecem jovens de todo o mundo. Os atores americanos Ashton Kutcher e Katie Holmes foram algumas das descobertas da IMTA.

Todos os anos, envio dez brasileiros para esse evento. Alguns meses antes de um desses encontros da IMTA, enviei um e-mail para 5 mil talentos e suas famílias que dizia o seguinte: "Se você tem o sonho de ir para os Estados Unidos e já participou do meu projeto, por favor, envie-nos um vídeo sobre você, em inglês. Esse vídeo será analisado e você terá a oportunidade de ir para o maior evento dos Estados Unidos voltado para talentos artísticos". Eu só recebi duas respostas. O que isso mostra? Que não temos estudo, não temos foco, não temos disciplina nem iniciativa. Não temos uma série de coisas.

E não me venha dizer que a questão é a barreira da língua. É difícil acreditar que entre os 4.998 que não responderam não havia ninguém que não soubesse pelo menos um pouquinho de inglês. O idioma é ensinado em quase todas as escolas. Esses jovens não poderiam pedir ajuda a um professor? O vídeo não era um teste do conhecimento deles em inglês, não tinha qualquer importância se falassem com sotaque ou cometessem alguns erros. O mais alarmante é que os jovens que receberam esse e-mail não eram pessoas aleatórias; eram talentos que haviam participado de algum evento que promovi e, pelo menos em tese, desejavam deslanchar suas carreiras e procuravam oportunidades.

Agora, comparem o que acabei de contar com este outro exemplo. Conheci em Porto Alegre o Getúlio, um menino de 9 anos que nasceu com paralisia cerebral. Os médicos afirmavam que Getúlio nunca andaria. A história de sucesso dele começou quando, apesar desse diagnóstico, ele aprendeu a andar, correr e se tornou goleiro no time da escola. No entanto, ele ainda precisava fazer exercícios especiais para superar suas limitações. Certo dia, o garoto falou para o pai que queria conhecer pessoalmente Manuel Neuer, o goleiro da seleção alemã. Getúlio conseguiu ir ao programa da Fátima Bernardes, na Rede Globo. Seu carisma, história de vida e determinação falaram a seu favor.

Ele mobilizou a RBS TV, afiliada da Rede Globo no Rio Grande do Sul, e, em dois dias, conquistou patrocinadores. No fim das contas, entrou em campo de mãos dadas com Neuer no jogo da Alemanha contra a Argélia, no Estádio Beira-Rio, em Porto Alegre. Aos 9 anos, sua energia, determinação e, acima de tudo, disciplina lhe permitiram superar a paralisia cerebral e voltar a caminhar, além de conhecer seu ídolo em um evento do porte da Copa do Mundo. Getúlio deu um grande exemplo de disciplina e de como não desistir de seu sonho mesmo diante de tantas adversidades.

Marketing pessoal

Mesmo no caso daqueles que já estão caminhando na carreira, a disciplina é algo a ser praticado sempre. Um dos maiores estragos que a falta de disciplina pode provocar é no que diz respeito ao marketing pessoal do talento. Por marketing pessoal, entende-se a imagem que é transmitida por meio do comportamento — de que está empenhado seriamente na sua carreira, tem atitudes equilibradas, respeita os outros e está preocupado em ser um exemplo para os demais. Em resumo, é você conseguir que as pessoas o vejam como alguém capaz e confiável. Se você não tem disciplina e por isso falta aos cursos, chega atrasado ou não vai às apresentações, mente, trata mal as pessoas e posta opiniões ofensivas nas redes sociais, é melhor esquecer de uma vez por todas qualquer carreira que seja voltada para o público, pois sua imagem estará seriamente prejudicada.

Fazer um bom marketing pessoal é algo essencial para o sucesso de um artista. E ele tem de ser planejado de uma forma muito cuidadosa, porque diz respeito à marca que alguém pretende deixar neste mundo. Todos nós, mesmo que inconscientemente, queremos deixar nossa marca pessoal nessa existência antes de partirmos para outra dimensão. Ou seja, queremos ser lembrados por algo positivo que fizemos. Quem gostaria de ser lembrado dessa maneira: "O Pedro? Ah, o Pedro era uma pessoa muito arrogante, muita gente o achava antipático, ninguém queria trabalhar com ele". Ou: "A Maria? Xi, era muito complicada! Sempre chegava atrasada, dizia que vinha, mas não vinha. Não dava para confiar nela". Tudo isso é muito ruim, não acha?

Um assessor de imprensa competente, que é um profissional que aconselha e auxilia o talento a lidar não só com a mídia, mas também com fãs e patrocinadores, pode prestar o serviço de coaching necessário para ajudar na montagem de um marketing pessoal eficiente. Mas, no final das contas, o combustível dessa imagem construída é o caráter e a honestidade do jovem talento. Assessores de imprensa ajudam, mas não fazem milagres. Um conselho para quem está no início de carreira e ainda não pode ter um assessor de imprensa: cuidado com o que você posta nas redes sociais — essas postagens podem trabalhar tanto a seu favor como contra —, e seja pontual em seus compromissos.

A esta altura, já podemos fazer um roteiro resumido dos passos que um talento precisa dar em direção ao sucesso. Tudo começa com o foco no sonho de seguir uma carreira artística; na sequência, vem um planejamento de curto prazo, segundo o qual a criança ou o adolescente fará cursos que fortalecerão suas habilidades e indicarão o que é preciso desenvolver com mais atenção; depois disso, vem o trabalho do coach para aperfeiçoar e acrescentar habilidades artísticas, já dentro de um planejamento estratégico; e, finalmente, o jovem talento apresenta-se ao mercado e vai à luta para conseguir oportunidades de trabalho. Ao longo desse caminho, não devem faltar a já comentada disciplina e um cuidadoso marketing pessoal.

Quando o talento toma todos esses cuidados e conta com o apoio decisivo dos pais, é muito difícil que as oportunidades não apareçam. No entanto, apesar de essa parecer uma receita perfeita, é preciso entender que o mercado artístico é extremamente competitivo. Não existe uma fórmula pronta para chegar ao sucesso, já que ele depende de inúmeras variáveis, sobre muitas das quais não temos qualquer controle. É inevitável que se ouçam muitos nãos pelo caminho e que expectativas sejam frustradas. Mas nunca se deve permitir que o desânimo, a depressão ou o derrotismo cresçam dentro de nós. Saber lidar com esses momentos desfavoráveis é uma habilidade obrigatória daquele que quer conquistar seus sonhos.

Vitórias e derrotas

Uma das coisas que os jovens talentos e aqueles que os acompanham devem entender e acreditar é que os cuidados com a carreira artística não terminam nunca. É preciso matar um leão por dia. O que hoje surge como uma derrota amanhã pode dar lugar a uma bela vitória, e vice-versa. Como se posicionar diante desses altos e baixos? Nada melhor do que um exemplo real para responder a isso.

Vamos falar um pouquinho da atriz Gabriella Mustafá, que descobrimos em Apucarana, no Paraná, quando ela tinha apenas 9 anos. Aos 14, ela estava em uma de nossas convenções, quando foi convidada por um diretor de uma grande emissora de tevê para participar de uma novela que prometia ser um sucesso de público. Esse diretor divulgou publicamente que Gabriella teria um lugar garantido na programação. É claro que a expectativa, principalmente dela, foi lá pro alto. Entretanto, no final, o convite não se concretizou. O diretor não decidia sozinho quem integraria o elenco e tudo se transformou em fumaça. Ele foi precipitado.

Gabriella entrou num quadro depressivo. Se não fosse pelo empenho de sua mãe e de nossa equipe, a menina não teria se recuperado. Mas, depois de um tempo, guerreira, Gabriella ficou novamente de pé. Três anos mais tarde, aos 17, ela conseguiu um papel na minissérie *Dois irmãos*, da Rede Globo, que foi ao ar em janeiro de 2017. Eu me lembro de ter dito, em uma reunião que tivemos, que ela tentasse não se empolgar demais quando surgissem oportunidades. É preciso manter sempre os pés no chão para que uma boa surpresa não se transforme em uma grande decepção.

O mesmo comportamento, se for assumido nos momentos de vitória, poderá evitar problemas futuros. É que nas horas de sucesso vão surgir muitos falsos assessores que vão prometer muita coisa, vender fantasias. As quais, mais tarde, poderão se transformar em decepções. E o sucesso, que só vale a pena se trouxer felicidade, poderá ser contaminado por situações e sentimentos desagradáveis.

Esses momentos de frustração e decepção também podem ser transformados em sabedoria, isto é, o jovem talento pode investir o tempo durante o qual está sem trabalho em cursos que vão aumentar seus conhecimentos artísticos. Além da vantagem de aprender novos conteúdos, investir nesses cursos no momento de frustração contribuirá para elevar a autoestima, evitar pensamentos negativos e, algo de grande importância, aprender a receber nãos.

Recebendo nãos

A pessoa que está sempre se atualizando e aprimorando suas habilidades tem uma estabilidade emocional maior, pois reconhece as qualidades e potencialidades que tem. Já a pessoa que não possui essa postura de desenvolvimento constante é atingida de forma mais violenta por qualquer acontecimento; basta receber um não, e o mundo dessa pessoa desmorona. O que está em jogo aqui é a autoestima. Larissa Manoela, também nossa descoberta, que se tornou nacionalmente conhecida por seu papel na novela *Carrossel*, do SBT, recebeu vários nãos em sua caminhada. Outras modelos que descobrimos, como Viviane Orth e Marcelle Bittar, também receberam vários nãos antes de se tornarem o que são hoje. Quantos artistas receberam nãos? Todos eles, com certeza. Mas quem tem conhecimento e um objetivo claro na carreira não se abala com isso. Pelo menos, não muito.

A capacidade de lidar com os nãos vem da gestão emocional que é dada pela própria família. Certa vez, uma mãe veio conversar conosco; contou que não conseguia lidar com as negativas que eram dadas à sua filha. Eu disse a ela que estávamos, então, com um problema, porque os nãos, sem dúvida, fariam parte da carreira da garota. Aquela mãe tinha medo de ver a frustração da filha. Talvez até mais medo do que a própria filha poderia sentir de ouvir um não. Vejo muitas crianças que recebem um não e mesmo assim seguem felizes, pois foram bem orientadas pelos pais. É completamente irrealista o jovem talento — e também seus pais — acreditar que chegará diante de diretores de uma tevê, por exemplo, no primeiro teste de sua vida, e receberá um sim unânime. Esse é um pensamento irreal. Os pais são adultos e não devem compartilhar dessa fantasia dos filhos.

A carreira artística costuma correr a uma velocidade bem mais alta do que outras profissões. Quando surge uma oportunidade, o jovem fica imerso no trabalho, atuando por dez, quinze dias. Depois, quando o filme, a novela ou o seriado vai ao ar, esse jovem ainda vai ter a atenção da mídia por uns quatro ou seis meses. Sua assessoria de imprensa vai conseguir que ele dê entrevistas, seja convidado para outros programas de tevê e participe de eventos. Mas, depois disso, virá o silêncio, a época de baixa. É nesse momento que a boa gestão emocional mostra sua utilidade. Equilibrados, esses talentos terão reservas emocionais para aguentar o tranco.

Uma forma eficiente de gerenciar esses altos e baixos é contar com o apoio de uma empresa que assessore a carreira do talento. Isso é ainda mais recomendável para as famílias de talentos que moram distantes do eixo Rio-São Paulo. A rotina de um talento, depois que ele atinge certa notoriedade, consiste em ir a vários testes feitos em agências de modelos, emissoras de tevê e produtoras de filmes e de comerciais. Muitas vezes, há mais de um teste na mesma semana, em locais distantes entre si.

No caso da MGT, esse assessoramento garante, inclusive, subsídio financeiro para que o talento consiga comparecer a testes fora de sua cidade. Essa ajuda de custo é muito importante, pois, se a família não dispõe de recursos financeiros suficientes, a carreira do talento corre o risco de morrer na praia. Deixando de ir aos testes, ele acabará por ser esquecido.

Dar apoio

Ajudamos alguns talentos com esse tipo de gasto e ainda colaboramos de outras maneiras, como oferecendo apoio para se instalarem em cidades distantes da sua para comparecerem aos testes, quando é o caso. É por isso que ter uma empresa ou um assessor que possa ajudar nessa caminhada é tão precioso. A atriz Larissa Manoela enfrentou esse problema. Por morar na cidade paranaense de Guarapuava, que não tem aeroporto para aeronaves de grande porte, ela era obrigada a ir até o aeroporto de Curitiba para dali seguir para o Rio de Janeiro e São Paulo, ou ir de ônibus mesmo até essas cidades para fazer algum teste. Algumas vezes, essas viagens só foram possíveis com o apoio financeiro dado por nós.

Quando olho para todos esses jovens talentos cheios de sonhos, fico feliz por poder dar um suporte significativo para os primeiros passos de sua carreira. É um envolvimento quase pessoal que tenho com eles. Afinal, como contei no primeiro capítulo, minha vida sempre esteve ligada a essas carreiras, desde que me entendo por gente.

Na abertura das seletivas, costumo fazer uma pequena dinâmica com as crianças e pais que vão a esses eventos cheios de esperanças de transformar esse sonho mágico de produzir arte em realidade. Sou completamente sincero e honesto quando chamo um jovem ao palco e explico que, naquele momento, vou falar como se fosse seu pai. Digo que ele é motivo de muita alegria para mim, que me sinto muito feliz de tê-lo como filho, que estamos ali para fazer um teste e que, independentemente do resultado, sempre vou me orgulhar de ser seu pai.

Essa relação de amor entre pais e filhos, não importa como seja a trajetória artística do jovem talento, é a coisa mais preciosa que o ser humano pode produzir. Fazer com que os talentos, diante de todas as vicissitudes, mantenham intocado esse amor é um dos principais objetivos da minha empreitada.

No próximo capítulo, vou detalhar ainda mais os passos necessários para construir a carreira dos futuros talentos.

3

Um jogo de erros e acertos

A trajetória do futuro talento deve ser tratada como qualquer outra carreira profissional. As metas de curto, médio e longo prazo. Vinte e quatro dicas para administrar a carreira de atores, cantores, modelos e dançarinos.

Nunca chegará o dia em que poderei dizer que já aprendi tudo sobre a arte — ou talvez ciência — de descobrir jovens talentos. Em cada uma das 23 convenções que realizei até o início de 2017, sempre surgiram situações e pessoas com histórias muito particulares. E cada uma me ensinou uma nova lição: seja uma estratégia para superar um desafio e prosseguir em busca do sonhado sucesso, seja o que não se deve fazer ao gerenciar uma carreira.

Como neste capítulo vou dar algumas sugestões de como gerenciar uma carreira artística, vou contar sobre uma situação que vivenciei em uma das convenções. Uma mãe me apresentou sua filha, uma cantora de apenas 11 anos. Com a menina calada ao seu lado, a mãe narrou a trajetória da garota. Eu estava interessado em falar com a menina, mas a mãe dominava toda a conversa e não dava nenhuma brecha para que eu interviesse.

Finalmente consegui falar e tentei extrair algumas informações daquele talento. Em dois minutos, percebi que quem estava ali não era a verdadeira garota. Tudo o que ela falava era estruturado com base em instruções que certamente havia recebido da mãe. Era uma fala formal, forçada e sem emoção. O jeito divertido e irreverente de criança tinha se perdido. No lugar, ficou uma conversa chata de adulto.

Pedi a ela que cantasse. Ao ouvi-la, tive a impressão de que estava diante de uma jovem de 18 anos, e não da criança de 11 que ela era. Tinha a voz estruturada demais, formal demais para a idade. Quem estava ali cantando diante de mim era uma versão da criança que a mãe tentou "montar". Não era nada daquilo que eu queria e o talento dela passou a ser desinteressante. Uma pena.

Conto essa história não para expor alguém, mas para que possamos fazer uma reflexão. Menos é sempre mais; não podemos interferir com exagero na essência artística de nossos filhos. Lapidar um talento é uma coisa; transformá-lo em algo totalmente diferente de sua verdadeira essência é outra.

Esse é um exemplo de má gestão de uma carreira artística. A mãe, sem ter nenhum conhecimento sobre o tema, tentou moldar a filha para se encaixar nos padrões que acreditava serem os exigidos pelo mercado, deu um direcionamento errado e acabou prejudicando a carreira da filha — mesmo tendo a melhor das intenções.

Gestão do negócio e gestão emocional

São pouquíssimos os talentos que tratam a carreira como um negócio, no qual é preciso investir tempo, esforço, inteligência. Neste caso, quando falo de inteligência, estou falando de inteligência emocional, que significa saber agir tanto nos períodos de alta quanto nos de baixa. Sem orientação, muitas vezes esses jovens não sabem o que fazer para aguentar os trancos do caminho, não conseguem superar os nãos nem atravessar os momentos de luz e sombra que surgem em uma trajetória artística sem perder o controle de si. Sem equilíbrio emocional, reagem com euforia exagerada quando coisas boas acontecem, ou com desânimo desnecessário em momentos difíceis. A maioria vive apenas o momento, como se qualquer eventual boa sorte fosse durar para sempre. Esses talentos estão destinados a ter uma morte artística precoce.

Voltando à gestão da carreira como negócio, o mercado está cada vez mais competitivo, já não há espaço para amadorismo. É preciso um planejamento estratégico. O jovem talento precisa estar bem assessorado por profissionais qualificados, mas, por outro lado, se confiar somente na intuição de seu empresário, nunca conseguirá tomar uma decisão por si próprio. Pode acabar se tornando uma pessoa vazia, perdida e sem personalidade. O que tem de haver nessa relação talento-empresário é uma parceria. Quando o talento se prepara e adquire conhecimento sobre os possíveis caminhos que pode seguir, passa a saber exatamente aonde quer chegar e, então, pode fazer escolhas de maneira mais fundamentada e segura, tomando parte das decisões que envolvem sua carreira.

Já falei um pouco sobre essas questões no capítulo anterior. Enfatizei a necessidade de o talento ter pessoas que o apoiem, de ter o acompanhamento de um coach artístico, de buscar um agente. Se ele não sabe como fazer algo que é importante para sua carreira, deve terceirizar essa tarefa e contratar alguém que possua essa habilidade.

Vou dar um exemplo que aconteceu comigo. Quando ficou claro que a minha empresa precisava ter um site e entrar nas mídias sociais, eu pensei em fazer isso sozinho, mas logo vi que aquela não era a minha praia. Procurei, então, um consultor da área digital para me ajudar e, principalmente, não me deixar tomar decisões erradas.

Sim, decisões erradas. Porque é isso que acontece quando insistimos em tomar as rédeas de uma atividade da qual não temos qualquer domínio ou entendimento. As chances de nos equivocar são maiores do que de nos dar bem. A mesma coisa me aconteceu com a gestão financeira da empresa. Depois de algumas dificuldades, reconheci que também não era essa a minha praia e entreguei o assunto para quem entendia dele.

Isso funcionou bem para mim. E certamente funciona no caso das carreiras artísticas. Afinal, elas devem ser gerenciadas como um negócio. A gestão profissional faz toda diferença. A mãe daquela menina de 11 anos que citei no começo do capítulo não soube fazer isso da maneira correta. Criou uma estratégia, a meu ver, equivocada na preparação da filha. E, se eu detectei ali uma má gestão artística, os produtores fatalmente perceberiam o mesmo.

Mais preparação, menos sorte

As vantagens de planejar uma carreira, artística ou não, são fáceis de entender. Embora tudo na vida esteja sujeito a reviravoltas imprevisíveis, quanto menos espaço deixarmos para o acaso e para a sorte, maiores serão as chances de anteciparmos os acontecimentos e de termos êxito em nossos projetos.

No entanto, a carreira artística dos jovens talentos tem a particularidade da imersão no ambiente profissional em uma idade muito tenra. E os primeiros anos de vida são cheios de transformações radicais e difíceis de prever.

Explicando melhor: se acompanho a carreira artística de uma menina de 4 anos, sei que, dos 4 aos 8 anos, ela vai ser graciosa e charmosa em tudo o que fizer. Nessa idade, tudo o que ela faz é engraçadinho, até mesmo chorar ou fazer manha. Se está em um palco ou desfilando na passarela, até mesmo os erros que cometer provocam risos e simpatia.

Já na fase dos 9 aos 12 anos, nem tudo é uma gracinha; os deslizes e erros já não são tão facilmente tolerados. Agora, ela é uma pré-adolescente e tudo o que faz começa a ser visto de maneira mais crítica. A exigência por uma performance artística de qualidade também aumenta. Nessa faixa etária, as meninas não têm ainda o corpo definido. Portanto, sobretudo para a carreira de modelo, o futuro profissional ainda não está definido.

Dos 13 aos 16 anos, a garota sofre uma profunda mudança no corpo. O rosto também se transforma. A fofice e a graciosidade podem dar lugar a beleza e expressões faciais de maior personalidade. Ou o rosto pode adquirir uma característica pouco expressiva ou esteticamente desinteressante para o mundo da moda. O corpo também assume formas e dimensões que têm impacto nas possibilidades profissionais.

É por volta dos 16 anos que realmente tem início uma carreira de modelo. Se a jovem tem, no máximo, 90 centímetros de quadril e altura acima de 1,76 metro (para os homens, 1,86 metro), tem chance de realizar o sonho de ser uma modelo fashion, de passarela. Se está fora dessas medidas mas fotografa bem, tem chance de seguir carreira como modelo comercial.

Curto, médio e longo prazo

A beleza e os aspectos físicos não são suficientes. Se a modelo não interpreta, não canta, não tem expressão corporal, a concorrência e o mercado se mostram cruéis. Talvez lhe deem uma ou duas chances, talvez nunca a chamem para um trabalho.

Um erro crasso que os pais de pequenos talentos de todas as áreas artísticas cometem é achar que o filho vai ser uma criança para o resto da vida. Por conta disso, não fazem um planejamento adequado, não incentivam que a criança faça cursos, enfim, não investem nesse sonho. Nesses casos, filho e carreira ficam estagnados, da infância até a fase adulta, quando, então, caso nada aconteça, chega a frustração e a desilusão com o mundo artístico.

É uma pena que isso ainda aconteça, pois há vários cursos e oportunidades que podem agregar conhecimento e conteúdo aos jovens talentos de todas as faixas etárias.

Há ainda mais duas iniciativas sobre as quais, por sua grande relevância, vou me estender um pouco para explicar suas vantagens.

Se eu fosse o responsável por gerenciar a carreira de um talento, quando ele completasse 14 anos, eu o mandaria para um intercâmbio nos Estados Unidos. Não só para que ele aprendesse a falar inglês com fluência, uma habilidade indispensável nos dias de hoje, mas também para que se familiarizasse com a cultura norte-americana. Eu também o matricularia em cursos de interpretação para que conhecesse como é o trabalho na área artística por lá. Nos Estados Unidos, o timing — ou seja, a velocidade, o ritmo — da formação de jovens talentos é bem diferente do que temos no Brasil.

É nos Estados Unidos que estão as melhores oportunidades de trabalho no mercado artístico. Também é verdade que os norte-americanos — embora muita gente tenha uma visão oposta — têm a tradição de acolher, valorizar e dar oportunidades às pessoas que se esforçam verdadeira e disciplinadamente para conquistar seu espaço e seus sonhos. No entanto, eles exigem que as leis e regras do país sejam rigorosamente obedecidas, e nem podia ser diferente.

Portanto, preparar-se para trabalhar de forma legal nos Estados Unidos é um ponto de enorme importância. Por isso, a MGT tem uma parceria com o New York Conservatory cujo objetivo é facilitar a trajetória de artistas brasileiros no país. Conseguir um visto de trabalho para pessoas a partir dos 18 anos exige uma longa jornada. É sempre bom lembrar que tentar um trabalho como modelo ou ator sem permissão legal é crime. Quem fizer isso pode ser preso e deportado, ou seja, mandado de volta para o Brasil, ficando proibido de entrar novamente nos Estados Unidos. Isso seria um desastre, pois quem tem uma boa experiência no mercado americano tem as portas do mundo todo abertas.

Para exemplificar a importância do planejamento em curto, médio e longo prazo, vou usar o caso da atriz gaúcha Luana Nocchi como exemplo. Eu e minha equipe desenvolvemos uma programação para ela. Luana foi destaque no evento do IMTA de Los Angeles em 2016 e depois fez um curso de férias na New York Film Academy, uma das melhores escolas de artes dramáticas dos Estados Unidos. Fizemos um planejamento de curto, médio e longo prazo para ela. O planejamento de curto prazo previa que Luana fizesse trabalhos em nível regional, no caso em Recife, onde mora, em uma agência de modelos que lhe indicamos. Também conseguimos uma oportunidade para que ela, por intermédio de uma agência de São Paulo, desenvolvesse uma estratégia para mostrar seu talento em uma ampla faixa de mercado. Além disso, contratamos um booker de elenco (profissional que cuida da agenda de compromissos do talento e o oferece para possíveis contratantes) para que ela não ficasse desamparada. Em médio prazo, o previsto é levá-la ano após ano para fazer mais cursos nos Estados Unidos, aperfeiçoando o inglês e se familiarizando cada vez mais com o mercado do país. E o planejamento em longo prazo é que Luana estude no conservatório de Nova York e se insira no mercado americano, participando de testes que aparecerem por lá. Além disso, queremos que ela se torne uma profissional completa; por isso, ela deverá fazer cursos na área de produção, roteiro e direção. Assim, quando retornar ao Brasil, trará na bagagem muito mais conhecimentos e será vista com outros olhos pelo mercado, será muito mais respeitada.

Esse caso mostra que planejar uma carreira artística profissional não é algo que se pode fazer na base do improviso. É um processo que requer profissionalismo, disciplina e visão de futuro.

Agora vou contar um pouco sobre o trabalho que estamos desenvolvendo com a Julia Meneghetti, uma garota que conhecemos por meio do Dionny Alves, nosso professor de passarela. Julia participou do nosso concurso New Faces, voltado para a descoberta de modelos fashion.

Após constatarmos seus bons resultados, decidimos que ela deveria partir para o IMTA. Lá, ela foi selecionada por 65 agências. Mas, como naquele momento ela ainda tinha 15 anos, preferimos aguardar até que ela completasse 16 para então apresentá-la novamente ao mercado internacional.

Diante desse cenário, resolvemos que a gestão da carreira de Julia seguiria os seguintes passos: para o planejamento de curto prazo, pedimos aos pais que incentivem o aprendizado da língua inglesa. Colocamos um psicólogo à disposição da família para ajudá-la a ter o preparo emocional necessário para lidar tanto com os nãos que virão quanto com questões como a saudade que ela vai sentir de casa quando iniciar as atividades profissionais.

Em médio prazo, vamos encaminhá-la novamente para os Estados Unidos, onde, além de estar sob os cuidados de uma boa agência, ela poderá continuar seu processo de aprendizado, como já faz no Brasil. Nesse momento, recomendamos que ela faça cursos de dança, teatro e moda para que adquira domínio sobre o assunto. A carreira de modelo é curta e esses conhecimentos serão importantes para que ela continue nessa área, caso seja sua vontade.

No longo prazo, Julia terá um manager internacional para lhe indicar bons trabalhos. Esses trabalhos não serão apenas como modelo; eles também podem ser, por exemplo, em filmagens, o que trará ritmo de trabalho e visibilidade a ela. No momento certo, ela terá uma boa assessoria de imprensa internacional.

Uma carreira no ônibus

Um dos melhores exemplos de desenvolvimento de uma carreira vitoriosa é o caso da atriz Larissa Manoela. Descoberta por nós aos 4 anos, Larissa só teve seu talento reconhecido quando chegou aos 10. Nesses seis anos, ela contou com o fundamental empenho de seus pais, Gilberto e Silvana. E a caminhada não foi fácil. A família enfrentou muitos desafios e dificuldades. Em vários momentos, Gilberto teve de levar a filha de ônibus de Guarapuava até São Paulo ou Rio de Janeiro, um trajeto que leva mais de oito horas, enquanto Silvana ficou na cidade em que moravam se ocupando de outros compromissos profissionais e familiares.

Quando Gilberto teve de passar um tempo maior em São Paulo para tratar de interesses da filha, precisou se hospedar em hotéis muito simples e abrir mão de muitas das comodidades que tinha em Guarapuava. Mas ele sabia que tudo isso era um processo. Ouviu vários nãos e continuou entendendo que todos aqueles obstáculos faziam parte da caminhada. Quando começaram a aparecer as aprovações, os cachês eram baixíssimos. Mas os trabalhos artísticos eram aceitos e realizados da mesma maneira, pois era indispensável que a filha conseguisse montar um portfólio.

Os primeiros trabalhos artísticos da Larissa realmente não deram quase nenhum dinheiro. Ela não começou com trabalhos artísticos de grande relevância e muito bem pagos. Aliás, se alguém nessa indústria pretende iniciar a carreira já ganhando muito dinheiro, recuperando rapidamente o que investiu, é melhor nem perder tempo. Mesmo os jovens talentos que são contratados por grandes emissoras, como Globo, Record e SBT, não têm cachês milionários. Eles são as chamadas *new faces* ("caras novas", em português). Seus empregadores sabem que eles ainda estão procurando seu lugar ao sol e que, por isso, estão dispostos a receber pouco pela oportunidade de ser conhecidos. É claro que, mesmo sendo relativamente modestos, esses pagamentos têm alguma relevância financeira. Mas o que essas caras novas realmente precisam nesse momento é montar um portfólio. Quanto mais experiência tiverem, maior será seu reconhecimento nessa área. A maneira como Larissa e seus pais vêm conduzindo a carreira nestes primeiros anos é exemplar.

Agora vou falar um pouco mais sobre carreira musical.

Nos tempos do CD

Em 2009, fizemos um evento musical para descobrir jovens talentos e ajudá-los a conquistar o mercado. Ele foi descontinuado porque, naquela época, os jovens tinham de gastar muito dinheiro para gravar um CD. Ter um CD demo — uma demonstração do trabalho do músico — era obrigatório, pois era com esse material que os músicos mostravam seu talento para os produtores. No entanto, esses mesmos produtores cobravam caríssimo pela gravação do CD demo. Tão caro que acabei decidindo não participar disso. Não fazia sentido que aqueles jovens, a maioria com poucos recursos, se sacrificassem tanto pagando uma fortuna para os produtores.

Até onde percebo, o YouTube mudou bastante esse quadro. Hoje em dia, qualquer artista pode gravar sua performance e colocá-la ao alcance de qualquer pessoa em qualquer lugar do mundo, com um custo zero ou muito baixo. O CD não é mais uma obrigatoriedade do mercado.

Entretanto, não devemos ser ingênuos a ponto de achar que basta um banquinho, um violão e um celular para empolgar a indústria fonográfica. É preciso ter um clipe musical minimamente bem editado e com som de boa qualidade. Mas sempre levando em conta que menos é mais. Esses clipes devem ser de bom gosto, ter, como eu já disse, um bom áudio e cenário e figurino adequados, que não sejam espalhafatosos e roubem a atenção daquilo que é mais importante: a performance do cantor ou cantora. Se for algo muito exagerado, com efeitos especiais, mudanças bruscas de enquadramento e movimentos dispensáveis, o músico acaba sumindo em meio à confusão de luzes, cores e ruídos. Então, num primeiro momento, é muito importante mostrar quem é esse artista, para que os interessados possam, afinal, ouvir e ver o dono da voz e sua expressão corporal.

O vídeo na rede social será, então, o primeiro passo do talento musical, mas que deve ser dado com a ajuda de produtores sérios. Não recomendo, ainda, que o jovem deixe esse vídeo com visualização liberada na internet. Muitas vezes, isso pode ser um tiro no pé. Na minha opinião, é muito melhor fazer um bom vídeo e direcioná-lo restritamente aos produtores. Para ficar aberto na rede, o vídeo tem de estar muito bem produzido, um trabalho em nível profissional, e com o objetivo de fazer um marketing de massa. No entanto, se o intuito é apenas divulgar o jovem e seu talento musical, é preciso ser cuidadoso ao escolher onde esse vídeo será colocado.

Além disso, um vídeo aberto pode ser desastroso para a carreira musical pelo fato de que, nas redes sociais, como todos sabemos, qualquer pessoa diz o que bem entende. Os comentários podem ser muito negativos, desrespeitosos, injustos, maldosos e destrutivos. É preciso ter uma estrutura emocional sólida para enfrentar algo assim. E muita gente não está preparada para isso. Portanto, o mais adequado, acredito eu, é direcionar esses videoclipes apenas para profissionais da música.

Vinte e quatro dicas de planejamento

Cada carreira artística tem suas particularidades, e, como consequência, os talentos devem fazer um planejamento de acordo com as necessidades do mercado em que desejam se inserir. No entanto, há vários pontos que são comuns a todas as carreiras artísticas. Elaborei uma lista com algumas providências que devem ser tomadas e desafios que devem ser levados em conta durante o planejamento da carreira. Elas não seguem uma ordem de importância — todas são importantes, mas seu grau de relevância pode variar de acordo com a trajetória do talento. São lições que aprendi e conselhos que dou de coração.

1. **Tire o DRT**

    O primeiro ponto do planejamento de uma carreira é buscar um registro profissional. O DRT é necessário para modelos, atores, dançarinos e músicos e consiste em um registro profissional que se faz na Delegacia Regional do Trabalho — daí a sigla DRT. Ele é obtido por meio da comprovação da realização de um curso profissionalizante na área artística almejada ou da comprovação de um número determinado de trabalhos já efetuados.

Eu considero que o melhor caminho é conseguir o registro por meio de cursos profissionalizantes. Com o DRT em mãos, a pessoa tem autorização para trabalhar. Caso o jovem talento preste algum tipo de serviço profissional sem esse registro, a empresa que o contratou pode ser autuada pelo Ministério do Trabalho e sofrer penalidades. Existe um registro provisório para crianças que trabalham no meio artístico, mas, a partir dos 16 anos, já é possível conseguir o registro definitivo.

2. Faça cursos profissionalizantes

Existem cursos profissionalizantes de dança, música, modelagem e atuação em muitos lugares do Brasil. Mas a escolha de quais cursar deve ser feita com cautela. Como saber se um curso é bom e agrega valor à carreira? Procurando informações nas redes sociais, depoimentos de ex-alunos, visitando a instituição e conversando com os professores. Um curso profissionalizante é relevante não apenas para a formação do artista, mas também para obter o DRT.

O número mínimo de horas frequentadas nessas capacitações exigido para habilitar uma pessoa como profissional varia de acordo com os sindicatos de cada estado. Todas essas profissões têm um sindicato que em tese representa os interesses de seus profissionais. Alguns deles têm nomes compridos, como o Sindicato dos Artistas e Técnicos em Espetáculos de Diversões no Estado de São Paulo, que representa os atores e modelos fashion e comerciais paulistas. Há também sindicatos de dançarinos e de músicos. Para se filiar a algum deles é preciso comprovar já ter feito trabalhos na área.

3. **Participe de pequenos eventos**
Comprovar a participação em trabalhos profissionais é essencial para conseguir o DRT. Mas a participação em pequenos eventos, mesmo que sejam aqueles da escola, é de grande importância por outro motivo. Pequenos espetáculos escolares de dança, musicais ou teatrais são preciosos para quem sonha com uma carreira artística. Ali, os aspirantes podem ter o primeiro contato com o público e, mesmo sem perceber, adquirir ritmo de trabalho. Quanto mais jovem se inicia, melhor. Em uma das convenções que realizamos, o escritor e autor de peças teatrais e novelas de sucesso Walcyr Carrasco disse para os pais e talentos presentes: "Façam peças teatrais, participem sempre, mesmo que seja na escola. Comecem por aí".

4. **Divulgue sua experiência**
Quando o jovem tiver acumulado alguma experiência (não precisa ser uma lista muito extensa de trabalhos), ele já deve montar um currículo e começar a divulgá-lo para produtores. Isso deve ser feito em uma escala crescente: primeiro para os produtores de sua cidade, avançando, na sequência, para uma região mais ampla, depois para todo o estado e, finalmente, para os produtores de atuação nacional. Mas, é claro, de nada adianta fazer um currículo se você não realizou nenhum trabalho. Por isso, o item 3 é tão importante: os pequenos eventos servem para iniciar um currículo. Todo mundo conhece aquela frase atribuída ao filósofo chinês Lao-Tsé: "Uma viagem de mil quilômetros começa com um único passo".

5. **Grave vídeos**
Em tempos de YouTube, Instagram, Snapchat, Facebook e outras mídias, os vídeos tornaram-se uma das maneiras mais práticas de divulgar um trabalho. De artesãos, cozinheiros e

motoristas a engenheiros nucleares e cabeleireiros, todos podem mostrar o que fazem. Mas aqui, é claro, o que nos interessa é o fato de que essas plataformas são ideais para a divulgação de trabalhos na área da dança, música e teatro. E também de modelo, por que não? Se você tem vídeos de seu trabalho, coloque-os no seu portfólio.

6. **Leia, leia muito**

A leitura dá a você a habilidade para conversar com as pessoas, para entender e interpretar os textos, além de ampliar seu conhecimento e, com isso, sua capacidade de pensar e argumentar. Através da leitura, você poderá conhecer a história da música, do teatro, da moda. Poderá mergulhar na biografia de pessoas que tiveram sucesso na área de sua escolha e aprender com os erros e acertos de cada uma delas. E não falamos aqui apenas de livros. Ler textos e notícias na mídia eletrônica e nos jornais e revistas em papel nunca vai fazer você ficar menos inteligente. Pelo contrário, lhe trará mais conhecimento e agregará muito à sua carreira.

No teatro — e isso se aplica a todas as formas de interpretação —, há uma necessidade particularmente importante de conhecer textos de autores clássicos. Além disso, como já dissemos, só quem está habituado à leitura é capaz de entender as pausas, dramáticas ou para respiração, que as vírgulas, ponto-e-vírgulas, pontos e reticências dão ao texto. Isso sem falar nas inúmeras obras escritas sobre as teorias e técnicas de teatro, dança, música e expressão corporal. Sem leitura e estudo, sua carreira terá pouco fôlego.

Muitos educadores afirmam que o hábito da leitura é algo que se adquire ainda criança. Falam que, se a pessoa não se acostumou a ler até os 15 anos, dificilmente o fará depois disso.

7. Assista a tudo que puder

Assista a todos os tipos de espetáculos artísticos que puder. Isso é muito importante para que você tenha referências em sua carreira. Tente ir a tudo que estiver em cartaz em sua cidade. Quando falo espetáculo, quero dizer qualquer tipo de manifestação artística, inclusive exposições em museus ou outros espaços. Tudo relacionado à cultura desenvolve a sensibilidade artística. Nas cidades maiores, sempre há peças de teatro em cartaz, uma banda ou cantor se apresentando ou uma exposição de arte. E muitas vezes esses eventos são gratuitos. Como já disse ao falar da leitura, é importante conhecer os clássicos do cinema, da música e da dança.

Em alguns momentos, podemos até nos perguntar o que aquela exposição de louça chinesa; os clássicos de Hollywood como *Casablanca*, de 1941, *O Mágico de Oz*, de 1939, ou a produção russa *Encouraçado Potemkin*, de 1925; os vídeos de dança da bailarina Isadora Duncan; uma exposição da pintora modernista brasileira Anita Malfatti; os filmes antigos e amarelados do flautista Altamiro Carrilho; ou uma mostra de armas medievais podem acrescentar à carreira de um jovem talento. Eles são preciosos porque são referências estéticas, artísticas, culturais e psicológicas que armazenamos em nossa mente. Muitas vezes, nem nos lembramos claramente de cada uma delas, mas elas têm um papel crucial no desenvolvimento de nossa criatividade e na construção de nosso intelecto. Consumir cultura nos permite ter um olhar crítico e qualificado e, consequentemente, amplia nossos horizontes.

8. Aprenda outro idioma

Até o final deste livro, vou bater na tecla da enorme necessidade de o jovem talento dominar outras línguas, principalmente o inglês, embora outros idiomas, como espanhol, francês, italiano e alemão, também sejam úteis. Sempre nos esquecemos do japonês (o Japão é um grande consumidor de talentos e da produção cultural brasileira) e do mandarim, língua falada na China e que, muitos dizem, em poucos anos terá tanta presença no mundo quanto o inglês.

Imagine uma biblioteca que tem disponíveis todas as obras já escritas sobre a carreira artística. Se você souber ler apenas em português, terá duas ou três estantes a seu dispor; se também ler em inglês, esse número vai aumentar em várias centenas.

Mas não basta ler; é necessário ser capaz de falar e de compreender o que os outros dizem. Dominar esse idioma, na minha opinião, tem importância especial para todos os talentos, independentemente da área que queiram seguir. A dança, por exemplo, tem cursos renomados fora do Brasil, como o Bolshoi. O setor musical é fortíssimo em Boston, no estado do Massachusetts, nos Estados Unidos. Sem o domínio da língua inglesa, a carreira internacional de uma modelo fica capenga. No caso do teatro, o conhecimento de língua estrangeira também é essencial. Importantes obras teatrais, ou adaptadas para os palcos, foram escritas em outro idioma, e é fundamental que o ator possa conhecer o texto original.

Além das aulas de inglês nas escolas, o jovem talento tem de se habituar com essa língua de maneiras mais informais. Iniciativas como assistir a filmes sem legenda melhoram muito a compreensão e a pronúncia. Hoje, na internet, há vários cursos de idiomas gratuitos. Por exemplo, a BBC, rede de comunicação inglesa, tem um curso fantástico e gratuito.[1] A desculpa de não ter dinheiro para estudar inglês não se aplica mais. É possível estudar gratuitamente e com professores nativos.

---

1. Acesse: <http://www.bbc.co.uk/learningenglish/>.

9. Tome cuidado com a prosódia

Não é para se assustar com o nome. Prosódia é a parte da linguística dedicada ao acento e à entonação da fala. O acento refere-se à partícula tônica de uma palavra. Em "tônica", por exemplo, o acento está na sílaba "tô". O acento, entretanto, é capaz de dar sentidos diferentes a palavras que possuem a mesma grafia. Como em "fabrica", que tem significados diferentes por conta do uso ou não do acento, como se vê na frase "a fábrica fabrica automóveis". A entonação, por sua vez, refere-se ao ritmo, à "música" da fala, e é muito ligada ao sotaque regional. Gaúchos, paulistas e cearenses terão entonações diferentes, por exemplo, ao fazerem a pergunta: "A que horas chega o avião?". Prestar atenção à prosódia não é um capricho. E ela está intimamente relacionada ao sotaque. Sotaques muito marcados limitam a criação de personagens. Os jovens talentos que sonham em atuar precisam zerar o sotaque, o que pode ser conseguido com a ajuda de fonoaudiólogos.

10. Conheça diferentes estilos

Todo mundo sabe que há diferentes tipos de dança, de música e de arte. Samba e valsa são estilos musicais diferentes. Ser ator ou atriz de cinema é completamente diferente de representar no palco ou na televisão. Na dança também é assim; existe o bailarino clássico, o dançarino popular, o folclórico. Observar, conhecer e até experimentar diferentes estilos tornam o artista flexível e criativo. É uma prática que traz os mesmos benefícios de assistir a todos os tipos de manifestações artísticas possíveis.

11. Entenda qual é seu perfil de mercado

Antes de ir à luta, o jovem talento tem que tentar entender qual é seu perfil artístico. Na dança, que tipo de profissional o jovem talento será? Um bailarino clássico ou um dançarino profissional capaz de desenvolver vários estilos? As escolas de formação profissional podem ajudar o jovem a encontrar suas preferências. No caso dos modelos, existe o modelo de passarela, aquele que desfila, e o modelo comercial, que apenas fotografa. Na música, uma área tão abrangente, o jovem talento encontra uma infinidade de opções. Testes de aptidão podem ajudar a descobrir o estilo em que se sente mais à vontade.

12. Seja humilde e trabalhe suas fraquezas

Esse ponto é muito importante. Ser humilde é conhecer suas fraquezas e tentar superá-las. É fundamental ter pessoas à sua volta que lhe deem um feedback honesto e positivo, pois só assim você saberá aquilo que deve aprimorar. São essas pessoas que lhe dirão, sempre de maneira construtiva, o que você deve melhorar: "Sua respiração está prejudicando o seu canto, você deve trabalhar para corrigir isso". "Você tem um problema de postura que está comprometendo sua atuação." Um bom jeito de ter esse feedback é filmando sua performance e a revendo junto com seu coach ou professor. Identifique suas falhas, aceite-as e corrija-as. Não tome as críticas a seu desempenho como algo pessoal. Trabalhar as fraquezas é o caminho dos vencedores na carreira artística.

13. Não troque o dia pela noite

Seu corpo é o motor de sua carreira, e você precisa estar muito bem-disposto para enfrentar essa batalha. Você precisa ter um bom sono e ser disciplinado com o horário em que vai para a cama. Esse não é um conselho moralista, é algo que a experiência comprova. Pessoas que não dormem bem, que não têm sono regulado, disciplina e rotina pagam um alto preço na dança, na voz e no desempenho como ator ou modelo. A pele perde qualidade, o humor se deteriora, a memória, tão importante na hora de lembrar os textos, falha, a concentração fica prejudicada. Nada de excessos com álcool e noitadas também. Drogas, nem pensar.

14. Diga adeus aos amigos fúteis

Caia fora de amizades fúteis, que trazem pensamentos negativos e não lhe acrescentam nada. É um ditado batido, mas sempre verdadeiro: "Digas com quem andas e eu direi quem tu és". Não despreze seus amigos de verdade, guarde-os como se eles fossem uma joia rara. Mas procure fazer contato com pessoas que tenham mais conhecimentos artísticos do que você. Pessoas que tenham algo a agregar, que sejam positivas e sinceras. Saiba retribuir a amizade delas e as trate sempre de uma maneira cuidadosa, delicada e cortês.

15. Mantenha um fundo de reserva de projetos

Faça uma lista de projetos que deseja realizar, mesmo que hoje eles pareçam impossíveis. Essa lista deve ficar guardada em um canto da mente, para nunca ser esquecida. Quando temos um fundo de reserva de projetos de curto, médio e longo prazo, as coisas acabam fluindo de uma maneira mais fácil. Mas seja discreto. Não conte esses sonhos para todo mundo. Eles ainda são sementes frágeis. Nessa fase inicial, qualquer desencorajamento pode destruir essa sementinha para sempre.

16. Tenha sabedoria nas redes sociais

A facilidade e instantaneidade com que conseguimos dar notícias sobre nossa vida e saber da dos outros é algo que veio para ficar. E é tentador. Devemos estar presentes nas redes sociais, mas sempre utilizá-las com sabedoria e de olho nos recifes escondidos que podem nos prejudicar de maneira grave.

Seja sempre discreto. Não há nada pior do que ser percebido pelas pessoas como exibido ou vulgar. Lembre-se: você está trilhando um caminho profissional, cada vez mais será conhecido e acompanhado nas redes sociais. Portanto, nada de muita exposição. Imagens de festas com copos de bebida ou comportamentos exagerados não agregam nada de bom à sua reputação. Lembre-se de que a primeira impressão é a que fica. Sua imagem nas redes sociais é parte de seu marketing pessoal. Não há motivos para escancarar sua vida em um meio ao qual todas as pessoas, bem e mal-intencionadas, têm acesso. Lembre-se, os artistas são exemplos a ser seguidos; as pessoas os admiram, e eles não devem desapontá-las.

17. Tome a iniciativa

Você mora em uma cidade de interior em que não há um bom grupo de teatro? Não há profissionais de cinema, nenhum curso de dança, e pouca gente faz música profissionalmente? Então, monte você mesmo um grupo de estudo, com pessoas que compartilhem do mesmo sonho que você. Comece com pequenos projetos. Um grupo de dez pessoas já é capaz de fazer muita coisa. Faça uma vaquinha ou uma rifa e convide um profissional para dar um workshop. Convide pessoas das cidades vizinhas. Você vai se surpreender com o número de pessoas interessadas em apoiar essa ideia. Dizem que o universo conspira a favor dos empreendedores, criando situações que ninguém esperava e tornando os projetos viáveis. É assim que surge um novo negócio onde antes não existia nada. Se o universo está com você, quem poderá ficar contra?

Conheci um garoto, um humorista, que começou exatamente assim. Morava em uma pequena cidade na qual a vida cultural era muito restrita. Ele participou de uma convenção que fiz e hoje está fazendo espetáculos de comédia por todo o Brasil.

E foi ele quem mobilizou as pessoas em sua cidade e fez a própria carreira acontecer.

18. Tire o s da crise

Fico feliz quando vejo iniciativas como essa do comediante. Não devemos ficar nos lamentando da sorte, das dificuldades ou do governo. Me entristece ver que as pessoas gostam tanto de falar de crise. Costumo dizer que elas deveriam tirar o s da crise para formar a palavra "crie". Se tomarmos a iniciativa e assumirmos a responsabilidade por nossa própria vida, além de ajudarmos a construir um país melhor, abriremos as portas para as oportunidades. Muita gente se queixou do ano de 2016. Tivemos problemas políticos, econômicos, não há dúvidas disso, mas foi um dos melhores anos da minha vida profissional. Então, não devemos generalizar, dizer que a crise afetou todo mundo. Essa visão negativa costuma contaminar as pessoas, mesmo quem não está enfrentando tantas dificuldades assim. Em vez de reclamar, crie.

19. Procure ser uma autoridade

Tenha uma boa formação em sua área de interesse. O universo artístico é extremamente dinâmico e temos de estar constantemente nos atualizando e reciclando. Buscar ser uma autoridade significa se dedicar a bons cursos de formação, que podem ser técnicos, de graduação ou de especialização, para possuir um conhecimento acima da média no que diz respeito ao mercado artístico. Eu valorizo bastante essa autoridade em uma carreira artística, pois ela abre um leque de possibilidades. A autoridade lhe é dada pelo conhecimento profundo que você adquire por meio do ensino formal estruturado. Fazer cursos reconhecidos pode colocá-lo num degrau acima e lhe garantir o respeito profissional na área.

20. Fuja das permutas

É muito comum, principalmente no início de carreira, que seus clientes proponham remunerar seu trabalho com permutas. Ou seja, uma modelo desfila, não recebe nenhum valor em dinheiro, mas pode ficar com as roupas que usou no desfile. Um ator ou cantor recebe refeições ou entrada gratuita em espetáculos e workshops como pagamento. Pode até ser romântica a ideia de um músico famoso que no início da carreira tocava em troca de sanduíches e cerveja, mas as permutas têm como efeito desvalorizar a classe artística, além de deixar o talento cada vez mais pobre. Não se pode esquecer que as carreiras exigem investimentos para decolar. E, se esses investimentos foram pagos com dinheiro, então é preciso receber em dinheiro. É preciso que os artistas valorizem o próprio trabalho. As permutas só fazem com que o artista se sinta menor e pareça alguém que não deva ser levado a sério.

No entanto, há aqui neste item uma nuance, uma sutileza. Algumas parcerias são bem-vindas. Por exemplo, passagens aéreas, hospedagem, cursos, academia... enfim, tudo que possa ajudar a diminuir os custos da manutenção da qualidade de vida do talento. O que condeno, no entanto, é que essas parcerias que citei substituam o cachê em dinheiro do artista. Isso, sim, deve ser evitado, pois desvaloriza o talento como profissional.

21. Não pare de estudar

Nunca deixe de se atualizar. Faça uma faculdade, busque o seu diploma. Se você pretende fazer dança, busque essa maestria, busque fazer artes cênicas, mas não pare de estudar, faça um curso mesmo que a distância. O bom artista busca melhorar continuamente.

22. Renove seus assessores

O mercado é dinâmico. Por isso, não demore para renovar seus assessores caso não esteja satisfeito com o trabalho que eles estão desenvolvendo. Mas você precisa estar preparado para as consequências que a mudança pode trazer e para se adaptar à nova realidade. Essa capacidade de suportar as mudanças se chama resiliência.

23. Procure bons conselhos

Tenha alguns poucos escolhidos que sejam capazes de dar bons conselhos, tanto para sua vida pessoal como para a profissional. Poder dividir dúvidas e medos e receber bons conselhos o ajudará a tomar decisões melhores. Mantenha por perto gente em quem você confia, que você sabe que gosta de você e que não se aproximou apenas porque você é famoso ou está em ascensão na carreira. Dificilmente as pessoas confiáveis estarão entre aquelas que se aproximaram depois que você adquiriu notoriedade. Talvez seja um parente, um produtor, um agente ou alguém que acreditou em você desde o início. Ter quem nos dê bons conselhos é fundamental, pois sempre teremos dúvidas e sempre erraremos. Mas não podemos arrastar nossas incertezas para sempre nem persistir nos mesmos erros. Divida seus temores com alguém; isso multiplica sua capacidade de acertar.

24. Tenha sempre um plano B

O plano A é seguir a carreira de modelo, músico ou ator. E se isso não der certo? Vá fazer uma faculdade de moda, estudar para ser um produtor musical, roteirista, diretor de teatro ou de cinema. Todos temos sonhos, mas ninguém disse que precisamos ter um só. E, quando temos um plano B, se não conseguirmos realizar o sonho principal, não nos sentiremos perdidos, achando que a vida não tem mais sentido.

Você pode sonhar o abecedário inteiro. Não há limites para as carreiras que você deseja seguir.

No próximo capítulo, tratarei das particularidades para a preparação de diferentes carreiras — modelo, teatro, tevê, musicais, festivais, música e dança —, com a ajuda de glossários dos termos usados em cada uma dessas especialidades.

4

Há lugar para todos

Como se preparar como modelo, ator ou músico. Conhecer os bastidores é fundamental para entender o mercado, que oferece muito mais opções do que imaginamos. Os termos mais usados nas carreiras da moda e dos palcos.

A carreira artística pode ser mais diversificada e, principalmente, mais acessível do que parece à primeira vista. Pelos comentários que costumo ouvir, grande parte das pessoas enxerga o meio artístico como uma coisa para alguns poucos escolhidos: cantores famosos, estrelas do cinema, supermodelos, divas do teatro, ou seja, um mundo cheio de glamour, pessoas lindas, aplausos e festas chiques.

Alguém pode me contestar dizendo: "Divas? Estrelas? Mundo cheio de glamour? Ninguém tem uma visão tão fantasiosa assim do mundo artístico, Marcelo!". Continuo afirmando: a verdade é que temos, sim, ainda que seja inconsciente. É uma percepção distorcida do que é trabalhar no meio artístico. A tevê, os sites que acompanham a vida dos famosos, as revistas, as colunas de fofocas e o marketing pessoal de alguns artistas reforçam uma ideia excessivamente glamorizada da profissão.

Se a questão se restringisse apenas a um entendimento equivocado do que são as profissões artísticas, o problema não seria tão grande. O que é mais nocivo nessa compreensão irreal é que ela costuma desanimar aqueles talentos que desde criança têm o desejo de se dedicar às artes. Eles olham para esse mundo e pensam: "Nunca vou ter dinheiro, beleza, habilidade ou apoio para chegar lá e ser como essas superestrelas". Por pensarem assim, desistem de uma carreira que lhes poderia trazer sucesso e alegria. E não são poucos os pais e familiares que contribuem para desencorajá-los: "Você não vai conseguir, ser artista não é para você".

Disciplina e esforço

Essa falta de estímulo é quase sempre resultado do desconhecimento das muitas possibilidades que o mundo artístico oferece e dos vários cursos e caminhos existentes que podem levar a uma carreira bem-sucedida. É preciso um investimento constante em conhecimento, muito treino, paciência e perseverança. Mesmo quando o sucesso chega, a disciplina e o esforço ainda são absolutamente necessários, até o baixar definitivo das cortinas.

Preparar-se para uma carreira de sucesso está ao alcance de um número muito maior de pessoas do que imaginamos. Ter um talento que vem de nascença é um empurrão e tanto — como em várias outras profissões, como piloto de avião, médico, decorador, comerciante. Mas o talento nato não é uma exigência eliminatória para ser aceito no mundo das artes. Todos podem construir uma carreira sólida em alguma das muitas profissões do meio artístico.

Muita gente não imagina a extensão das ramificações na carreira artística. É enorme. Tornar-se um top model, um grande ator de tevê ou de cinema ou um cantor famoso são apenas algumas das oportunidades que essa área oferece. Nos bastidores de todos os segmentos artísticos, existem opções vastas e gratificantes. No começo da carreira, muitos talentos precisam de uma fonte alternativa de renda, e minha sugestão é que, se for necessário um segundo emprego, eles tentem trabalhar nos bastidores da carreira que querem seguir. Além da importância financeira, eles poderão conhecer mais da carreira tendo um olhar de fora.

Carreira de modelo

A carreira de modelo é um excelente exemplo dessa diversificação de oportunidades. O universo tradicional do mundo da moda se expandiu. Surgiram os modelos plus size, que são modelos que vestem numeração acima de 46, ou seja, estão além das medidas-padrão dos modelos de passarela.

O Brasil é um dos países com maior diversificação de tipos humanos no mundo, fruto da miscigenação, do cruzamento de diferentes etnias. E o resultado estético dessa mistura é muito positivo. Vejo isso quando levo para eventos nos Estados Unidos os vários talentos que descobrimos. Os produtores estrangeiros ficam encantados com o que veem. Talvez nosso inconsciente perceba esse diferencial e por isso existam tantos meninos e meninas querendo ser modelo.

A carreira de modelo fashion começa aos 16 anos. Pode parecer muito cedo, mas não se pode esquecer que a aposentadoria chega por volta dos 30 anos, muito antes do que para a maioria dos profissionais. Para quem vai desfilar na passarela, a exigência quanto à altura costuma ser rigorosa. Mas é importante saber que nem só a altura é levada em conta; as proporções do corpo também são determinantes.

Para as mulheres, por exemplo, a altura varia entre 1,76 e 1,81 metro. As medidas dos quadris vão de 88 a 90 centímetros. E o comprimento das pernas deve corresponder a 60% da altura da modelo. Já para os homens, a altura deve ficar entre 1,86 e 1,90 metro, e a largura do tórax, no intervalo entre 96 e 99 centímetros. Tanto para modelos do sexo feminino quanto do masculino, a beleza diferente, exótica, é bastante apreciada. A modelo Marcelle Bittar, descoberta pelo Projeto Passarela, é, na minha opinião, extremamente exótica, uma beleza diferente, perfeita para o fashion.

Já os modelos comerciais, diferentemente dos fashion, precisam necessariamente ser interessantes para publicidade e, portanto, fotogênicos. Normalmente, o trabalho do modelo comercial está ligado a comerciais de tevê, editoriais de revistas, catálogos de lojas, entre outros. Em comparação com os modelos fashion, os modelos comerciais têm diante de si um mercado mais generoso, tanto pelo volume de trabalho como pela flexibilidade estética. Também não é raro que o modelo comercial fature mais do que o modelo fashion. Mas é importante ressaltar que os modelos de passarela também podem fazer peças comerciais.

Como modelos viram modelos?

De onde vêm os modelos? Quem os descobre? Como alguém está andando na rua num dia e no outro está sob as luzes das passarelas, nas capas de revistas ou na tevê? Isso pode acontecer de várias maneiras. A clássica "garota que foi descoberta no caixa do supermercado" existe de verdade. Alguns "olheiros" circulam pelas ruas, festas, shoppings e, sim, supermercados e, ao perceber uma garota ou garoto com o porte, as medidas e o rosto adequados, os convidam para fazer testes ou participar de seletivas. A supermodelo Naomi Campbell foi descoberta aos 15 anos enquanto olhava vitrines em Covent Garden, bairro de Londres. Outro local em que os olheiros podem estar presentes é nas mídias sociais. O garoto ou a garota posta fotos ou vídeos de si, e o olheiro entra em contato através da própria rede ou por e-mail, convidando para um teste ou uma ida até uma agência.

No entanto, é preciso ter cautela com esses olheiros ou descobridores de talento, principalmente se a abordagem for feita na rua, com o jovem desacompanhado. A minha orientação é que a menina ou o menino que recebe um cartão na rua, ou um contato por e-mail de alguém falando de suas potencialidades como modelo, que ela ou ele é lindo, que fará sucesso, e propondo um encontro ou uma reunião, comunique imediatamente seus pais. E nunca compareçam a esses encontros desacompanhados de um adulto, preferencialmente o pai ou a mãe.

Caso a família permita que o aspirante a modelo vá ao encontro, deve-se, antes de visitar a agência sugerida pelo olheiro, fazer uma boa pesquisa sobre ela. Como essa agência trabalha, como são os cachês? Enfim, deve-se verificar a idoneidade dos profissionais daquela empresa. Há sites, como o *ReclameAQUI*, entre outros, nos quais é possível pesquisar e descobrir se há alguma queixa contra a agência. Também é preciso pesquisar quais são os modelos que já foram descobertos por essa agência, o número de testes e de campanhas que eles fizeram, ou seja, a "taxa de sucesso" da agência.

Outra forma de descoberta de talentos são concursos para os quais os jovens são convidados a mandar fotos ou vídeos e se inscrever para participar de uma seleção. Nesse caso, é uma disputa mesmo, e o vencedor ganha um prêmio, que pode ser em dinheiro ou um contrato de trabalho. Considero esse formato como um dos mais seguros, mas, mesmo assim, o acompanhamento dos pais é sempre obrigatório.

Outra forma são as convenções. Gosto bastante dessa forma, não por ser o nosso negócio, mas porque as convenções reúnem em um mesmo lugar e ao mesmo tempo vários especialistas em talentos e são ministrados workshops que ajudam no desenvolvimento do talento. A segurança para os jovens talentos é muito maior, e as avaliações são sérias e feitas por pessoas competentes. Essas convenções atraem pessoas que integram agências importantes, e, portanto, a chance de uma carreira se iniciar ali é bem maior. Também nas convenções, o acompanhamento, apoio e vigilância dos pais são fundamentais.

A empresa é você mesmo

O material inicial necessário para se apresentar a esses empregadores é o book fotográfico. Se o modelo já estiver em uma agência, a empresa poderá providenciar esse material; mas, se esse momento ainda não chegou, o book deve ser elaborado pelo próprio candidato a modelo. O book fotográfico é uma coletânea de fotos do modelo, montada em um volume semelhante a um livro, para mostrar suas características estéticas.

Aqui, a orientação é: menos é mais, o que significa que as fotos não devem ter qualquer exagero. Nada de muito cenário, acessórios em excesso ou roupas chamativas. Tudo que for excessivo vai tirar a atenção sobre as feições do modelo. As fotografias devem ser as mais naturais possíveis. Nada de caras e bocas, ou seja, expressões faciais e corporais exageradas.

Quanto melhor for a relação estabelecida entre o modelo e o fotógrafo, maior será a qualidade das fotos. O ideal é que os dois se conheçam um pouco antes da sessão, e não simplesmente se encontrem no estúdio na hora de fazer as fotos, para que a dinâmica entre eles não seja impessoal. É nesse encontro prévio que o fotógrafo poderá estudar o melhor ângulo do modelo. Ele fica melhor sorrindo ou não? Como é o trabalho de ombro, de perna, de corpo? É preciso entender a linha corpórea dele. Todos nós temos um lado mais fotogênico, ou seja, uma parte do rosto ou do corpo que fica mais atraente nas fotos ou nos vídeos. Um fotógrafo experiente é capaz de ver isso.

Um pedido que sempre faço aos fotógrafos que vão até a MGT realizar algum trabalho é que descartem as primeiras cinquenta fotos que fizerem. Elas servem como aquecimento para que todos fiquem à vontade no estúdio.

O bom ambiente no estúdio — uma boa música tocando, uma boa sinergia — também é fundamental para que o trabalho seja bem-feito. Profissionais de apoio (maquiador, produtor de figurino, cabeleireiro) competentes e experientes também fazem uma grande diferença. Se o modelo não tiver um produtor de figurino à disposição e for escolher as próprias roupas, é recomendável pedir conselhos para alguém que entenda de moda; isso é importante para evitar erros como usar roupas que aumentem suas medidas ou deformem sua imagem.

Tudo isso que acabei de escrever pode não parecer muito relevante, mas um cabelo mal produzido, por exemplo, pode pôr a perder todo o trabalho. Alguém poderia argumentar que uma maquiagem não tão bem-feita ou um penteado infeliz não fazem diferença em uma foto caso o modelo tenha um bom rosto ou um corpo ideal. Pode ser verdade, mas, quando um desses itens está fora do desejável, atrapalha a apreciação estética e passa uma mensagem de que algo está errado. Olhos menos experientes podem até não identificar onde está o problema, mas a impressão geral é que tem alguma coisa fora de lugar ali, e o resultado é que o modelo passa a ser visto com restrição, como se estivesse faltando algo nele.

Além disso, existem recursos gráficos, como o Photoshop — um programa de computador que permite alterar imagens e é muito usado para "corrigir" imperfeições na pele, eliminar cicatrizes e rugas, entre outras coisas — que, embora questionáveis quando usados de maneira exagerada, podem adequar as imagens ao gosto do editor ou do diretor de fotografia. Neste caso também, menos é mais.

Recomendo que, além das fotos em estúdio, no qual a luz e o fundo são controlados, sejam feitas fotos externas, com luz do sol, para compor o book. As fotos devem ser de rosto, meio corpo e corpo inteiro. As fotografias devem ser tanto impressas (no tamanho 20 por 25 centímetros) quanto digitalizadas e gravadas em CD ou pen drive, ou colocadas em algum site, de preferência com senha. Enfim, a ideia é tornar o acesso das agências a esse material o mais fácil possível.

O primeiro encontro

Ok, o book foi feito e enviado para várias pessoas. Então, alguma agência se interessa pelo modelo e o convida para um contato presencial. Esse momento é de grande importância (e essa visita, como já alertei, deve ser na companhia dos pais ou responsáveis).

Antes mesmo que a entrevista comece, algumas características do estilo de vida do modelo serão evidentes aos olhos de bons entrevistadores. A aparência, o porte e a desenvoltura do modelo que faz teatro ou dança são totalmente diferentes daquele que não faz nada. A representação e a dança tornam a expressão corporal mais leve. Da mesma maneira, uma vida regrada vai estar estampada no rosto e no corpo; é visível a diferença entre quem tem o hábito de dormir horas suficientes e quem está sempre na balada, entre quem repousa e quem se alimenta mal.

Flexibilidade no mercado da moda

Quando se fala em modelo, costumam vir à cabeça pessoas extremamente magras e altas. Mas isso está mudando. Existe um mercado em expansão, e merecidamente reconhecido, que é o de modelos plus size, isto é, modelos cujo manequim varia do 46 ao 54.

Ultimamente, algumas empresas estão mais flexíveis em relação à altura de modelos femininos de passarela. Têm-se dado mais oportunidades para modelos com menos de 1,70 metro. O critério para seleção aqui é a identificação entre o cliente e a modelo; se a modelo tiver o perfil do consumidor daquela peça, as chances de ser escolhida, mesmo com uma estatura menor, aumentam.

A diversidade física das pessoas é quase infinita, e, com ela, também são as possibilidades de trabalho. Existe um mercado de modelos alternativos, do qual fazem parte os modelos de unhas, de mãos, de pés, de cabelo, de olhos, de pele etc. Numa propaganda de um creme dental, por exemplo, não vemos o dono daqueles dentes perfeitos; trata-se de um modelo de dentes, um modelo alternativo. Talvez nem seja uma pessoa bela, mas isso não faz diferença para esse trabalho. Não considero o modelo alternativo um profissional da moda, pois seu trabalho é, na grande maioria das vezes, esporádico, não contínuo. No entanto, esse é, como todos, um trabalho significativo e que deve ser feito com dignidade e profissionalismo.

E o dinheiro?

Causa grande curiosidade entre os candidatos a modelo a questão salarial. Pelas características da profissão, os ganhos monetários variam bastante. Em geral, os modelos comerciais têm uma perspectiva de ganho maior do que os de passarela. Os cachês para passarela não são muito altos, a não ser para profissionais já consagrados, com carreira internacional. Mas o modelo em início de carreira, seja ele fashion, comercial ou plus size, dificilmente vai receber um bom cachê. Os primeiros anos serão para montar o portfólio. O modelo está no início de um processo e tem de agregar material a seu currículo; essa é a prioridade.

Para os trabalhos de modelo comercial profissional, há variáveis que têm de ser levadas em conta para estabelecer o cachê. Se o modelo faz uma campanha publicitária para uma coleção que está sendo lançada, por exemplo, o que determina o cachê é o alcance dessa campanha. Uma campanha publicitária é um conjunto de peças que vão compor a propaganda do produto, no caso a coleção de moda. O valor do cachê varia de acordo com o número de peças que serão feitas e o tempo pelo qual elas serão veiculadas, ou seja, o período durante o qual serão publicadas em jornais, revistas ou outdoors.

Se a campanha for exibida em mídia social ou alguma emissora de tevê, aberta ou fechada, o tempo pelo qual ela ficará no ar também determinará o valor a ser pago. Uma coisa é o trabalho de alguém ser veiculado uma única vez — por exemplo, sair em uma edição do jornal —, outra é ele ficar seis meses aparecendo na mídia.

Já os modelos fashion costumam receber pelo número de desfiles que fazem. No entanto, existem grandes eventos de moda que demoram até seis meses para pagar o valor devido. Porém, são eventos que podem abrilhantar um portfólio. Cabe ao profissional decidir se vale a pena receber depois de um prazo tão longo em troca de ter o que mostrar no currículo.

Resumindo, o modelo comercial ganha mais dinheiro do que o modelo fashion porque a publicidade rende mais dinheiro do que a passarela. Mas o segmento fashion dá mais visibilidade, e nada impede que um modelo fashion faça comercial. Já o contrário é difícil de acontecer. O modelo alternativo em geral trabalha só como freelance. Já o trabalho de modelos plus size se assemelha àquele dos modelos comerciais.

O papel da agência

O profissional que ajuda o modelo a negociar o valor que receberá por seu trabalho é o booker da agência de modelos, que costuma funcionar também como uma espécie de assessor. Ele conhece o mercado, sabe quais valores são praticados e tem experiência nessa negociação. De modo geral, as agências estão demorando para se adaptar às mudanças do mercado, sobretudo no que diz respeito ao uso da tecnologia; por isso, muitos modelos agenciados estão perdendo trabalhos para aqueles mais conectados, que dão um retorno mais rápido e também são mais flexíveis na hora da negociação. E essa estagnação das agências vem deixando alguns modelos insatisfeitos. Tanto que profissionais da área estão criando sites por meio dos quais modelos e fotógrafos de moda têm conseguido trabalhos diretamente com os clientes. Isso está atingindo em cheio as agências. Pessoalmente, acredito que uma maneira de as agências garantirem sua sobrevivência é prestar um trabalho que os sites dificilmente poderão fazer. Falo de um apoio à carreira dos modelos parecido com aquele dado pelos coaches, incluindo suporte psicológico, treinamento e outras necessidades da carreira. Esse é, na minha opinião, o caminho de recuperação que resgatará a relevância das agências de modelos.

Agora, quero deixar uma coisa registrada aqui de forma bem clara: nada substitui o trabalho de uma agência de modelos. Uma agência virtual pode ser boa para permitir a visualização dos talentos, mas o trabalho personalizado de uma agência é imbatível na relação entre cliente e talento. É a melhor forma possível de intermediação entre essas duas partes. Tenho certeza de que as agências saberão encontrar o melhor caminho para se adequar às mudanças do mercado.

Pequeno glossário da moda

A indústria da moda tem particularidades que podem não ser conhecidas pelos aspirantes a modelo. O pequeno glossário a seguir ajudará a aumentar esse conhecimento.

Agência de modelos: é a ponte entre o cliente e o modelo, o elo entre os dois interessados. De um lado, ela tem uma lista com vários modelos e suas características; do outro, atende marcas comerciais, produtores e diretores que querem desenvolver campanhas publicitárias, desfiles e filmes e necessitam de modelos.

Agência de publicidade: empresa que produz anúncios e faz o planejamento de publicidade para os clientes. Ela contrata modelos para as peças que produz.

Apontamento: um compromisso do modelo, normalmente determinado pelo booker. Pode ser o compromisso de comparecer a um estúdio para fazer fotos, de participar de algum desfile etc.

Book: uma pasta que contém as melhores fotos ou os melhores trabalhos de moda do modelo para mostrar para possíveis contratantes o que ele já fez nessa área.

Booker: a pessoa que trabalha na agência de modelos e que é responsável pela agenda de compromissos dos modelos. Ele é o mediador entre o cliente e o modelo e o responsável por escolher o modelo que atende às exigências do cliente. Existe o booker de modelos comerciais; o booker fashion; o booker internacional; o booker plus size; o booker infantil. O booker também orienta, fiscaliza e cuida da conduta do modelo.

Cachê: pagamento recebido pelo modelo.

Casting: elenco de modelos de uma agência, ou seja, o conjunto de modelos que determinada agência tem registrados e que pode chamar quando surge algum trabalho. O mesmo nome é dado às sessões em que se selecionam, entre vários modelos, aqueles com o perfil mais adequado para a campanha de determinada marca.

Catálogo: peça de propaganda, normalmente extensa, que mostra fotos de produtos e eventualmente de modelos interagindo com esses produtos.

Composite: é o cartão de visitas do modelo. É um cartão impresso que contém algumas fotos em cores, ou em preto e branco, geralmente de trabalhos publicados, e as medidas do modelo. Em geral, tem 15 por 21 centímetros.

Editorial: um editorial de moda é uma reportagem, em geral ilustrada com muitas fotografias, sobre determinada coleção de roupas ou que mostra vários tipos de roupa que têm alguma afinidade entre si.

Ensaio fotográfico: um conjunto de fotos em torno de um mesmo tema, que pode ser roupas, joias, acessórios ou mesmo o próprio modelo.

Look: diz respeito ao visual do modelo, a imagem que ele passa para os outros. Alguém pode ter um look infantil, um look divertido, sério, tímido etc.

Portfólio: no negócio da moda, é o mesmo que book, porém traz outros trabalhos do modelo além de fotos, como vídeos de desfiles. É composto pelos melhores trabalhos do modelo.

Scouter: pessoa contratada pelas agências que tem a missão de buscar novos rostos para o mercado de trabalho.

Top model: modelo que alcançou uma grande projeção, em geral internacional.

Zeca Barreto: modelos não crescem em árvore

Aos 15 anos, quando ainda morava na cidade de Ourinhos, em São Paulo, Zeca Barreto foi convidado para desfilar como modelo. Na passarela, fez o trajeto de ida, deu meia-volta e, antes mesmo de chegar ao final da pista, uma certeza surgiu em sua mente: "Ser modelo é tudo que eu nunca vou querer para minha vida". Mas, ainda naquele dia, antes de terminar o desfile,

Zeca teve outra revelação. Olhando toda aquela agitação dos bastidores do desfile — uma modelo no lugar errado da fila; outra se vestindo às pressas; alguém abaixado amarrando um sapato; a correria atrás de um acessório que havia sumido; ninguém falando a mesma língua, mas tudo funcionado —, ele pensou: "Trabalhar nos bastidores, é isso que eu quero fazer para o resto da minha vida".

E assim foi. Pelos trinta anos seguintes, com raras e curtas pausas, Zeca mergulhou de cabeça no mundo da moda. Hoje, trabalhando em tempo integral com Marcelo Germano, é um dos maiores especialistas do país em identificar e preparar modelos, masculinos e femininos, para as passarelas.

O gosto pelos bastidores e uma insaciável curiosidade gradativamente transformaram Zeca em um grande conhecedor dessa indústria. Até os 20 anos, ele nunca tinha visto uma modelo profissional em carne e osso, mas era um leitor ávido de revistas de moda nacionais e importadas — a maioria emprestada de amigos ou folheadas nas bancas, já que o dinheiro era curto na época. Assim, ele começou a dominar a teoria da coisa. "Comecei a meter o bedelho nos desfiles daquele primeiro estilista para quem desfilei e depois trabalhei na organização de desfiles. Eu olhava uma garota e dizia: 'Esta serve para a passarela, esta não'."

Com a expertise que estava desenvolvendo, Zeca começou a organizar desfiles em sua cidade. Algum tempo depois, passou a levar pessoalmente candidatos a modelo para agências em São Paulo. Seu contato com as agências paulistanas foi se estreitando, e Zeca acabou se mudando para a capital paulista. Ali teve uma rápida ascensão. Trabalhou em várias agências, entre elas a francesa Elite, a maior agência de modelos do mundo, presente em 70 países, e a brasileira L'Équipe.

Descobrir se alguém tem potencial para ser modelo exige conhecimento matemático

Muitas pessoas me perguntam: "Como saber se uma garota ou garoto tem as características necessárias para ser um modelo de passarela?". Às vezes, brinco e respondo que para responder a esta pergunta é preciso ter conhecimento matemático. É necessário olhar a proporção do corpo, a altura, os braços, o comprimento das pernas, a largura do quadril, o tamanho do tórax. O rosto não pode ser muito comprido, o modelo não pode ter cabeça muito larga. Os olhos não podem ser muito juntinhos, também não podem ser muito separados. É uma combinação de medidas e formas. A textura do cabelo, a textura da pele, tudo isso entra na conta. Alguns aspectos somam pontos, outros subtraem. Mas tem uma coisa que não está em nenhuma equação. Como dizia uma antiga chefe minha, dona de agência: "Tem de ter um tchã!". É algo que não tem como explicar; você olha para aquela menina ou menino e vê que há algo diferente ali. É o carisma que faz com que a gente olhe de maneira mais atenta para determinada pessoa.

É preciso confiar mais na intuição na hora de detectar um talento

John Casablancas, um dos maiores descobridores de talentos do mundo — foi ele que inventou o termo "top model" —, conta em um de seus livros que assistia a um desfile na Europa, quando olhou para uma modelo e sentiu esse tchã. Ele se entusiasmou e levou a garota até sua agência, a Elite, em Paris. Ali apresentou a garota para a mesa que avaliava as modelos em potencial. "Essa menina não é modelo nem aqui nem na China, você está louco", disseram. A garota ficou triste, mas Casablancas a chamou em um canto, lhe deu o dinheiro da passagem e um cartão com o nome de três outras agências, recomendando que, antes de voltar para casa, ela as procurasse. Na primeira agência em que entrou, a garota foi contratada e teve uma brilhante carreira internacional. Ele confiava na intuição e, quando sentia que havia possibilidade, arriscava. Eu também passei por situações assim na mesa de booker nas agências em que trabalhei. Várias vezes você chega com uma menina e diz: "Ela não está 100% pronta, mas vamos investir". Porém, a mesa quer alguém pronto, que já saiba andar, falar e gesticular, e dispensa a menina. Mas modelos não nascem em árvore, costumo dizer nesses casos. É preciso ensiná-las. No final, a garota era contratada por outra agência e se transformava em uma grande estrela. Então, o que pesa é a intuição, é sentir o tchã!

A hora dos baby faces

Depois que se adquire alguma experiência em avaliar se um garoto ou garota tem as características necessárias para tentar a sorte como modelo de passarela, é possível até mesmo antecipar para quais das grandes marcas de moda ele ou ela tem mais chances de desfilar. Para mostrar como isso acontece, vou usar como exemplo um garoto que avaliei na seletiva realizada por Marcelo Germano em Curitiba em dezembro de 2016. O garoto tinha características bem favoráveis a ser indicado para fazer testes como modelo. Altura de 1,85, magro, rosto anguloso. Apesar dos 17 anos, ainda tinha cara de menino, o que hoje em dia é um padrão bem europeu. Se olharmos os desfiles em Paris e Milão, todos os modelos masculinos têm o que é chamado de "baby face", rosto sem barba cerrada e corpo não muito musculoso. O cabelo comprido dava ao garoto um ar moderno, enquanto os olhos claros, aliados a uma cor de pele mais brasileira, lhe conferiam uma miscigenação que chama bastante atenção lá fora. Como seu visual puxava um pouco para a androgenia, caso ele se desenvolvesse como modelo internacional, teria perfil para participar de desfiles das grifes italianas Gucci e

Dolce & Gabana. Mas, claro, ele tem pela frente um longo, e talvez incerto, caminho.

Começar nessa profissão é como abrir uma empresa

O tempo que é necessário para fazer um jovem talento ficar pronto para enfrentar o mercado naturalmente está sujeito a diferentes variáveis. Com um ano de desenvolvimento, ou seja, fazendo cursos, tomando cuidado com a alimentação, ficando em forma na academia, o modelo já pode começar a se aventurar no mercado. Para pensar em trabalhar no exterior, a média é de três anos de experiência e preparação. Quando alguém decide se aventurar na profissão de modelo, é como se estivesse abrindo uma empresa. Portanto, é preciso ter paciência para esperar o tempo necessário para que o investimento comece a dar frutos.

Namorados e namoradas podem colocar fim a uma carreira

Quando um talento é descoberto na convenção de Marcelo Germano, ele ainda é uma pedra bruta que precisa ser lapidada. E essa lapidação não depende apenas das outras pessoas; o próprio talento tem de se empenhar nessa transformação. Se ele tiver preguiça de fazer o curso de inglês, não for à academia regularmente ou não estiver interessado ou focado em desenvolver os conhecimentos necessários, a chance de sucesso é mínima. Até mesmo namorados e namoradas podem interferir na carreira. Se o jovem pretende seguir para o mercado internacional, ele precisa se manter focado e não se desviar da rota por conta de um relacionamento. Um relacionamento sério no início da carreira pode fazer com que o jovem tenha que escolher sua prioridade e trazer danos para a carreira.

Primeiros passos do ator

A exemplo da carreira dos modelos, a trajetória do ator também tem como um dos meios mais eficientes para ser conhecido no mercado a preparação de um bom material de apresentação. Enquanto os modelos têm como cartões de visita o composite e o book, os atores se apresentam através de um videobook. Eles têm de apresentar imagens dinâmicas que os mostrem em atuação. É indicado que os atores, e isso é uma boa dica também para os modelos, tenham um canal pessoal no YouTube, no Vimeo ou em outra mídia social com vídeos de suas performances.

Essa coleção de vídeos, que também é chamada de rolo ou reel, fica à disposição dos produtores, que assim podem vê-los quando desejarem, bastando para isso que o talento lhes envie o endereço eletrônico. Alguns profissionais do mercado incentivam os talentos a manter seus videobooks na internet porque isso também lhes poupa tempo e custos de gravar imagens de um talento pelo qual venham a se interessar.

Essa produção em vídeo é mantida pelos produtores em um banco de talentos. Alguns desses produtores trabalham quase que exclusivamente pela internet e têm portais nos quais os jovens talentos podem se cadastrar e que lhes permitem atualizar seu portfólio sempre que tiverem algo de novo a acrescentar.

No começo da caminhada, é de grande importância que os talentos busquem conhecer o trabalho e a evolução dos atores e atrizes que sejam suas referências. Com uma simples pesquisa na internet é possível encontrar vários vídeos de atores famosos. Os atores e atrizes iniciantes podem, por exemplo, assistir ao videobook da Larissa Manoela, ou de outros aspirantes a ator, para prestar atenção nas imagens, na edição, na duração do vídeo, além de detalhes como o fundo usado na gravação, a iluminação ou a postura corporal.

Quando for gravar seu próprio videobook, o jovem talento deve ser o mais natural possível. Caso tente forçar algum comportamento que não é seu, é bem provável que essa tentativa soe falsa e pouco convincente.

O áudio tem de ser muito bom, sem chiado ou graves e agudos desbalanceados. Nada impede que sejam colocadas algumas cenas de trabalhos reais executados pelo ator. Também podem ser incluídas fotos, mas não muitas.

As fotos e imagens dos trabalhos ajudam, mas o que mostra mesmo do que o ator é capaz é a gravação de um monólogo. Normalmente, as imagens não são feitas de frente para a objetiva da câmara, mas no sentido diagonal, como se o ator estivesse falando com uma pessoa que está ao lado da câmera. Esse posicionamento evidencia a expressão corporal e as características físicas do ator. A escolha do texto desse monólogo deve ser feita com sabedoria. Não é preciso se preocupar se ele é cômico, romântico ou dramático. Mas é fundamental que ele seja adequado para a idade, o sexo e até mesmo as características físicas do ator, ou não vai passar credibilidade. Pense numa garota de 14 anos interpretando um texto sobre alguém que está sofrendo por estar se divorciando. Não vai passar credibilidade.

Um texto mal escolhido pode acabar de cara com as chances do talento. Tanto o texto quanto o restante do conteúdo do videobook devem passar verdade, autenticidade. E, claro, chegar às mãos de um bom produtor.

Um detalhe importante: aqueles que pretendem se dedicar ao teatro ou ao cinema têm de buscar o DRT, o registro do ator, que dá ao profissional o direito de atuar. O DRT é obtido por meio das horas frequentadas em cursos profissionalizantes ou técnicos. Existem muitos cursos de boa qualidade, criados por profissionais respeitados na área. Esses cursos têm de ser reconhecidos pelo Ministério da Educação. Também é altamente recomendável fazer uma boa faculdade de artes cênicas.

Cinema, tevê e teatro são diferentes

Atores de cinema, tevê e teatro têm formas de atuação diferentes. Para o ator que almeja as telas, o primeiro passo é fazer um curso de interpretação para cinema e tevê. Existem bons cursos no Rio de Janeiro e em São Paulo. A interpretação para esses dois tipos de trabalho requer naturalidade com a câmera, pois a plateia é diferente daquela que está diante de um palco. Na produção de um filme ou novela, a plateia são os atores que contracenam, o diretor e os câmeras.

Na tevê e no cinema, a linguagem da interpretação é mais natural, é mais do cotidiano. Claro, isso também depende muito do personagem. A interpretação é mais contida do que no teatro. Na tevê e no cinema, é preciso estar muito atento à postura corporal e às expressões faciais. Os mínimos detalhes de expressão são notados, diferente do que ocorre no palco de teatro. No teatro, a expressão corporal deve atingir a plateia, por isso ela é mais expansiva. É muito mais fácil para um ator de teatro se adaptar à linguagem de interpretação para a tevê do que o contrário. Como se vê, no teatro ou diante da câmera, há desafios de interpretação, momentos em que é preciso prestar atenção em várias coisas diferentes.

Uma boa dica para se familiarizar com essa exigência de ser multitarefa é ver muitos filmes, seriados e peças teatrais e musicais para observar como os atores trabalham a postura corporal, a expressão facial e como interagem com a câmera e o público. Ter alguém da área de cinema, televisão ou teatro para trocar experiências é um diferencial. Mas, independentemente disso, minha recomendação é que o jovem talento busque praticar desde os primeiros passos de sua carreira. Fazer figurações, estágios, tudo isso conta no portfólio e, claro, dá experiência.

Como as demais profissões na área artística, o cinema e a tevê também estão em transformação por influência das mídias sociais e da internet. Surgiram as webséries, que são histórias contadas em vídeo, divididas em episódios e lançadas na internet. É uma nova rede de broadcast, um novo meio de comunicação e um novo campo de trabalho. Também existem outros formatos já consagrados, como os curtas-metragens, que são filmes de pequena duração, trinta minutos no máximo, e os longas, que têm pelo menos setenta minutos e cuja produção vem crescendo muito no Brasil nos últimos anos. Portanto, as novelas não são a única opção para quem quer atuar diante das câmeras. Chegar às tevês abertas ainda é difícil. Porém, há um mercado amplo nessas outras modalidades de cinema. E a interpretação para cinema, webséries, filmes e tevê é muito parecida.

Produção independente

Um mercado também crescente é o da produção independente de filmes. Algumas são grandes produções veiculadas na tevê a cabo. É um mercado que deverá crescer cada vez mais. Há uma legislação em tramitação no Brasil que pretende obrigar as tevês de sinal aberto a veicular produções independentes. Essa lei vai aumentar muito o mercado de trabalho para os atores de cinema.

Seja na tevê ou no palco, sou plenamente a favor de que os jovens se infiltrem na pré e na pós-produção dos espetáculos. Não existe maneira melhor de entender essa indústria. Quando o ator entende o que envolve a pré e a pós-produção, ele se apaixona por esse segmento e ganha autoridade no assunto. A partir do momento em que você conhecer em 360 graus essa indústria, vai se sentir feliz com a carreira que escolheu. Eu garanto isso!

Pequeno glossário do teatro, cinema e tevê

O teatro, o cinema e a tevê possuem alguns profissionais e termos técnicos específicos. É importante conhecer alguns deles.

Aderecista: profissional que executa as peças decorativas, ou seja, os adereços que vão compor o cenário dos espetáculos. É ele quem faz esculturas, bonecos, moldes. É um profissional que atua tanto no teatro quanto na tevê e no cinema.

Boca de cena: divisão entre os bastidores e o público. É geralmente usada para divulgar a marca que está desfilando ou o nome do espetáculo que está sendo apresentado.

Cenógrafo: profissional que faz cenários, idealiza o espaço cênico. Ele cria, desenha, acompanha e orienta a montagem do projeto cenográfico. Essencial nos espetáculos, o cenógrafo é empregado tanto em desfiles quanto no teatro.

Contrarregra: profissional encarregado de cuidar dos cenários e dos elementos de cena. Ele é o responsável pela entrada e saída dos atores, cumprimento dos horários, trocas de roupas etc. Está presente nos desfiles, no teatro e no cinema.

Coxia: espaço situado atrás do palco, fora da visão do público, onde modelos ou atores se preparam ou aguardam a hora de entrar em cena.

Figurinista: profissional que cria, orienta e acompanha a execução dos trajes que serão usados no espetáculo. O figurinista tem de possuir conhecimento básico de desenho, de moda, de estilo e de costura.

Iluminador: profissional responsável pela iluminação do espetáculo. Está presente tanto no teatro quanto no cinema e nos desfiles de moda. É ele quem cria efeitos de iluminação, determina as cores que serão usadas no espetáculo e a sequência em que serão acionadas, de acordo com o que é ditado pelo roteiro. O iluminador trabalha em parceria com o cenógrafo.

Maquiador: profissional que faz a caracterização dos personagens. Em sua função, tem de atender ao que é acertado pelo diretor e estar em acordo com o cenógrafo, o figurinista e os atores.

Rafael Magaldi: uma profissão de 1.001 oportunidades

A primeira vez que o ator Rafael Magaldi emplacou uma participação em um programa na Rede Globo foi na série humorística *A grande família*. Foi uma cena curta, na qual ele, vestido de palhaço, imitava o ator Marco Nanini, um dos protagonistas do programa. Enquanto o maquiavam, Rafael pensava angustiado:

"Poxa, pintaram a minha cara inteira, ninguém vai me reconhecer". Ele deixou isso de lado e, já pronto para entrar em cena, correu para o telefone e ligou para a mãe, em Londrina, Paraná, para dar a notícia: "Mãe, estou aqui na Globo, pronto para gravar!". E, antes que ele pudesse contar qualquer detalhe, ela falou: "Que bom, meu filho! Só não vai se vestir de palhaço, hein!".

Rafael Magaldi, que hoje mora em Curitiba e trabalha com Marcelo Germano na seleção de talentos, ainda faria outras participações na Globo, em peças teatrais e em comerciais, além de vários outros trabalhos de atuação. O episódio do palhaço, com o inesperado "conselho" da mãe, foi transformado em um poderoso ensinamento. "Não desenvolvi uma carreira de visibilidade na Globo, mas isso nunca me frustrou. A profissão de ator me trouxe muita satisfação, muito prazer, além de bens materiais. Comprei meu apartamento com o dinheiro que ganhei no teatro, e tenho muito orgulho disso". Há 1.001 possibilidades dentro dessa profissão.

Quando era criança, Rafael vendia na rua as esfirras que a mãe fazia. E era um bom negociante: "Cheguei a vender cinquenta esfirras em quarenta minutos!". Foi padeiro, trabalhou em lanchonete, pedalou por toda Curitiba como office-boy. Sonhava ser jogador de futebol. Até os 18 anos, nunca tinha passado por sua cabeça ser ator. Até que, quando participava de um grupo de jovens da igreja, foi convidado a fazer parte da encenação da Paixão de Cristo. O personagem que lhe designaram foi um guarda romano. Mas, como o guarda não tinha qualquer fala, Rafael procurou o diretor e pediu outro papel. O diretor o olhou com seriedade e lhe passou a missão de representar Pedro, o melhor amigo de Jesus. Rafael ficou feliz com o novo personagem e se entregou de maneira tão profunda, que, na cena em que Pedro nega Jesus três vezes, chegou a chorar. "Até hoje, não sei se minha atuação foi boa ou ruim, mas minha tia, que estava na plateia, se ofereceu para me pagar um curso de teatro. Eu aceitei, claro, e foi assim que minha carreira começou."

"Me emociono quando olho para um candidato e digo: 'Você foi aprovado'"

Em 2013, comecei a trabalhar com Marcelo Germano em suas seletivas e convenções. Desde o começo, senti uma identificação muito grande com o projeto, pois acho que a motivação do Marcelo é idêntica à minha, que é contribuir para que esses jovens alcancem seu sonho. A gente está lidando com a alma, com a vida, com o coração deles. Eu me emociono quando olho nos olhos de uma dessas crianças e digo: "Você está aprovado na primeira etapa; está aprovado na segunda etapa; e na terceira; o produtor e o diretor da agência gostaram de você". É fascinante poder mostrar para esses garotos e garotas que, sim, é possível que eles sejam atores, que tenham sucesso.

As ferramentas do ator

A experiência que estou tendo nas seletivas vem confirmando algo que eu já percebia. Quando avaliamos uma criança que quer seguir na carreira de ator, temos de ir além da primeira impressão. Às vezes, a criança chega para fazer o teste extremamente nervosa, mas dá para ver que ela tem potencial e pode ser dirigida no dia seguinte. Quando olho uma situação como essa, penso: "Se eu puder ficar duas horas dando uma aula para ela, ela vai se desenvolver rapidamente". Esse potencial é algo que se enxerga na expressão corporal, na voz e na interpretação, que, afinal, são as ferramentas básicas de qualquer ator. Se ela conseguir mostrar pelo menos uma dessas qualidades, já pode ser dirigida e aperfeiçoar sua forma de representar.

O primeiro passo para ser ator é começar a estudar teatro

Costumo fazer algumas recomendações para os garotos e garotas que pretendem seguir a carreira de ator. A primeira coisa é entrar imediatamente em um curso de teatro. Estudar voz, corpo, intepretação, história do teatro, semiologia (o estudo da simbologia usada nos espetáculos, como a forma de interpretar, a caracterização dos atores, a coreografia), cenário, figurino, maquiagem, tudo. Depois, digo: "Pergunte a você mesmo: eu quero ser ator ou quero ser famoso? Eu quero aparecer, furar a fila do restaurante, ou quero atuar?". São duas coisas totalmente diferentes. O trabalho do ator não é ser famoso, é interpretar. Outra recomendação: leia bastante. Mesmo que você não tenha sido educado para ler, force-se a fazer isso, pois o dia a dia do ator está muito ligado à leitura de texto, a decorar. Ler também ajudará na hora de falar em público, de interpretar bem o texto nas rodas de leitura; ajudará você a não gaguejar, a respirar da maneira correta.

Observar, observar, observar, só assim é possível criar personagens

Um dos grandes desafios no trabalho do ator é a criação de personagens. Ou seja, como o ator vai interiorizar a maneira de falar, de andar e de se expressar da figura que ele vai representar. A melhor maneira de fazer isso é observar o mundo que está ao redor dele. Mas observar mesmo. Pois assim ele criará referências, terá um arquivo mental de como as pessoas agem. Ele deve sentar em um banco e observar os gestos, os tiques, a maneira como as pessoas andam ou se coçam. Ir a uma farmácia e analisar a expressão facial do atendente. Andar na rua, ver um mendigo e observar seus movimentos. Se está na casa da avó, deve anotar mentalmente como ela pega a panela, o pano de prato. Observar o jeito como o pai fala, como as pessoas dirigem, o olhar e a respiração delas. É algo deliberado. No começo, pode ser forçado, mas depois fica automático. Minha esposa sempre me pergunta: "Mas o que você tanto olha?". Esse hábito se transformou na minha ferramenta de trabalho.

Ousadia, concentração, paciência e capacidade de se reinventar

Ser ousado e capaz de surpreender são qualidades que têm grande valor nesse mercado. Claro, isso tem de se manifestar da maneira correta e com a intenção de fazer sua atuação tornar o espetáculo melhor. O ator tem de ser ousado, cara de pau. Eu já devo ter feito mais de setenta comerciais, mas me cansei de fazer papéis que têm uma cena só, prontinha. Primeiro, eu faço a cena como recomendada, depois chego para o produtor de elenco e falo: "Tive uma ideia aqui. Posso fazer a minha versão?". E faço a cena da minha cabeça. Essa versão que eu criei muitas vezes é a que vai para o ar. A concentração é outra questão que precisa ser desenvolvida. Assim como a paciência. Se você não está na tevê, não significa que não está dando certo, ou, se não consegue emplacar tantas peças teatrais quanto gostaria, não quer dizer que seu fim está próximo. As fases de pouco trabalho fazem parte dessa indústria. Tem de ter paciência. É preciso continuar na luta e esperar que a noite acabe e outro dia amanheça. E, claro, todo ator ou atriz precisa continuar estudando, se reinventando. Tem tanta coisa nessa profissão, e mais outras tantas ainda por vir, que não dá para ficar parado.

Qual é a música?

Frequentar escolas de formação é um conselho que dou também aos talentos que querem seguir carreira musical. E desde cedo, porque esse é o melhor lugar para que o futuro músico descubra sua aptidão, a linha musical que pretende seguir. Lá, ele conhecerá os instrumentos e poderá ter uma noção de qual estilo musical lhe fala mais ao coração. Será uma formação em música clássica, popular? A música é estilisticamente muito abrangente, talvez mais do que o teatro e o cinema.

Não se deve desprezar qualquer oportunidade de experimentar as diversas modalidades musicais. Cantar no coral da escola ou da igreja é um ótimo início. Um coral possui tudo que é preciso ter no tempo das descobertas. Há um regente, trabalho em grupo, classificação de vozes e, o principal, exige disciplina.

O mercado para o músico é maior do que inicialmente se pensa, e as oportunidades também só crescem, como acontece nos mercados da moda e da atuação. Hoje, há competições, festivais, reality shows. E, claro, a internet, um excelente caminho para divulgação do trabalho.

Os clipes são uma importante ferramenta de divulgação para qualquer músico. A qualidade desse material vai depender da criatividade e dos recursos financeiros investidos. Mas a criatividade muitas vezes fala mais alto. Há clipes feitos no celular que são totalmente exibíveis e até mesmo charmosos e hipnotizantes.

Como eu disse, a música tem muitas ramificações em termos de carreira e de oportunidades de trabalho. Claro, a maioria quer bombar, ser famoso, fazer shows com lotação esgotada. Mas há várias outras possibilidades de ter sucesso e ganhar dinheiro com a música. O jovem talento musical pode participar de uma banda, fazer carreira solo, ser produtor musical, compositor. Pode participar de orquestras e corais, desenvolver trilhas sonoras, fazer jingles publicitários. Ele pode estar também na área de eventos, que contrata músicos para apresentações ao vivo.

Teatro musical

Outra forma de espetáculo que vem sendo cada vez mais apreciada no Brasil é o teatro musical, que combina música, canções, danças e diálogos. Embora já exista no país desde o século passado e tenha experimentado grande sucesso nas décadas de 1940 e 1950, com os teatros de revista, em que brilhavam as chamadas vedetes, o teatro musical em ascensão agora é mais próximo dos espetáculos exibidos na Broadway, em Nova York. Produtores de teatros musicais estão presentes nas convenções nas quais apresentamos jovens talentos desse segmento.

Pequeno glossário do teatro musical

Preparei um rápido glossário para esse tipo de show:

Duração: tempo que dura o espetáculo, normalmente em torno de 2h45, com quinze minutos de intervalo.
Enredo: a parte do espetáculo composta pelas falas dos atores, a parte dramática da peça teatral, na qual os artistas não cantam.
Idioma: diferente da ópera, que é sempre interpretada na língua em que foi composta, o teatro musical é cantado na língua local. Ou seja, no Brasil, em português.
Interpretação: nela está a parte da dança, a encenação e o canto.
Música: é a música orquestrada ou cantada. Em geral, os mesmos atores que representam o enredo e executam as coreografias também cantam.

Acreditar em si mesmo

Aqui vai um conselho especial para você, jovem músico. Esgote todas as possibilidades de conhecimento dentro da área que escolheu. Você é um cantor? Ótimo. Então, aprenda também a tocar um, dois ou mais instrumentos. Aprenda também a dirigir um espetáculo. Conheça as técnicas de concepção e composição de uma boa música. Desenvolva sua capacidade de fazer produção de espetáculos.

Esse conselho também vale para as carreiras de ator e modelo, claro. Observe seu trabalho como um todo. Tenha uma visão de 360 graus dele. Há muito mais possibilidades profissionais nessas áreas do que se imagina. Jamais permita que o façam desanimar de seus sonhos. Pode ser que você não alcance tudo o que quer, mas desistir sem tentar é um pecado. Não se esqueça de que, na carreira artística, você provavelmente terá de estudar muito mais do que na grande maioria das carreiras. O conhecimento é infinito. Nunca perca o olhar de tigre, a fome de buscar seu objetivo.

As profissões artísticas são dinâmicas, estão sempre se reinventando. Mesmo em momentos em que se fala de crise, sempre há alternativas a serem exploradas. Tenho a convicção de que consumir arte é uma necessidade básica do ser humano. Me lembro daquela velha música da banda Titãs, chamada "Comida", que dizia: "A gente não quer só comida, a gente quer comida, diversão e arte". Sempre haverá espaço para as profissões artísticas. Ninguém quer só comida.

No próximo capítulo, trataremos das estratégias de marketing e vendas que os talentos podem usar para alavancar suas carreiras. Falaremos ainda de como pesquisar oportunidades no mercado e como procurar de maneira inteligente os profissionais que podem dar apoio aos talentos.

5

Como vender seu peixe

Entrar no mercado sem saber como ele funciona torna o caminho mais difícil. O plano de negócios ideal para um talento. Como deve ser feito o marketing pessoal. O talento que não tem uma marca pessoal é apenas mais um e terá poucas chances de encontrar seu espaço no mercado artístico.

Um dia, um amigo me fez uma consulta. Sua sobrinha, de 26 anos, sonhava ser atriz. Poucos anos antes, a garota tinha convencido os pais a financiarem dois cursos de interpretação em cinema, um em Los Angeles e outro em Nova York. De volta ao Brasil, ela frequentou ainda outras escolas de interpretação. Imaginando que havia poucas oportunidades na cidade em que morava, Belo Horizonte, ela novamente pediu o apoio dos pais, agora para se mudar para o Rio de Janeiro. Seu sonho era ser chamada para fazer uma novela da Rede Globo.

Infelizmente, as oportunidades não apareceram. Ela fez alguns poucos trabalhos de teatro, uma pequena aparição em um comercial e gravou alguns vídeos disponibilizados no YouTube. Mas o convite para participar de uma novela não surgia. Com poucos contatos na área artística no Rio de Janeiro, a garota fazia pequenos trabalhos como animadora de festas infantis. Os pais se impacientavam. Pagar as despesas de moradia e alimentação no Rio de Janeiro era algo pesado para a família. A sobrinha do meu amigo começou a desanimar. Achava que tinha começado tarde demais e que estava em uma idade que a deixava fora do mercado. Meu amigo me perguntou como a garota poderia encontrar outras possibilidades na área. Deveria começar de novo do zero, ou a experiência que tinha valeria alguma coisa? Estava mesmo velha para ser atriz?

Quando fiquei sabendo dessa história, imaginei que ela seria um bom exemplo para este capítulo, que trata das estratégias para gerenciar o talento de um artista, divulgar sua imagem e dar um empurrão na carreira, assim como se apresentar e se vender aos produtores, bookers e agentes. Meu amigo não sabia me dizer em detalhes tudo que a sobrinha havia feito em sua trajetória. Mas, pelo relato dele, a maneira como a garota vinha conduzindo a carreira parecia ter alguns pontos fracos. Um deles era o não envolvimento de seus pais. Pelo que percebi, eles se limitavam a pagar as despesas da filha — como os cursos nos Estados Unidos e sua estadia no Rio de Janeiro. Mas pareciam considerar tudo aquilo um capricho da garota e não participavam do planejamento da carreira, não se envolviam com o sonho da filha nem procuravam alguém que pudesse ajudá-la.

Além disso, fica claro que a jovem começou a sua caminhada dando passos que, talvez, não precisassem ser dados naquele momento se tivesse planejado melhor a carreira. É claro que os cursos de interpretação em Nova York e Los Angeles são um diferencial positivo, mas não são suficientes para garantir sucesso na carreira de um ator. Além disso, Belo Horizonte é uma cidade relevante para o cenário artístico nacional. Muito poderia ter sido feito ali mesmo, o que daria à garota uma importantíssima experiência na área e maior conhecimento de como funciona o mercado para os atores iniciantes no país. Sem essa base, ela chegou ao Rio de Janeiro com muitas fantasias na cabeça e uma bagagem muito restrita, sem grandes conhecimentos sobre o mercado e quase nenhum contato na cidade.

Enxergar a carreira de cima

A verdade é que, sem um bom planejamento, o caminho em qualquer carreira artística será longo e cheio de obstáculos. Mais adiante, vou detalhar como deve ser feito esse planejamento, mas antes gostaria de discorrer sobre um aspecto importante dessa história que meu amigo me contou. Nós costumamos enfrentar intensas sensações negativas e de derrota — tanto dos outros quanto nossas — diante das situações difíceis que surgem em nossa caminhada. Por não entender que a trajetória da nossa carreira é feita de altos e baixos, desanimamos e muitas vezes abandonamos nossos sonhos sem que haja um real motivo para agir assim.

    A sobrinha do meu amigo gastou o que tinha e o que não tinha e ainda não realizou o sonho de ser atriz. Mas por que desistir? Não há um porquê. Em primeiro lugar, ela precisa deixar de lado a preocupação com a idade. Vários atores só deram certo depois dos 30 anos, portanto ela ainda pode ser uma atriz de sucesso. Em segundo lugar, ela deve prestar mais atenção à gestão de suas emoções, entender que o mercado não é fácil e que ela vai se deparar com inúmeros nãos. O melhor a fazer é manter a positividade e a persistência e dizer a si mesmo: "Eu amo tudo isso; vou fazer isso valer a pena; vou realizar o meu sonho; sendo atriz ou não, quero estar neste meio".

    Com esse espírito, a sobrinha do meu amigo poderá refazer o primeiro passo em direção a seu sonho. Como? Talvez participando de encontros de atores, convenções ou fazendo cursos — e compartilhando experiências com outros aspirantes a atores —, mas, principalmente, olhando sua carreira desde cima, o que lhe permitirá ver quais são as possibilidades que esse mercado pode lhe trazer — tanto para realizar seu sonho de se tornar atriz quanto para conseguir uma renda para sobreviver de maneira autônoma. Esse é um grande desafio e ao mesmo tempo uma oportunidade para talentos jovens ou mais maduros analisarem sua performance por um novo ângulo.

Mas o que significa olhar a carreira desde cima? Significa imaginar a própria trajetória como se ela fosse a planta de uma construção ou um mapa geográfico onde estão destacadas a grande extensão da estrada, as montanhas, planícies, subidas, descidas e barreiras. É importante ter uma visão geral da situação. Se você olha para sua carreira do ponto de vista em que você está, ou seja, de dentro dela, no nível do solo, não vai ser fácil progredir. Isso porque as pessoas geralmente ficam muito envolvidas com os fatos do dia a dia e perdem a perspectiva mais ampla. Não veem a trajetória como um todo. E, sem considerar o que foi vivido no passado, não conseguem refletir sobre o que poderiam ter feito de diferente nem prever o que vem pela frente. Além disso, sem essa visão panorâmica, é difícil determinar para que lado sua carreira está indo. Também é importante observar todas as ramificações que a sua carreira pode oferecer, ou seja, as oportunidades de trabalho que vão além das profissões de ator, modelo, cantor ou dançarino, mas ainda dentro da indústria artística.

Meu amigo me perguntou ainda se os cursos que a sobrinha já tinha feito teriam algum proveito para o futuro dela como atriz. Essa resposta também depende dessa visão geral que se tem da carreira. Sempre que sugiro a alguém olhar a carreira de cima, me vêm à cabeça aqueles mapas do Google em que vemos o trajeto do ponto de partida até o destino, com as informações de tempo, distância, as diferentes possibilidades de deslocamento. Olhando dessa maneira, a garota veria todo o caminho que já percorreu e teria claro o valor de tudo aquilo que já fez.

O plano de negócios

Quem consegue se distanciar para olhar a carreira como um todo e planejar os próximos passos está fazendo, no final das contas, um plano de negócios. Na linguagem dos administradores, plano de negócios é o planejamento de um empreendimento no qual são definidos os objetivos, as estratégias para atingi-los e uma previsão dos resultados financeiros. Para muitos, deve parecer estranho falar em empreendimento, estratégias e previsão de resultados quando o assunto é uma carreira artística. Afinal, a arte costuma estar ligada a coisas leves e suaves, como poesia, encantamento, beleza, romance, e não previsão de resultados e estratégias.

A verdade é que uma carreira artística só alcançará bons resultados se for bem planejada e tiver metas de curto, médio e longo prazo conhecidas. A maneira como o talento vai atingir essas metas, ou seja, a estratégia para conquistar seus objetivos também deve ser claramente estabelecida. Além disso, o próprio talento e as pessoas que trabalham com ele têm de estar o tempo todo atentos para recalcular a rota e os resultados almejados caso as condições externas mudem.

Em resumo, uma carreira artística é, em seu funcionamento, um negócio como qualquer outro, que exige objetivos claros, investimento, tempo e que precisa dar resultados. Inclusive financeiros. A realidade é que pouquíssimos talentos fazem um plano de negócios para a carreira, e, por isso, há tanta gente que se desilude e acaba abandonando seu sonho.

Vou explicar em dez passos como um talento deve estabelecer seu plano de negócios.

1. Conhecer a si próprio

Conhecer a si próprio, nesse contexto, significa tomar consciência de si como profissional. É preciso, então, que o jovem talento conheça seus pontos fortes e fracos enquanto produto que será oferecido ao mercado. Mas como saber no que se é bom e no que ainda é preciso melhorar? Muita gente tem dificuldade tanto para identificar de maneira genuína suas qualidades quanto para reconhecer seus pontos fracos. Pensar que se é bom em tudo é tão ruim quanto se achar cheio de defeitos. O ideal é contar com a opinião de alguém que olhe para sua carreira com o desejo sincero de ajudá-lo a crescer e, sem inveja ou bajulações, mostre suas qualidades, o que o encorajará. Essa pessoa também deve apontar, de maneira construtiva e bem-intencionada, seus pontos fracos, colaborando para que você supere essas falhas.

Alguns exemplos de pontos fortes que um jovem talento pode ter: ser uma pessoa carismática, relacionar-se facilmente, fazer amizades sem esforço, ser uma pessoa alegre, ter disciplina, cuidar bem da própria saúde. Já como pontos fracos, posso citar: ser uma pessoa inflexível, não fazer autocrítica, teorizar demais e agir de menos, adiar decisões, não planejar a carreira, ser muito impulsivo, ser preguiçoso, alimentar-se mal, não cuidar do próprio corpo.

Uma autoanálise sincera sempre é capaz de produzir bons resultados. O talento certamente descobrirá as causas de alguns obstáculos que até então pareciam sem explicação. "Por que não consigo fazer um curso de inglês? Por que não faço uma atividade física? Bem, a verdade é que eu não cuido da minha alimentação nem do meu corpo, então é natural que eu só tenha 50% da minha energia para ir em busca do meu sonho. Isso é um ponto fraco que precisa ser resolvido. Vou cuidar disso."

É uma pena que a maioria dos jovens talentos não tenha essa visão distanciada de sua trajetória. Além disso, muitos têm medo de fazer uma autocrítica. Como consequência, não enfrentam suas limitações e perdem oportunidades no mercado. Por exemplo, se você identificou que tem um problema de dicção, quem pode ajudá-lo? Um fonoaudiólogo, certamente. Então, por que adiar a decisão de se consultar com um?

2. Descobrir a carreira que realmente se quer seguir

Eu quero ser modelo ou quero ser ator? Não é incomum que jovens talentos se sintam atraídos por mais de uma área artística. Essa versatilidade de atuar em mais de um segmento é ótima;

mas é importante que o foco, pelo menos de início, esteja em um segmento específico, pois isso facilitará as decisões relacionadas à formação teórica e prática.

Seja qual for sua escolha, a primeira coisa a fazer é buscar informações sobre a profissão que se quer seguir. Este meu sonho é rentável? Vou conseguir ganhar dinheiro com isso? Essas ponderações são importantes porque você vai ter de fazer investimentos ao longo de sua trajetória e, portanto, precisa ter um retorno daquilo que foi aplicado na carreira. Em uma rápida pesquisa na internet, você consegue descobrir o quanto ganha em média uma top model, um produtor de elenco, um contrarregra ou um figurinista. Resumindo, você precisa saber exatamente o que quer, seguir investindo em seu sonho e nunca tirar os pés do chão.

3. **Saber quem são seus concorrentes**

Quem são as pessoas com as quais estou concorrendo? Como elas agem? O que fizeram de diferente que lhes garantiu o sucesso? Ou, ao contrário, onde foi que elas pisaram na bola? É importante observar os pontos positivos de profissionais bem-sucedidos e usá-los como exemplo, fazendo igual ou melhor do que eles. Da mesma maneira, os erros dos outros são um alerta daquilo que não devemos fazer. Mais uma vez, a internet pode ser a grande fonte de informações. Além das biografias de atores, modelos, cantores, há inúmeras entrevistas com artistas em sites, revistas e jornais que podem ajudar na sua pesquisa.

Mas é possível ir ainda mais fundo nessa pesquisa. Já pensou em enviar um e-mail para seu ídolo profissional? Atualmente, muitas pessoas que têm projeção pública levam a sério seu papel como formadoras de opinião e sabem da responsabilidade que têm como modelos de conduta. Por isso, muitas delas respondem a dúvidas com relação à postura que se deve ter durante a caminhada profissional.

Concorrentes, nesse contexto, são as pessoas que estão buscando um espaço na mesma carreira que você escolheu, não são necessariamente rivais que vão tirar suas oportunidades de trabalho. Vocês têm interesses e uma trajetória em comum e devem aproveitar essa proximidade para trocar experiências. Mais adiante, falo sobre a importância de o jovem talento cultivar um bom relacionamento com pessoas experientes que pertencem à mesma área artística.

4. **Criar uma marca pessoal**
Depois de fazer o exercício do autoconhecimento, você já sabe seus pontos fortes. Não tenha receio de mostrá-los para o mercado. Incorpore essas boas qualidades à sua marca pessoal. Pense em um nome artístico forte que represente quem você é. Na minha opinião, ele deve conter seu nome e sobrenome; isso lhe garantirá uma identificação forte consigo mesmo e com sua herança genética e familiar.

Mais uma vez, do ponto de vista profissional, você é um produto. Uma marca bem definida lhe permitirá vender esse produto com mais eficiência.

Toda marca exige uma boa embalagem, neste caso, roupas e acessórios, corte de cabelo e maquiagem que o distingam dos outros. Também é preciso passar a cuidar mais do corpo. E nunca se esqueça de que menos é sempre mais; bom gosto e bom senso sempre devem estar presentes.

O caráter também é parte muito importante da construção de sua marca. Abraçar uma causa com a qual você se identifica e se manifestar publicamente de maneira respeitosa e inclusiva são atitudes que vão contribuir para fazer sua marca brilhar. Evite emitir em público opiniões radicais que possam ofender alguém. Evite também tomar publicamente (e mesmo de forma privada, se posso dar esse conselho) atitudes que possam chocar os princípios morais defendidos pela maioria, como se embriagar, usar drogas, participar de brigas e discussões. Sua marca é reflexo de sua identidade e de seus hábitos. Se você criar um personagem fictício que nada tenha em comum com o que você é, não vai conseguir sustentá-lo por muito tempo e vai acabar decepcionando seu público.

5. **Fazer um raio X da carreira**

Tendo decidido qual carreira seguir, o jovem talento deve fazer uma análise detalhada do que essa profissão exige em termos de habilitação e preparação. Quais são os melhores cursos na área, quanto tempo de duração eles têm, quanto custam? Deve buscar saber também quais são os nichos mais promissores, quais cidades trazem as melhores oportunidades e quais são as perspectivas profissionais que elas oferecem. Dentro da área, é preciso identificar quais ramificações oferecem melhores oportunidades e quais têm uma demanda maior do que a oferta de profissionais. Enfim, é necessário um mergulho profundo na carreira e em todas as suas possibilidades. Além das consultas na internet, conversar com pessoas que já estão há mais tempo no mercado pode ser muito útil para obter esse tipo de informação.

6. **Saber quem são seus fornecedores**

Aqui, estou me referindo aos fornecedores de conhecimento. Cursos de fotografia, de dança, de música, de teatro, workshops para modelos. Hoje em dia, o mercado exige que os profissionais se reciclem a todo momento. A formação profissional dos artistas, iniciantes ou veteranos, não tem data para ser concluída. Além de proporcionar conhecimento, cursos são uma excelente oportunidade para conhecer pessoas qualificadas da área de atuação escolhida e, com isso, começar a montar sua network (rede de contatos profissionais). Essa rede é essencial para conquistar oportunidades de trabalho. Cursos, workshops e palestras também dão mais densidade ao currículo e ao portfólio.

Muitos profissionais e empresas oferecem estágios e oportunidades de trabalho em cargos de assistência e, ainda que à primeira vista essas vagas não pareçam interessantes para o jovem talento, devem ser encarados como fornecedores de oportunidades e de conhecimento. Esses trabalhos iniciais são essenciais para a formação profissional.

7. **Fazer planejamento de curto, médio e longo prazo**
Vamos imaginar que o jovem talento sonhe ser ator. Qual seria a sequência de etapas de seu planejamento? O primeiro passo seria pesquisar o que é exatamente a profissão de ator: quais as atividades desenvolvidas? Quais são as oportunidades de trabalho? Como faço para entrar nesse mercado? Feito isso, o jovem deve buscar um curso de teatro, já que os atores precisam do DRT para trabalhar.

Para conseguir o registro de artista, o jovem talento precisa frequentar um curso profissionalizante de pelo menos dois anos e meio. Assim, ele deve ponderar os valores anuais de um curso, pesquisar se há opções em sua cidade ou se terá de se mudar ou se deslocar diariamente até a cidade onde fica a instituição de ensino e, por fim, um fator muito importante, avaliar como esse investimento todo será custeado. Ele pode contar com a ajuda dos pais ou ter de procurar um trabalho que pague as despesas.

No planejamento de médio prazo, ele pode considerar, então, fazer um curso de inglês e ter algumas aulas de música, pois cada vez há mais oportunidades para atores que têm conhecimento musical.

Quando já estiver perto de ele finalizar o curso, existe a possibilidade de fazer alguns trabalhos freelancer na área, como figurante ou ajudante de produção. Essa experiência certamente vai ajudá-lo a conseguir algumas entrevistas. Esse é o momento em que o jovem pode começar a ponderar se se interessa por alguma ramificação da carreira de ator, como roteirização ou direção de teatro ou cinema. Para isso, ele teria de buscar formação específica, o que poderia, então, virar um projeto de longo prazo.

8. **Partir para o mercado**
Já com currículo, portfólio, book ou videobook em mãos, o jovem artista dá início à sua peregrinação pelas agências, falando com diretores de núcleo nas tevês, produtores, diretores. Debaixo do braço, o jovem talento deve sempre levar uma mostra de tudo que produziu e, na cabeça, a confiança e a certeza de que está preparado para o que o mercado precisa e quer. Como já disse, esse trabalho de prospecção deve ser feito em escala crescente, ou seja, considerando primeiro as oportunidades que existem na cidade onde mora, depois na região, no estado, e assim por diante. É importante entender que as pessoas que atuam nesse mercado têm contato umas com as outras, indicam profissionais para trabalhos. Por isso, é importante direcionar o material de maneira assertiva e sempre realizar o melhor trabalho possível.

9. **Selecionar uma equipe operacional**
Feito o trabalho de formação e de campo, é hora de pensar em quem vai cuidar do lado operacional da carreira do talento. Naturalmente, isso só será necessário depois que o talento tiver dado os primeiros passos em direção ao sucesso. Nesse momento, é preciso que ele tenha uma equipe a seu lado: alguém responsável por responder às mensagens enviadas pelos fãs; alguém para atualizar suas postagens no Instagram, Facebook e Twitter; uma assessoria de imprensa para orientar o jovem artista quanto aos procedimentos mais adequados para lidar com a mídia e outros meios de divulgação de sua marca. Já vi muita gente dar tiro no

pé ao chegar nessa fase, ou seja, acabar prejudicando a própria carreira por, por exemplo, manter sua rede social de maneira ineficiente ou equivocada.

10. Fazer um checkup periódico

Todos os nossos planos estão sujeitos a chuvas e trovoadas. Por isso, há grandes chances de que esses planos precisem ser adaptados se, por motivos que fogem ao nosso controle, algo que foi imaginado não ocorrer. Mas também haverá inesperados dias de sol, que trarão novas oportunidades — que não devem ser perdidas.

Para manter sempre atualizado o mapa de uma trajetória artística, é preciso fazer reuniões periódicas — com a participação do jovem talento, de sua família e daqueles envolvidos profissionalmente com a carreira — para checar se o plano de negócios e as metas nele estabelecidas estão ou não de acordo com a rota que está sendo seguida. É preciso avaliar se os acontecimentos estão ocorrendo da maneira que se esperava ou se o vento mudou de direção, exigindo um novo itinerário. Todos os anos, faço esse checkup em minha empresa. Me reúno com minha equipe para analisar onde estão as possíveis falhas que atingem nosso plano de trabalho. Posso garantir que esse trabalho é fundamental para o sucesso empresarial. Além de permitir que a rota seja corrigida, garante que todas as partes fiquem envolvidas numa constante busca por excelência.

Especialistas bem referenciados

Esses são dez passos que têm de estar presentes em um plano de negócios de uma carreira artística. Mas quero chamar a atenção para um ponto abordado no último passo: a checagem periódica de como o projeto e a realidade estão se relacionando. É preciso ser muito cuidadoso na escolha dos profissionais que farão a análise de sua carreira e lhe darão um feedback de sua performance. Tão cuidadoso quanto ao procurar um médico para fazer um checkup na saúde.

O ideal é que a pessoa que vá fazer essa análise seja da área artística específica de seu interesse e que tenha, é claro, autoridade sobre o assunto. Um feedback de seus pais ou de outras pessoas que tenham algum envolvimento emocional com você, mas pouco conheçam do meio artístico, pode não ser o mais indicado e pode ser até contraproducente. Um exemplo: todo mundo já viu — ou viveu na pele — aqueles pais que ficam o tempo todo corrigindo os filhos: "Menina, senta direito", "Fala baixo, está incomodando as pessoas" ou "Fala alto, ninguém está escutando você". Os pais costumam ser assim, não é? Então, imagine uma situação em que os pais insistem em corrigir o português de um talento de 5 ou 6 anos. Eles fazem isso sob qual ponto de vista? Essa criança ainda não tem o domínio completo do idioma. Para um produtor de talentos, estaria tudo bem, pois esses "erros" de português soam charmosos e autênticos quando quem os comete é alguém de tão pouca idade. No tempo certo, isso será corrigido.

Portanto, é imprescindível que o feedback seja qualificado, isento de emoção e dado por uma autoridade no assunto. No caso da língua portuguesa, uma professora da área seria a pessoa mais indicada. Opiniões leigas podem causar um desestímulo perigoso ao talento ou forçá-lo a ter um comportamento que soará estranho e fora da realidade. E o mercado quer autenticidade.

Você pode matar artisticamente uma criança com um palpite infeliz. Uma criança que sente dificuldade em melhorar algo que foi pedido pelos pais pode desenvolver um forte bloqueio, por exemplo. A análise de um eventual problema e a ajuda para resolvê-lo têm de vir de alguém que tenha conhecimentos sólidos. A carreira artística de um talento é um projeto profissional, que precisa ser conduzido como uma empresa, e sua gestão também tem de ser feita por profissionais realmente capacitados e experientes.

Paredes derrubadas

Temos no Brasil estatísticas muito claras que mostram que as empresas que quebram nos primeiros dois anos de existência têm como principal motivo da falência a falta de planejamento. Um exemplo muito evidente de que a ausência de um bom planejamento é desastrosa para qualquer empreendimento é a forma bem brasileira de construir uma casa. As obras geralmente passam por inúmeros retrabalhos porque nada é devidamente planejado.

Construir uma carreira artística sem planejamento é como fazer uma casa assim, que, antes mesmo de ser habitada, já precisa ser reformada. Erros vão acontecer, mas com planejamento podemos evitar muitos retrabalhos que farão com que a carreira tenha que retroceder para voltar aos trilhos. O planejamento pode até mesmo facilitar detalhes corriqueiros de uma carreira artística.

Por exemplo: a mãe de um talento entrou em contato comigo para dizer que queria ir até minha convenção. A filha estava entusiasmada, mas a mãe tinha medo de viajar: "Me sinto insegura em viajar". Respondi que isso era normal, todos nos sentimos inseguros com alguma coisa. Sugeri, então, que ela contratasse os serviços de uma agência de turismo, para que tivesse ajuda profissional para planejar toda a viagem e sentir-se mais segura e confiante. Por fim, foi uma ótima solução.

Se uma jovem que decidiu ser modelo se lança nesse desafio sem qualquer planejamento, é muito provável que se prepare da maneira errada, contrate assessores que não atendam às suas necessidades e se engane no valor do investimento necessário, que pode acabar saindo muito mais caro do que o esperado. Como a casa que iria custar 700 mil e no final custa 1 milhão. Dessa maneira, é muito improvável que o sucesso seja alcançado, e as chances de ela cair em mãos erradas é grande.

Por melhores que sejam as perspectivas para um jovem talento que tem a carreira gerenciada de acordo com um plano de negócios, há muitos pais que ainda não têm essa visão. No meu entender, eles lidam com a questão de maneira muito imediatista. E a falta de planejamento sempre vai cobrar seu preço.

Posso dar um exemplo disso. Uma garota que mora no Nordeste foi chamada para passar uma temporada no Rio de Janeiro para participar de uma novela. O pai a acompanhou pelos seis meses que duraram as gravações. Mas ele se envolveu apenas nesse período; depois disso, saiu de cena e não participou mais da carreira da filha. No entanto, ele poderia ter feito muito mais do que isso. O período em que a filha não estaria participando de nenhum trabalho seria o momento ideal para que ela fizesse um curso e se preparasse para o futuro.

Os próprios pais devem se preparar para as demandas que a carreira dos filhos trará. Estudar. Esse pai, por exemplo, poderia ter feito um curso de empreendedorismo, já que a carreira da filha, como já disse antes, deve ser encarada como um negócio, uma empresa. Aliás, acredito cada vez mais que cursos de empreendedorismo deveriam fazer parte dos currículos escolares.

A formação dos pais, entretanto, não precisa se restringir apenas ao aspecto gerencial da carreira. Esse mesmo pai poderia ter feito um curso de interpretação para entender melhor o que é ser um ator. No mínimo, ele compreenderia melhor as exigências desse trabalho e poderia colaborar de maneira mais eficiente na trajetória profissional de sua filha. Veja esta lista de questões sobre as quais ele poderia refletir e tomar decisões para se envolver de maneira mais efetiva no sonho da garota: quando acabar a novela, o que vamos fazer? Voltamos para o Nordeste? Continuamos por aqui? Se eu ficar aqui, tenho de me preparar para essa nova fase; o que devo fazer, então? E se voltarmos para casa, perderemos alguma oportunidade? A carreira dela será prejudicada? O que podemos desenvolver em nossa região a partir dessa experiência da novela?

A filha estará igualmente em um momento de grandes decisões para sua caminhada. "Eu posso voltar para o Nordeste e, com o conhecimento que adquiri, fazer meu marketing, desenvolver minha marca pessoal e crescer naquele mercado. Vou começar a conhecer os produtores da minha região e usar a meu favor a participação que tive em uma novela e que acrescentei ao meu currículo. De tempos em tempos, vou fazer cursos em São Paulo ou no Rio de Janeiro e, quando for adulta, me mudo definitivamente para uma dessas cidades."

Quem é o pai, afinal?

Se a decisão fosse permanecer no Rio de Janeiro ou mudar-se para São Paulo, os pais precisariam realizar uma transformação radical em suas vidas. Afinal, teriam de conseguir um lugar para morar e, provavelmente, um novo emprego. Se houvesse um planejamento anterior, esse período de seis meses poderia ter sido utilizado por esse pai para conseguir um trabalho na nova cidade. Conseguindo um emprego minimamente seguro e rentável, poderiam, então, iniciar essa nova e promissora vida.

Esse caso nos remete a uma questão delicada. Caso os pais esperem ganhar dinheiro com a carreira do filho, ou seja, que ele se torne a fonte de renda da família, é melhor que estejam conscientes de que isso pode provocar problemas no futuro. Esse tipo de arranjo faz com que em algum momento o filho acabe se tornando o pai da família. E não poderia ser diferente. Saber quem é que coloca o pão na mesa é um fator muito importante em nossa cultura, ainda tão centrada na figura do pai provedor. Com essa inversão de papéis, como é possível garantir que a autoridade de pai continue a ser respeitada pelo filho?

Mesmo que os pais argumentem que estão dedicando todo o seu tempo na gestão da carreira do jovem talento e, por isso, deixaram de trabalhar, essa dinâmica não costuma trazer bons resultados. Conheço exemplos tristes disso. Portanto, sugiro que os pais mantenham seus empregos, contratem alguém para gerir a carreira do filho e não misturem as estações. Mas atenção: a participação dos pais na tomada de decisões estratégicas, no apoio emocional e no veto às escolhas que não lhes pareçam as mais adequadas nunca deverá ser negligenciada. Nem seu amor incondicional.

Caso a participação dos pais na carreira dos filhos seja confusa e sem limites bem definidos, chegará uma hora em que verão definhar sua essência paternal. Quando o filho chegar aos 15, 16 anos, ele poderá se voltar contra os pais e lembrar a eles quem é que está, afinal, sustentando a família. E esse será, certamente, um momento difícil e desagradável.

O planejamento da carreira do talento deverá, portanto, levar em conta a vida de toda a família. Afinal, o dia a dia de todos será afetado em maior ou menor grau com o desenrolar dos acontecimentos. Eu acredito expressamente que os pais devem manter sua própria autonomia financeira. Não devem misturar seu papel de pais com o de administradores da carreira do filho ou tornar-se seus empregados. Além disso, a carreira artística tem seus altos e baixos. Nos momentos de falta de trabalho, os pais que tenham seus próprios rendimentos poderão manter o equilíbrio financeiro e emocional da família.

Marketing pessoal

Quando sugeri, algumas páginas atrás, os passos para montar um plano de negócios para a carreira artística, o primeiro item apontava que o jovem talento deveria "conhecer a si mesmo" e fazer uma autoanálise honesta de seus pontos fortes e fracos. Naquele momento, esse exercício de introspecção estava mais focado em descobrir as motivações e os possíveis obstáculos internos que deveriam ser trabalhados para que o jovem gerasse a energia necessária para prosseguir em sua trajetória.

Mas essa reflexão também deve ser feita em relação às escolhas profissionais. O ponto forte de um ator pode ser o drama e o ponto fraco, a comédia, por exemplo. Uma vez que ele tenha conhecimento disso, é importante que busque caminhos para desenvolver melhor os aspectos em que não se considera bom o suficiente. Esse exercício de conhecer a si mesmo de maneira crítica é essencial para que o talento estabeleça sua marca, defina quem quer ser e como vai se mostrar para o mercado artístico. Sem definir sua marca, o artista não consegue ter um bom marketing pessoal.

Se você sempre sonhou em ser ator, por que então não busca fazer amizades com atores, produtores, diretores? Por que não ter um relacionamento com pessoas que trabalham em um banco de elenco? Por que não fazer uma amizade com quem desenvolve videobooks? Estabelecer uma network, uma rede de contatos no mercado no qual você deseja trabalhar, é um fator de grande relevância para o marketing social. Esses relacionamentos profissionais trarão ganhos não só para você, mas para essas pessoas também. Eles precisam de atores, você é o negócio deles.

Mas há aqui uma ponderação importante: não estou, de maneira nenhuma, propondo que você procure amizades por interesse. O que você deve procurar é um relacionamento com uma autoridade na área em que você quer fazer seu sonho virar realidade. Tudo pode começar com um convite para tomar um café, por exemplo. Nele você pode mencionar o quanto admira o trabalho dessa pessoa. E isso é totalmente verdade, pois, se você de fato não a admirasse, não estaria tentando se aproximar. O próximo passo é falar de seu negócio, do trabalho que quer desenvolver como modelo, ator, cantor ou o que quer que seja. Com essa conversa, você está se aproximando de uma autoridade da área, o que poderá lhe render muito aprendizado.

Muitos profissionais do meio artístico são bastante reservados; dessa forma, buscam evitar pessoas interesseiras que queiram tirar proveito deles. Mas, a partir do momento em que você faz um pedido genuíno de orientação e de ajuda, como "Olha, eu estou aqui para aprender com você. Preciso de um tutor", você cria um sentimento de empatia, transmite segurança e abre as portas para ser ajudado. Todos nós precisamos de tutores, pessoas que, na medida de suas possibilidades, nos orientem sobre os caminhos profissionais a seguir, nos deem bons conselhos e até mesmo nos indiquem algumas oportunidades. Assumir essa necessidade é sinal de humildade.

Há uma grande possibilidade de essa pessoa aceitar esse pedido para ser seu tutor. No geral, as pessoas não querem só dinheiro, querem ser admiradas por aquilo que fazem. Consideram que têm como missão passar seus conhecimentos e deixar um legado. Isso é uma característica humana comum a todos nós. E, acima de tudo, não há nada de errado em pedir ajuda para alguém. É assim que funciona o mundo. A pessoa a quem você pede apoio, por mais poderosa, influente e famosa que seja hoje, algum dia esteve no mesmo lugar em que você está, também passou por altos e baixos e precisou pedir o apoio e a orientação de alguém. Ninguém se desenvolve sozinho nessa vida, e todo mundo começa do zero. Lembre-se: muitas das pessoas que hoje estão no topo de suas carreiras possuem um forte desejo de retribuir e devolver ao mundo uma parte daquilo que conquistaram.

Surpreender é uma boa estratégia

Algo que considero que dá bons resultados no marketing pessoal é surpreender seu interlocutor. Mas atenção: surpreender não significa dar sustos. Você pode surpreendê-lo com um elogio, uma mensagem sobre algo que ele realizou publicamente ou lembrando-se dele em uma data comemorativa. Em geral, as pessoas não estão esperando por isso e costumam ficar encantadas. Que tal dar-lhe um presente inusitado? Por exemplo, se você sabe que a pessoa que você admira coleciona canecas, por que não lhe dar uma caneca interessante, que você encontrou em uma loja de antiguidades? Atitudes de desprendimento e atenção mostram que você não está preocupado exclusivamente com sua própria história, mas que também se preocupa com o outro. Essa postura o tornará uma pessoa melhor e querida e sempre trará ganhos para o seu marketing pessoal.

Outro momento em que o marketing pessoal, quando bem-feito, pode render benefícios preciosos é nas entrevistas presenciais com possíveis empregadores. Se você tem dúvidas de como se comportar em uma entrevista, lembre-se sempre da máxima de que menos é mais. Nada de produções e roupas exageradas ou maquiagem pesada. Uma roupa básica e charmosa, embora sempre apresentável, é a melhor opção de figurino. A apresentação discreta é a escolha mais correta, porque a atenção do interlocutor não pode ser atraída pela roupa, penteado ou maquiagem; ela deve estar voltada totalmente para o jovem talento.

Quando falo sobre marketing pessoal bem-sucedido, gosto de citar alguns exemplos de pessoas que o fazem muito bem. Aqui vão três deles:

Bruna Mattos

A Bruna é uma grande modelo, reconhecida no cenário nacional e internacional. Foi descoberta por mim na cidade de Herval d'Oeste, em Santa Catarina, quando tinha 12 anos. Em 2007, ela participou de nossa convenção em Gramado, no Rio Grande do Sul, e, a partir daí, sua carreira foi ascendente. Já realizou diversos trabalhos no meio fashion, como campanhas e desfiles. Seu currículo é bastante expressivo. Fez campanhas para marcas de sucesso, como Renner, Morena Rosa, Cia. Marítima, Renata Campos, Puramania e M'Officer.

Podemos dizer que a Bruna é uma modelo consolidada. Ela publica muitos de seus trabalhos nas redes sociais e sempre está envolvida com o mercado da moda e seus eventos. Ela sabe se apresentar muito bem e chegou até mesmo a fazer amizade com a cantora Madonna. Tem um estilo de vida muito saudável. Cuida muito do corpo e compartilha com seus seguidores sua rotina de treinos e dieta. Por conta de seu marketing pessoal bem desenvolvido, ela é chamada com frequência para dar entrevistas sobre vida saudável. Portanto, ela é vista como alguém que possui credibilidade e é admirada pelos hábitos que pratica.

A família Aguiar

O próximo exemplo são os três irmãos Aguiar, da cidade de Jacareí, em São Paulo: as gêmeas Raquel e Isabela e o irmão mais velho, Victor.

A Raquel, de 10 anos, participou de nossa convenção de Curitiba em 2014. Mais tarde, fez o papel da personagem Maria Isabel quando criança na novela *Escrava mãe*, da Rede Record. A personagem na fase adulta foi representada pela atriz Thaís Fersoza. Raquel ainda dublou um dos personagens do filme *Meu amigo dragão*, da Disney, e fez vários trabalhos publicitários.

Isabela Aguiar participou da mesma convenção que a irmã. Ela atuou na novela *Velho Chico*, da Rede Globo, fazendo a personagem Maria Teresa quando criança; papel vivido por Camila Pitanga na fase seguinte. Isabela também participou do quadro Super Chefinhos, do programa *Mais você*, na Rede Globo.

Victor Aguiar, de 16 anos, também participou da convenção de Curitiba em 2014. Vitor já fez vários trabalhos publicitários, vídeos comerciais para os salgadinhos Cheetos, campanha de e-commerce para as Lojas Marisa, participou do longa *Eu fico loko*, do diretor Bruno Garotti, e integrou o elenco da novela *Haja coração*, da Rede Globo. Victor é um dos talentos que eu levei ao IMTA.

Os irmãos Aguiar são administrados por seus pais. Eles têm um canal no YouTube com mais de 13 mil inscritos, no qual postam vídeos de dicas de trabalhos e interpretação. Eles também possuem contas em diversas redes sociais, nas quais falam sobre os trabalhos e novidades em que estão envolvidos. Os pais, Roni e Gilsi, também fazem parte do meio artístico — são músicos — e estão sempre buscando novos testes, trabalhos e parcerias com marcas para os filhos. Eles têm um planejamento bem estruturado para a carreira dos meninos. Proativos, não esperam as coisas acontecerem, vão atrás daquilo que querem.

Bela Fernandes

Bela Fernandes, 12 anos, é de Campinas, São Paulo. Ela participou de nossa convenção de Curitiba em 2014. Participou na novela *Chiquititas*, do SBT, fez comerciais para a C&A e foi apresentadora do programa *Bom dia & cia*, também do SBT. Atualmente, é apresentadora do programa *Zoo da Zu*, do canal por assinatura Discovery Kids, e também participa no canal de YouTube Mundo da Menina, da marca Pampili. Ela cuida das próprias redes sociais e as deixa sempre atualizadas. É sua mãe quem gerencia sua carreira.

A hora da entrevista

Esses que citei são exemplos de talentos que já estão com as carreiras consolidadas ou muito próximos disso. Mas vamos voltar para o caso daqueles que ainda estão bem no início e falar de um momento importantíssimo: a entrevista com um avaliador ou produtor. Essa é a hora em que o jovem talento mostra a que veio. Em geral, ele está acompanhado dos pais, mas estes devem ter cuidado para não interferir e falar pelo filho. Para os produtores, o que vale é o que o jovem talento tem a mostrar, não o que o pai pensa sobre o que o filho pode vir a ser. Portanto, pais, deem um passo atrás, fiquem na torcida e deixem seu filho entrar em cena.

Esta é a hora de o talento ser ele mesmo. Não adianta tentar ser algo que não é; mais cedo ou mais tarde, o que você é de verdade acabará surgindo. Não esqueça, jovem, de mostrar quais são seus pontos fortes. Em algumas entrevistas, você tem 30 segundos para deixar sua marca e falar sobre suas qualidades. Não é muito tempo. Então, apresente-se com humildade, mas também com segurança e tranquilidade. Trate o entrevistador com respeito, mas não seja muito formal. A formalidade em excesso acaba escondendo nossa maneira natural de ser. Nesse momento, é preciso mostrar sua personalidade. Isso é algo muito valorizado pelos produtores e causa boa impressão na entrevista.

É natural que, no momento da avaliação, surja algum nervosismo, dor de barriga, vontade de fazer xixi, que a mão comece a suar. Tente manter a calma e falar de maneira firme, em um tom de voz agradável e pausado. Não acelere, fique atento à velocidade e à altura de sua voz.

Respire fundo. Se você costuma ficar angustiado em uma entrevista, faça um roteirinho e anote itens básicos que não pode esquecer de dizer. O excesso de nervosismo pode causar um apagão na memória. Se você, por exemplo, participou do *The Voice*, não pode esquecer de contar isso para o entrevistador. Essa é uma informação muito relevante.

Concentre-se e repita: "Não posso deixar de falar da minha experiência profissional, não posso deixar de falar da minha força de vontade e do quanto sou uma pessoa disciplinada. Do quanto eu amo tudo isso". Essa paixão, energia e entusiasmo agradam muito os produtores. Mas a paixão não deve dar espaço para uma postura exageradamente emocional.

Você tem a força

As emoções devem estar sob controle. Não estou dizendo para que você se transforme em um robô, mas é preciso deixar de lado demonstrações excessivas de emoção, que podem ter efeitos colaterais negativos. O jovem talento não fará um bom marketing pessoal se não acreditar em si próprio. Ele precisa deixar de lado as crenças negativas de que não é bom, de que não é uma pessoa autônoma. Imaginar que tem gente melhor que ele é algo que nunca trará bons resultados. Esses pensamentos são criados por nossa mente e costumam não ter qualquer justificativa real. No momento em que o talento tem em mente que ele é alguém que pode alcançar bons resultados e que é uma pessoa com características únicas, começa a acreditar em si mesmo, e, consequentemente, as coisas começam a se desenrolar. A força está com você!

É preciso ter também uma boa dose de atitude, ser muito proativo e, em alguns momentos, cara de pau. Há contextos em que o talento e seus pais é que tomam a iniciativa de bater na porta de algum produtor ou agência; nesses casos, é importante o talento transmitir confiança em seu trabalho e manter-se tranquilo. Por que não ter a atitude de contatar diretamente produtores e agências? Essa possibilidade precisa ser cogitada. As chances de o talento estar no lugar certo, na hora certa, vão aumentar muito. Há muitos exemplos de artistas de sucesso que não se intimidaram ao ouvir nãos, que continuaram abordando produtores e agências e foram recompensados por seu esforço com excelentes oportunidades de trabalho.

Não devemos nos esquecer, no entanto, de que a distância do inferno para o paraíso pode ser de apenas um passo. Ser perseverante é uma coisa; ser insistente e chato é outra. Não seja uma daquelas pessoas chatas que insistem sempre no mesmo assunto. O chato é aquele que não tem o timing, que não sabe a hora certa de falar e de se calar. Tente sempre se colocar no lugar do outro. Pergunte-se: "Será que estou sendo desagradável? Estou sendo um bom ouvinte, ou só eu estou falando?". É muito importante que você desenvolva um desconfiômetro e um senso de autopercepção.

Produtor gosta é de workshop

Estamos tratando aqui das melhores atitudes que os jovens talentos podem ter quando estiverem diante de um produtor que os avaliará. Mas qual é o contexto e a situação em que os produtores, os agentes e os bookers gostam de ser abordados? Eles gostam de avaliar os talentos nos workshops, que são cursos de curta duração — geralmente, dois ou três dias —, mas muito intensos. São como uma imersão no mundo artístico desenvolvida por produtoras e agências e têm por objetivo a aproximação com os jovens talentos.

A grande vantagem do workshop é que nele todos os produtores estão focados em avaliar os talentos. Se você coloca seu portfólio debaixo do braço e vai até a agência se apresentar, pode encontrar o produtor em um dia ruim, de mau humor ou estressado. Nos workshops, isso tem uma chance menor de acontecer.

Eu gosto bastante do formato dos workshops. Quando a organização é séria, vale muito a pena participar. Ali, o talento vai ter um grande aprendizado e vai se aproximar do produtor, já que, ao final desses workshops, os talentos costumam desenvolver materiais que serão analisados pelos produtores.

Não podemos nos esquecer de que a procura de espaço no mercado pelos jovens talentos é uma via de mão dupla, com interesses que se deslocam nas duas direções. Os talentos querem entrar no mundo artístico, e esse mundo também precisa de talentos, pois são eles que movimentam os negócios. Portanto, não se trata de uma loteria, na qual os talentos vencedores são escolhidos ao acaso. Quando uma pessoa é muito boa, ela desperta o interesse do mercado. Se a pessoa está em estado de excelência artística, ela não tem o que temer. E, por estado de excelência, quero dizer: sentir-se confiante, possuir um bom material de apresentação e ter um histórico de estudo e prática dentro de sua área artística. Para além disso, a garra e vontade genuína de seguir na carreira também são itens superimportantes. Para essas pessoas, o mercado sempre estará de braços abertos.

No próximo capítulo, vamos tratar do papel fundamental dos pais para o sucesso da carreira dos filhos, os principais erros que eles podem cometer e as possíveis consequências dessas falhas na trajetória de um jovem talento.

6

A presença, apoio ou ausência dos pais determina o (in)sucesso do filho

Sem a participação dos pais, a carreira artística do filho dificilmente decolará. Os principais erros cometidos pelos pais ao administrar a carreira artística do filho. Como preparar o filho para um teste. Ter sucesso é melhor do que ser famoso. Filhos bem trabalhados recebem nãos na carreira e não desanimam.

Nas minhas palestras e encontros com os jovens talentos e seus pais, costumo ler um texto que diz muito sobre uma questão que representa um grande desafio para os pais. Esse texto trata com precisão e emoção da necessidade de cortarmos o cordão umbilical que nos liga a nossos filhos e deixá-los voar. O texto não foi escrito por mim. Não sei quem é o autor. Mas eu o considero uma reflexão bastante apropriada para o momento em que falo sobre o futuro profissional de jovens que querem ser artistas. É verdade que o cordão umbilical dá vida, nutre e faz a criança se desenvolver; entretanto, chega o momento, muitas vezes difícil de detectar, em que ele passa a amarrar o jovem, impedindo-o de seguir o caminho natural da vida, que é andar com os próprios pés, por sua conta e risco.

No texto, um pai fala com o filho. Mas poderia ser uma mãe falando à filha — as mães costumam ser mais participativas na caminhada artística dos filhos.

Meu filho, eu lhe dei a vida, mas não posso vivê-la por você. Eu posso mostrar-lhe caminhos, mas não posso estar neles para liderar você. Eu posso levá-lo à igreja, mas não posso fazer com que tenha fé. Eu posso mostrar-lhe a diferença entre o certo e o errado, mas não posso decidir sempre por você. Eu posso comprar-lhe roupas bonitas, mas não posso fazê-lo bonito por dentro. Eu posso lhe dar conselhos, mas não posso segui-los por você. Eu posso ensiná-lo a partilhar, mas não posso fazê-lo generoso. Eu posso aconselhá-lo sobre amigos, mas não posso escolhê-los por você. Eu posso informá-lo sobre álcool e drogas, mas não posso dizer não por você. Eu posso falar-lhe sobre sucesso, mas não posso alcançá-lo por você. Eu posso orar por você, mas não posso impor-lhe Deus. Eu posso falar-lhe da vida, mas não posso dar-lhe vida eterna. Eu posso falar-lhe sobre sexo seguro, mas não posso mantê-lo puro. Eu posso ensinar-lhe o respeito, mas não posso forçá-lo a ser respeitoso. Mas eu posso, sim, dar amor incondicional por toda a minha existência. E isso eu farei.

Seu pai

Eu não acredito que seja possível a um jovem desenvolver uma carreira artística sem o apoio dos pais ou da família. Normalmente, a criança ou adolescente precisa dos pais por razões que conhecemos de sobra: para sua educação, nutrição, cuidados com a saúde etc. Tudo isso, no entanto, pode vir de outras fontes, como outros parentes, instituições do Estado, orfanatos. O que é difícil que os jovens consigam fora da família é o apoio emocional e a segurança que só pessoas que os amam de maneira incondicional são capazes de dar. Essas pessoas quase sempre são o pai e a mãe.

Quando um jovem talento tenta desenvolver uma carreira artística sem contar com o apoio dos pais, ela costuma murchar rapidamente, como uma planta que nunca recebe água. Essa energia paterna é insubstituível, tanto que, quando um dos pais não acredita ou é contra a escolha do filho pelo mundo artístico, o risco de esse sonho se desmanchar no ar é enorme.

Balé? Não!

Recentemente, tive uma mostra disso. Em uma seletiva promovida pela MGT em Rio Branco, no Acre, conheci um menino de 6 anos que dançava balé. Ele tinha o dom do balé. Algo inato mesmo. Não fosse assim, como explicar que um menino de 6 anos que nunca fez curso de dança saiba tanta coisa sobre essa arte? Como entender o fato de que ele, tão novo assim, dizia com convicção que dançar era o que mais queria na vida? No entanto, o garoto tropeçava na seguinte situação: embora a avó e a mãe o apoiassem, o pai era contra seu desejo de ser bailarino.

Pelo que já vi em situações parecidas, provavelmente vai acontecer o seguinte: o garoto vai conviver com essa reprovação paterna durante muitos anos e vai ter de mostrar, por A mais B, que o balé é o amor de sua vida e que está determinado a seguir esse caminho. Vai ser uma luta emocional muito grande, porque, enquanto não houver a aprovação do pai, o menino não vai iniciar sua carreira. Talvez em determinado momento ele consiga autorização para fazer um curso. Quem sabe aos 18 anos ele comece a seguir essa carreira. Mas, a essa altura, talvez seja tarde demais.

Se os pais não apoiam integralmente os filhos desde o início, é muito difícil que estes deem certo no meio artístico. Às vezes, perde-se o timing, ou seja, o momento exato. No caso do menino do Acre que quer dançar balé, o tempo vai passar. E, se o pai continuar não respeitando o sonho do filho, não lhe dará a chance, por exemplo, de conhecer uma escola como a Bolshoi, que fica na cidade de Joinville, em Santa Catarina — única filial do Teatro Bolshoi fora da Rússia. Além da frustração do garoto, há o risco de o balé nacional perder um talento. Quem sabe ele não se tornasse um grande bailarino internacional. Estrelas não têm lugar certo para nascer. Pode ser no Acre, em Nova York, em Paris, na África, qualquer lugar.

Felizmente, há também os pais que acreditam, que pensam que o filho tem o direito de tentar seguir a carreira que deseja. Mas, entre esses, existem aqueles que só podem apoiar até certo ponto. Gostariam que os filhos se tornassem artistas; mas não podem acompanhá-los. "Eu gostaria que minha filha começasse na carreira, mas não tenho como levá-la às convenções ou testes. O que posso fazer?", me perguntou certa vez um pai. Eu disse: "Se você não pode, peça para a pessoa mais animada da sua família fazer isso. Quem é a mais animada? Quem é a mais descolada? A mais divertida, que está em estado de excelência, que vê a vida de uma forma positiva?".

Então, se você não tem tempo, peça a um familiar que tenha mais disponibilidade para acompanhar seu filho nos testes. Um padrinho, uma madrinha, uma tia, a avó. Algum adulto. Alguém que possua bastante equilíbrio emocional. O mais importante é que essa pessoa seja alguém que deixe o jovem talento tranquilo, à vontade e feliz de estar em uma convenção ou teste.

Já vi muitos pais levarem os filhos a testes e ficarem reclamando que a viagem foi cansativa, que tem muita gente esperando, que está demorando, que tudo é muito complicado. Tudo isso no ouvido do coitado do filho ou da filha. Com que espírito essa criança vai entrar na sala de testes e se apresentar para quem vai avaliá-la?

Fazer um teste desses já é por si só um desafio para qualquer um, imagine com a cabeça cheia de reclamações e mau humor dos outros! Teste demora mesmo, e tudo pode ficar mais difícil quando estamos com a mente negativa. O pai ou a mãe que fica reclamando passa uma energia ruim para o filho. A hora de fazer um teste, de correr atrás do sonho deve ser um momento feliz, gostoso. Não de ficar travado por conta dessas más vibrações.

Gestores de emoções

Já comentei o que os pais não devem fazer. Mas, afinal, como eles podem contribuir para o desenvolvimento dos filhos? Em primeiro lugar, ajudando-os na gestão de suas emoções. Temos de dar uma base emocional a nossos filhos. Principalmente para que eles não sejam tomados pela ansiedade. Não apenas a ansiedade que antecede um teste ou uma apresentação, mas aquela de fundo constante, que faz com que as pessoas tenham medo de desafios, não confiem em si mesmas.

Na minha opinião, um excelente antídoto para a ansiedade e a insegurança é desenvolver disciplina, constância. Se o jovem talento se aplicar de maneira organizada para desenvolver as qualidades necessárias para a carreira artística, seja ela qual for, menor será o espaço deixado para o improviso e para a sorte. Se estuda e treina o que é necessário para realizar um teste, o artista se sente preparado, no domínio do conhecimento. Dessa maneira, o que poderia provocar ansiedade e insegurança? Quando ele sabe o que é esperado dele, não precisa se preocupar com nada.

Ensinar as crianças a ter disciplina para atingir suas metas é o trabalho dos pais, embora, claro, o empenho dos filhos seja fundamental para que as coisas deem certo. Essas metas têm de ter sido decididas pelos filhos. Não faz sentido que eles se esforcem para satisfazer os objetivos dos pais ou de qualquer outra pessoa. Eles não vão fazer nada que não queiram realmente. Eu sempre falo nas minhas reuniões: "Temos de estar do lado do filho na gestão do sonho". Eu não vejo como um projeto de parceria entre pais e filhos pode dar certo se os pais não entendem minimamente do que se trata o sonho do filho. E entender isso passa por compreender que esse sonho é do filho, e não dos pais.

Por mais absurdo que possa parecer, há pais que marcam reuniões com agências, nas quais poderia surgir uma oportunidade de trabalho, e não levam o filho para fazer o teste, ou chegam atrasados. As agências estão lá aguardando, muitas vezes junto com um cliente interessado em conhecer o jovem talento, e o pai e o filho não aparecem. Sequer avisam. Nem é preciso dizer que a porta se fecha nesses casos. Talvez para sempre.

Se essa atitude fosse fruto apenas de preguiça ou falta de atenção, a coisa não seria tão desastrosa. Mas, em geral, o motivo é mais sombrio. O grande problema dos pais que agem dessa maneira é que no fundo eles não acreditam muito que os filhos podem dar certo. Há um pessimismo, um derrotismo em suas almas. A postura é a de que nada vai dar certo, de que tudo é complicado e demorado. Mas e daí? Ninguém nunca disse que as coisas seriam simples e rápidas. A vida do filho provavelmente não será um mar calmo e sem ondas — como a de todo mundo, inclusive dos pais. Temos de entender que a carreira é uma longa caminhada, que demora, exige estratégia, planejamento, dedicação, estudo, processos e gestão.

Talvez tudo isso pareça pesado demais para uma criança ou um adolescente carregar no dia a dia. Ter responsabilidades, uma agenda bem planejada, participar de reuniões e eventos são coisas desafiantes até mesmo para adultos. Mas eu insisto em dizer que isso é possível. Basta organizar tudo com sabedoria e sensibilidade. Crianças e adolescentes, por mais geniais e inteligentes que possam parecer aos olhos dos pais, são indivíduos ainda em formação. Ainda são imaturos e, por isso, podem ter dificuldade em entender a necessidade da disciplina e do foco para lidar com uma carreira que se desenvolve a longo prazo.

Dez erros de gerenciamento

Uma boa maneira de entender o que deve ser feito pelos pais é mostrar o que não deve ser feito. Preparei uma lista com os dez principais erros cometidos pelos pais que se propõem a gerenciar a carreira dos filhos.

1. **Não ter paciência**
   A carreira dos filhos tem de correr por uma extensa pista antes de levantar voo. O tamanho exato dessa pista, ninguém sabe

de antemão. Se os pais não tiverem paciência para esperar a hora certa de decolar e não entenderem que a carreira é um processo com um ritmo próprio, poderão se afobar e fazer com que tudo desabe.

2. **Não planejar**
No capítulo anterior, falamos bastante de planejamento. Quando não há projetos de curto, médio e longo prazo, é impossível definir a prioridade das decisões a serem tomadas. Com isso, não é possível trabalhar de maneira inteligente e disciplinada, e, consequentemente, os resultados serão fracos e duvidosos.

3. **Não se informar**
Não buscar conhecimento e informações a respeito da área artística escolhida pelo filho impede os pais de ajudá-lo a prevenir erros primários. O que são erros primários? É cair em armadilhas como, por exemplo, ser enganado por alguém que se passa como conhecedor da área mas só está interessado em ganhar dinheiro fácil; se colocar nas mãos de uma agência de talentos picareta; fazer um book caríssimo e desnecessário. A maneira de evitar esses enganos é se informar sobre a seriedade dos fornecedores. Isso pode ser feito por meio de pesquisas na internet ou com pessoas que já utilizaram os serviços. O universo das profissões artísticas não é mais perigoso do que qualquer outro, mas deve ser percorrido com cuidado e muita informação.

4. **Ser impulsivo**
Agir por impulsividade, sem refletir, ou movido pela ansiedade é um erro que pode induzir à tomada de decisões erradas. Fazer as coisas confiando apenas no instinto e por impulso é o contrário de ter um bom planejamento.

5. **Não poupar**
   A carreira artística exige investimentos. Deslocamentos para cidades distantes para entrevistas com produtores, cursos, viagens ao exterior, roupas, contratação de prestadores de serviços, tudo isso custa dinheiro. É preciso ter uma reserva antes de iniciar a carreira. E, quando ela começa a produzir seus primeiros resultados econômicos, deve-se sempre reservar parte do dinheiro para gastos futuros. Sem uma retaguarda financeira, os próximos passos na carreira podem ficar comprometidos. Sugiro sempre guardar 10% de todos os recursos que entrarem e colocá-los em alguma aplicação financeira.

6. **Fazer investimentos ruins**
   Este item é um desdobramento do item número 3: "não se informar". Por falta de conhecimento, ou por acreditarem em falsas promessas, os pais muitas vezes investem em cursos e materiais de má qualidade e contratam serviços de agências não confiáveis. De novo, a internet é um bom canal para checar que serviços de fato têm qualidade.

7. **Não procurar ajuda**
   Muitos pais não buscam assessoria especializada e tentam resolver tudo sozinhos. O meio artístico, por ser uma indústria muito concorrida e com muitos interesses envolvidos, não é um lugar para amadores. Busque e contrate profissionais e empresas sérias e com boa reputação para orientar seu filho.

8. **Criar um Frankenstein**
   Tentar mudar a personalidade e a essência do filho é um erro que pode trazer consequências graves para a carreira, além de sofrimento para o jovem. Tente imaginar como seria para você mudar seu jeito de ser para atender ao pedido de alguém.

Se você é uma pessoa calada, como seria se tivesse que se tornar falante de repente? Se você é falante, informal e muito bem-humorado, como se sentiria se fosse obrigado a agir sempre de maneira formal e séria? Difícil, não é? Na verdade, é impossível. Mas há pais que tentam fazer isso com os filhos. É um caminho que não leva a lugar nenhum.

9. Não ter iniciativa

O conformismo e a falta de empreendedorismo deixam a carreira de seu filho ao sabor dos acontecimentos. Ela vai para frente, depois retrocede, terminando no mesmo lugar ou andando em círculos. Conformismo é ver tudo como impossível de ser transformado. É acreditar que não dá para fazer nada para melhorar as coisas, que tudo é superior ao seu esforço. "Ah, eu moro no interior, aqui tudo é difícil, não vai dar certo, não tem como mudar", gente sem iniciativa costuma dizer. É ser sempre negativo. Uma vez, fui a uma cidade da Amazônia, e, conversando com jovens de lá, eles se queixaram: "Aqui não tem curso de cinema, não temos como nos preparar como atores, diretores ou produtores". Eu falei: "Opa, não tem? Que coisa boa! Vamos montar um?". Esse é o pensamento não conformista e empreendedor. Não tem? Monte. Não existe? Organize.

10. Achar que ter sucesso é ser famoso

Acreditar que uma carreira no meio artístico só será bem-sucedida se a criança se tornar um artista superfamoso é aceitar sem qualquer crítica uma visão distorcida do significado de sucesso profissional. Entre o sucesso e a fama, eu prefiro sempre o sucesso. Isso porque ter sucesso significa ser feliz com aquilo que se faz. Além disso, a fama é algo que, quando chega para pessoas que não estão preparadas, pode ser instável e enganosa, além de colocá-las sob uma pressão constante, atrair falsas amizades, que querem tirar proveito, causar inveja e acabar com a privacidade. Não tenho nada contra a fama. Mas é preciso entender que ela tem de ser encarada como a consequência de um trabalho, não como um objetivo em si.

Essa questão da fama é de grande relevância para mim. Eu acredito que um ou outro talento se tornará uma celebridade, mas todos podem obter sucesso e se realizar profissionalmente no meio artístico. Eu gostaria que as pessoas saíssem das minhas convenções ou terminassem a leitura deste livro acreditando sinceramente nisso. Todos podem ter sucesso! E atingir isso depende de tudo o que venho falando até aqui. Mesmo que jamais seja alguém conhecido e nunca esteja na Rede Globo, você ainda pode ser muito feliz e realizado profissionalmente. Ser famoso não depende só do próprio esforço. Ser feliz, sim.

Silvana e Gilberto, pais de Larissa Manoela: o equilíbrio entre dois papéis

Foi por causa de um comercial de antenas parabólicas protagonizado pelo ator Lima Duarte, que Silvana Taques e Gilberto Elias Santos desconfiaram que a filha deles, Larissa Manoela, tinha uma queda pelo meio artístico. A propaganda, veiculada na tevê, trazia uma longa fala do ator sobre a qualidade da antena, e Larissa decorou o monólogo com facilidade. Embora tivesse apenas 4 anos, ela repetia as falas de Lima Duarte sem esquecer nenhuma palavra. Talvez por isso, Silvana, então professora na rede pública de ensino, e Gilberto, representante comercial, não tenham ficado completamente surpresos quando foram abordados em um supermercado em Guarapuava, no Paraná, cidade onde viviam, por uma scouter do Projeto Passarela. A moça encantou-se com aquela garotinha de marias-chiquinhas que "andava pulando e rebolando como se fosse uma minhoquinha", segundo a própria Silvana.

A scouter deu a eles um folheto sobre um concurso de modelo e atriz que Marcelo Germano iria promover na cidade dali a alguns dias e os convidou a levar Larissa até lá. Na hora em que ouviu isso, Larissa, a "minhoquinha", gritou de alegria e disse que sim, queria ir. Mas seu pai pisou no freio. Não queria que sua filha única participasse de concurso nenhum. "Uma amiga nossa tinha caído na mão de um picareta certa vez, e usaram a foto dela de maneira indevida, foi horrível, aquilo me marcou e criei um preconceito contra esse tipo de evento. Esse era o motivo da minha objeção", explica Gilberto. Mas Larissa insistiu. Queria ir, queria que eles fizessem sua inscrição. A scouter explicou como seria o evento, que todos poderiam ir e não haveria problema algum.

Silvana e Gilberto acabaram cedendo. No evento, Larissa ganharia os primeiros lugares em fotogenia, interpretação de texto e desfile em passarela. O concurso aconteceu em dezembro de 2005, quando a garotinha estava prestes a completar 8 anos. Nesta mais de uma década que se seguiu, Larissa experimentaria uma extraordinária carreira como modelo, atriz e cantora (leia entrevista da própria Larissa Manoela no Capítulo 11). Esse furacão, como não poderia deixar de ser, atingiu de maneira direta e definitiva a vida de Silvana e Gilberto.

Nos dois anos seguintes ao concurso, eles se revezaram indo e voltando de Guarapuava para o Rio de Janeiro e São Paulo, acompanhando a filha em testes e trabalhos. Como essa rotina começava a pesar, decidiram, em 2007, se mudar para São Paulo. Tornaram-se empresários da filha, uma relação que, eles admitem, exige grande cuidado para não invadir o território de pais. Mas o crescimento e a complexidade dos negócios que se seguiriam, com contratos na tevê, shows musicais, lançamento de livros e CDs, os obrigaram a abrir uma empresa para gerenciar os negócios da filha e a fechar um contrato com uma empresa especializada para organizar os shows musicais de Larissa. No início de 2017, a estrutura em torno da cantora e atriz somava 33 pessoas, com seus pais ainda à frente dos negócios. Desde o início e ao longo de toda a carreira de Larissa Manoela, Marcelo Germano vem mantendo um estreito contato com Silvana, Gilberto e Larissa. Ele participa, com sugestões, das decisões empresariais que são tomadas.

Não existe uma fórmula pronta para separar as funções de pais e empresários

"A linha que separa nós pais da Larissa de nós empresários dela é muito tênue. Não há dúvida de que nossa prioridade é sermos pais e educadores. Temos de passar para ela nossos valores, mas não existe uma fórmula pronta que nos ensine a conduzir esses dois papéis, evitando eventuais confusões entre eles. De qualquer maneira, estamos conseguindo conduzir de forma correta essa questão e separando a parte empresarial da emocional", diz Gilberto. Silvana tem uma opinião semelhante: "Ela é uma adolescente como qualquer outra e precisa de nós para ter uma estrutura que crie as condições necessárias para que ela usufrua das oportunidades que esse dom lhe proporciona".

Ela é a artista, é ela que tem de escolher os trabalhos que quer fazer

"Não há nenhum compromisso profissional que a Larissa assuma que não tenha sido antes aprovado por ela mesma. Não que ela decida da cabeça dela o que vai fazer ou não. Não podemos nunca esquecer que ela tem 16 anos. Sempre deixamos claro para a Larissa que ela não tem qualquer responsabilidade de ser uma provedora financeira. Nós cuidamos dessa parte dos negócios

como empresários, mas também é uma responsabilidade nossa enquanto pais controlar os negócios. Mas, de novo, o que ela vai fazer na carreira tem de estar no gosto dela e lhe dar prazer. Ela é a artista", explica Silvana.

Larissa não conversa comigo como uma atriz, mas como minha filha adolescente

"Falando ainda desse desafio em separar pais e empresários, a gente tem as coisas bem organizadas. Todas as questões, tanto profissionais quanto pessoais, relativas à escola ou aos shows, são avaliadas por nós. Se enxergamos algo que não achamos legal, que poderá repercutir de uma maneira não positiva mais adiante, a gente senta com ela e explica: 'Olha, Larissa, isso não vai dar certo'. Muitas vezes ela reage como a adolescente de 16 anos que é e não concorda, diverge do que eu digo. Mas, quando conversa comigo, ela não é a atriz. Ela é minha filha adolescente, e é isso que ela quer ser, uma adolescente como qualquer outra", explica Silvana.

Ser uma pessoa pública tem o bônus e o ônus

"Como a Larissa está na vida artística já há algum tempo, nós a preparamos para o assédio dos fãs. Mas é inegável que qualquer pessoa pública perde uma boa parte de sua liberdade. Desde o começo, eu já falava para ela: 'É isso que você quer para sua vida? Tem o bônus, mas também tem o ônus de se tornar uma pessoa pública, você vai ter de se privar de muita coisa'. Ela sempre aceitou. Mas seria hipocrisia dizer que tudo é uma maravilha, que não tem horas em que ela quer sumir, se isolar. Faz parte, né? Todo mundo tem seus dias de inferno astral. Quando fomos para Nova York, ela foi abordada várias vezes. Na Disney também", ressalta Gilberto.

"Eles me tratam como uma pessoa normal"

"Ser famosa pode trazer problemas. No caso da Larissa, vejo que um dos medos dela está relacionado a se aproximar das pessoas. Primeiro porque há pessoas que se aproximam por interesse, coisa que eu já presenciei várias vezes. E segundo porque muitas pessoas se afastam dela achando que ela é metida, inacessível. Ela ficou muito feliz quando começou a fazer o filme Meus 15 anos, que está previsto para ser lançado no meio de 2017. Embora isso a tenha obrigado a gravar durante a noite e a madrugada, das 18h30 às sete horas da manhã, o fato de estar contracenando com atores mais velhos do que ela, que não a tratam como um ídolo, e sim como uma profissional, a encheu de alegria. Ela está amando isso. Outro dia, veio me dizer: 'Mãe, eles me tratam normal, não tem aquele negócio de 'ai, a Larissa Manoela está aqui'. Se fossem adolescentes ou crianças, certamente ficariam paparicando-a o tempo todo", afirma Silvana.

A pipa e a âncora

"Nunca vamos nos esquecer do que o Marcelo Germano fez por nós. E ainda faz. Minha filha diz que ele é o pai profissional dela. Ele foi o visionário que identificou o valor artístico da Larissa, como fez com tantos outros talentos, filhos de outras pessoas. Silvana e eu estamos começando a produzir outros jovens talentos, e o Marcelo está nos apoiando nisso também. Ele sempre terá a minha gratidão", afirma Gilberto. "O Marcelo foi quem bateu os olhos na Larissa e a fez ser o que é hoje. Durante muito tempo, ele foi a âncora que nos deu segurança. Mas também nos fez voar, como voam as pipas de papel. Então é isso: Marcelo Germano é a nossa pipa e a nossa âncora", diz Silvana.

O primeiro teste

Até aqui, chamamos a atenção para algumas providências e posturas que antecedem o momento em que o jovem talento mergulhará de cabeça na carreira propriamente dita. Primeiro, vem a descoberta pelos pais ou pela família de que há naquela criança ou adolescente um talento e uma paixão que podem ser desenvolvidos. Em seguida, pessoas especializadas vão confirmar se esse talento realmente existe. O próximo passo é dado se os pais decidirem que vão apostar no talento do filho e, então, procurar profissionais qualificados que os ajudarão nessa caminhada. Depois, chega o momento em que o jovem é chamado para o primeiro teste ou casting, que pode, caso tudo corra bem, resultar em uma proposta de trabalho.

O momento do teste é sempre cheio de expectativa e tensão. E as atitudes dos pais nessa hora podem ser cruciais para que o filho entre no meio artístico pela porta da frente. É de suma importância que os pais acompanhem os filhos até o local do teste, e também é preciso que todos estejam preparados para tirar o máximo proveito dessa oportunidade. Por isso, fiz mais uma lista, agora com orientações de como os pais podem se preparar para chegar nesse dia tão importante nas melhores condições possíveis para ajudar o filho a ter um bom desempenho diante de seus avaliadores.

1. **Controle a ansiedade**
Quando atendemos o celular e ouvimos alguém convidando nosso filho para algo que estamos esperando com grande expectativa, podemos ser tomados por uma grande ansiedade. Nesse momento, é comum ficarmos tão acelerados que nos esquecemos de perguntar coisas importantes. Se o convite é para um teste em uma agência, não podemos deixar de fazer perguntas como: que tipo de teste será feito? Com que roupa meu filho deve ir vestido? Existe algum texto predefinido? Ele vai cantar

em playback (nos casos em que o acompanhamento da música já está gravado)? Qual é o horário do teste?

Saber o objetivo do teste e o cliente para o qual ele se destina também pode ajudar no desempenho. Anote tudo. Às vezes, o pai ou a mãe fica tão ansioso, tão feliz com o convite para o teste, que esquece tudo o que foi dito. E chegue com seu filho antes do horário marcado. Evite atrasos.

2. Seja discreto

Não fique postando na rede social que seu filho vai participar de um teste. Se fizer isso, depois as pessoas vão ficar perguntando se deu certo, se não deu, e você vai ter que dar satisfação para um monte de gente. Isso sem falar dos comentários negativos que sempre aparecem: "Ih, fulano foi aprovado nesse mesmo teste e nunca o chamaram" ou "Essa agência chama para testes, mas é tudo mentira, não tem cliente nenhum". Melhor não ouvir isso, não é? Guarde seus projetos em silêncio!

3. Menos é mais

Menos produção, menos maquiagem, menos acessórios. Um look básico é suficiente. Um jeans, uma blusa simples, um vestidinho simples se for criança. Nada de estampas muito coloridas, brilhos. De fato, o look ideal é a roupa que seu filho usa normalmente — claro, ela deve estar passada e limpinha. Usar algo espalhafatoso vai fazer com que os avaliadores fiquem hipnotizados pela roupa e se esqueçam de olhar para o talento. Nada de roupa vulgar também, tenha cuidado com isso. Nada de deixar o corpo à mostra.

4. Fique zen

A pessoa que for acompanhar o jovem talento no teste deve estar tranquila e equilibrada emocionalmente, como um monge. Do contrário, só vai aumentar o nervosismo do jovem talento.

Comentários desastrosos ("Não vai errar, hein?") e queixas ("Olha a viagem que nós fizemos, que cansativa"; "Só Deus sabe o que eu estou passando vindo até aqui") terão o mesmo efeito de um balde de água gelada sendo derrubado sobre a cabeça do jovem. Muitas vezes, quem acompanha o talento no teste descarrega nele um caminhão de emoções totalmente fora de hora. Portanto, esteja equilibrado para não desequilibrar o candidato.

5. **Encoraje seu filho**
Fale para seu filho: "Você é o meu vencedor, não importa o resultado"; "A caminhada já está valendo, pois cada teste é um crescimento". Na hora de ir para o teste, tenha só pensamentos felizes, bons, leves e equilibrados. E sempre é bom lembrar: é apenas um teste. A vida e a alegria dele valem mais do que qualquer teste.

6. **Não compare**
A ansiedade por si só já faz com que o jovem talento se compare com os concorrentes, por isso é fundamental que os pais evitem comparar os filhos com os outros participantes do processo seletivo — e até mesmo com os irmãos.

7. **Fique na sua**
Quando estiver na sala de espera aguardando a vez de seu filho, evite ficar próximo de pessoas que não param de falar mal do mundo, do país, do governo, da organização, do teste, da demora, disso e daquilo. Procure ficar perto de pessoas iluminadas, que têm mais serenidade, experiência e gratidão por estar ali. Isso trará tranquilidade para seu filho.

8. **Procure por mentores para seu filho**
Enquanto estiver na sala de espera, fique atento ao ambiente e enxergue os profissionais que estão circulando ali como possíveis

mentores para seu filho. Como já disse anteriormente, todos precisamos de mentores. Quem sabe eles não estão ali, muito mais próximos do que você e seu filho imaginam? Boa parte dessas pessoas que hoje trabalham em diferentes funções em agências, eventos e convenções já passou por testes parecidos, têm experiência e podem ensinar ao jovem talento os melhores caminhos. Que outro lugar seria melhor para fazer contatos e encontrar ajuda para o desenvolvimento de seu filho do que nos bastidores de um teste?

9. **Inspire, expire**
Antes do teste, ajude seu filho a fazer um trabalho de respiração. O ideal é que ele inspire e expire dez vezes; cada vez deve ter a duração de trinta segundos. Converse com seu filho, peça que imagine coisas boas, que agradeça por estar ali, por ter essa oportunidade. Diga a ele que não importa o resultado, o que importa é a alegria do momento.

10. **Simples e objetivo**
Na hora do teste, é importante que seu filho seja ele mesmo, que não seja formal, não use palavras difíceis, não fale baixo nem rápido demais. Os pais podem ajudar os filhos preparando-os para os testes. Que tal uma conversa ou até mesmo uma simulação de uma entrevista? Recomende que ele fale num ritmo bacana, que seja gostoso de ouvir e fácil de entender, que não atropele as palavras e não se esqueça de responder nenhuma pergunta. Diga a ele para escutar bem a questão e não ficar tentando encontrar a resposta enquanto a pergunta ainda está sendo feita — não prestar atenção nas perguntas e responder algo totalmente diferente do que foi perguntado pode ser um erro fatal. Ressalte a importância de ser objetivo e verdadeiro.

11. Compartilhar os pontos fortes do talento no momento certo

Durante a entrevista, seu filho terá pouco tempo para mostrar quem ele realmente é. Para ajudá-lo a não esquecer de contar quais são seus pontos fortes, seus diferenciais, os pais podem criar uma lista de qualidades para o filho abordar durante a entrevista. Essa lista deve conter os cursos que ele faz, os instrumentos que toca, se canta, se dança.

12. Mostre seu olhar

Os avaliadores experientes são capazes de avaliar os jovens talentos apenas pelo olhar destes. Eles leem almas. O olhar do seu filho mostra quem ele é. Por isso, ele não deve desviar os olhos nem olhar para baixo. Deve olhar nos olhos da banca de examinadores. Passe essa recomendação para seu filho antes do teste.

Quando seu filho estiver se apresentando, tente não se impressionar com a expressão facial da pessoa que o está avaliando. Em geral, se alguém tem a expressão séria e fechada, a primeira coisa que nos vem à cabeça é que ela não está gostando do que está vendo ou ouvindo. Mas isso é bobagem.

13. Diga "muito obrigado"

Ao terminar o teste, tanto o talento quanto o pai devem agradecer pela oportunidade. Fale à agência ou ao produtor que, independentemente da distância, vocês estão disponíveis para um novo teste. E que qualquer feedback é bem-vindo, pois ele irá melhorar a caminhada do talento.

14. Leve o feedback a sério

Feedback é uma resposta a determinada atitude ou acontecimento. Recomende a seu filho que ele peça um feedback no final do teste. O feedback pode não ser exatamente o que ele gostaria de ouvir, algo como: "Da próxima vez, tente cuidar de sua ansiedade, você está tremendo demais!". Esse tipo de retorno é importante para que você e seu filho saibam o que é preciso melhorar, qual ponto deve receber mais atenção. Para mim, o feedback é uma benção disfarçada. A única maneira de seu filho melhorar é absorvendo e trabalhando positivamente esse tipo de crítica.

15. Parabenize
Celebre com seu filho, parabenize-o, independentemente do resultado. Diga a seu filho o quanto ele é especial. Diga o quanto está feliz por ele ter chegado até ali depois de tanto esforço. Isso não é pouco. Muitos desistem diante do primeiro obstáculo.

Enfrentando a ansiedade pós-teste

Então, o teste foi feito. O jovem talento foi bem, os produtores gostaram do que ele mostrou. Agora, é sentar e esperar ser chamado. Como o jovem está ansioso, o tempo para ele gira em uma velocidade diferente do que para os demais. O tempo é sempre relativo — passar trinta minutos na praia, sentado em uma espreguiçadeira, diante de um mar azul, ao som do vento soprando nas folhas dos coqueiros, é diferente de passar trinta minutos sentado na cadeira do dentista com uma broca na boca, não é mesmo? Na praia, os trinta minutos voam, enquanto no dentista se estendem pela eternidade.

Cabe aos pais cuidar da ansiedade do filho. Eles devem explicar como funciona o mercado artístico. Muitas vezes, temos certeza de que as oportunidades vão aparecer, e rápido. Mas nem sempre é assim, e os pais devem ser verdadeiros com os filhos. O mercado tem suas próprias leis, que muitas vezes frustram nossas certezas. Eu sempre aconselho os pais a contarem sua própria história para os filhos — todos temos uma história de mazelas e bons momentos, vitórias e derrotas.

Seja a resposta do teste positiva ou negativa, o que o jovem talento deve fazer é continuar os estudos, a busca pelo conhecimento. Essa é a maneira mais segura de fazer os bons resultados aparecerem. A busca por conhecimento sempre resultará em maiores chances de entrar no mercado. Uma saída para se desenvolver enquanto não é chamado para um trabalho é ser um empreendedor. Criar suas próprias produções, suas próprias oportunidades. Eu mesmo fiz isso quando tinha 16 anos, com as primeiras aulas de modelo que promovi. Não sou uma pessoa especial, não tenho nada de diferente dos outros. Qualquer um pode ser um empreendedor.

A ansiedade por resultados imediatos não é apenas dos filhos. Alguns pais costumam sofrer de imediatismo agudo, querem que tudo dê certo do dia para a noite. Presenciei um caso assim. Em uma de nossas convenções, um pai apresentou seu filho para as agências, para os produtores e, quando o evento terminou, tinha certeza de que tudo seria maravilhoso, perfeito, de que o filho chegaria a uma Rede Globo. Só que não foi assim. Nós sempre falamos para os pais que não é assim. Mas muitos deles não entendem isso.

Um dos fatores que causa ansiedade nos pais é o retorno do dinheiro investido na preparação do jovem talento. Muitas vezes surge entre os familiares uma interrogação sobre quando virá esse retorno. Por falta de informação sobre como o mercado funciona, a família, o pai, a mãe esperam por um retorno imediato do que foi investido. "Tem que render algum dinheiro", "Tem que dar certo", pensam. Com isso, surge uma pressão, no final das contas, sobre o próprio jovem talento, o que, claro, não torna as coisas mais fáceis para ele.

E essa necessidade de retorno rápido faz com que muitos pais caiam em ciladas. Uma delas é interferir, sem ter o conhecimento necessário para isso, na forma de apresentação do filho. "Envelhecem" o filho antes do tempo. Produzem demais os filhos para um teste, maquiam-nos demais, não respeitando a idade, nem a maneira de agir da criança ou adolescente.

Mil maneiras de dizer não

Ouvir um não nunca é fácil. E dizer um não para um jovem talento não é algo que se pode fazer sem tomar alguns cuidados. Ao longo dos anos, acredito ter desenvolvido uma maneira construtiva de fazer isso. Em primeiro lugar, considero a idade do talento para o qual vou dar o feedback. Se for uma criança, eu digo: "Parabéns, é sua primeira vez. Se você não for aprovada, não fique chateada. A gente está procurando uma pessoa que tem um perfil, um jeitinho especial, e sua carinha não é tão parecida com a do personagem que a gente precisa. Mas isso não quer dizer que você não é boa. Você é ótima! Parabéns por estar aqui hoje!". Assim, com transparência, eu a coloco num estado positivo e explico por que está recebendo um não. Isso é importante para que ela não fantasie as coisas. A pior coisa que pode acontecer é ela começar a fantasiar o porquê de não ter sido aprovada.

Se for um adolescente, ou um jovem adulto, também digo a verdade. Por exemplo, no caso de uma pessoa que quer ser modelo fashion mas não passou em um teste, eu tento explicar, de uma forma positiva, os porquês de ela não poder ser modelo de passarela. Mas também mostro que ela tem outras oportunidades dentro da área. "Você realmente é muito bonita, mas eu não vejo em você um perfil de passarela." E explico o motivo. "Não vejo isso por conta de sua altura e das medidas do seu quadril, que não atendem às exigências das modelos fashion. Mas entendo que você tem um perfil para modelo comercial. E hoje o perfil comercial dá muito mais retorno do que a passarela."

Ou seja, eu falo o não e por que não. Explico por que ela não serve para aquilo. Esse cuidado é obrigatório; a falta dele pode chegar e destruir uma carreira, uma vida. Eu não posso dizer: "Você não serve para ser modelo, você está muito acima do peso". Além do cuidado, tenho de me limitar à minha especialidade, que é identificar talentos. "Ah, você não foi aprovada por causa de seus dentes, tem que botar aparelho." Oras, eu não sou dentista para dizer isso. Agora, seria aceitável se eu falasse assim: "Sugiro que você procure um dentista, pode ser que você precise fazer alguma correção em sua dentição, porque isso vai ser bom para sua estética. Não sei em que momento. Seria ótimo se você consultasse um especialista".

Mesmo no caso de alguém que pareça não ter talento algum para a área, a abordagem também deve ser positiva e incentivadora. Não vou dizer algo determinante como: "Você não pode ser modelo, você não tem talento para isso". Algo assim seria complicado e perigoso. Há inúmeras ramificações nas carreiras artísticas, e a pessoa pode se encaixar em uma delas. Assim, tento direcioná-la para outra área. De uma forma suave. Então, posso dizer não e apontar outras possibilidades dentro da indústria da moda: "Olha, é muito bacana, gostei do seu teste, mas eu recomendaria você para a área de elenco. Por que elenco? Hoje, é uma área muito promissora. Mas você também pode dar certo em uma série de ocupações, como produtor, roteirista". Isso não é enganar o talento, e sim dar rumos. Ele veio até mim para receber respostas, e eu estou dando uma resposta. Além disso, experimentar outras atividades, ter outros sonhos é algo positivo.

Sem frustração

Essa abordagem não gera frustração no jovem, desde que ele tenha sido bem orientado pelos pais. Ninguém se frustra se é bem trabalhado, bem instruído. Nunca me esqueço de uma conversa que tive com um pai durante um evento em Los Angeles, na Califórnia. Ele se aproximou e me agradeceu. Falou que era grato pelo fato de seu filho ter participado de minha convenção. O filho não continuou a busca por uma carreira na área artística, mas esse pai disse estar feliz pela oportunidade que o filho tinha tido de participar, experimentar, conhecer e vivenciar tudo que havia sido falado sobre a carreira. Após participar de todos os passos que os jovens talentos percorrem, o garoto entendeu como funcionavam as coisas e viu que aquilo não era o que gostaria de fazer. Ele teve a oportunidade de fazer uma escolha consciente.

As frustrações se dão quando o jovem e seus pais tentam entrar na área artística como se fosse uma aventura, sem planejamento estratégico, sem base. De novo, se o jovem é bem trabalhado, se tem os pés no chão, não será atingido por tristezas ou frustrações. Se o jovem entende como funciona o plano de negócio, ele aprende a calcular os riscos e, embora possa até se sentir triste por não conseguir uma ou outra oportunidade, nunca duvidará de si mesmo. Ele entenderá que a carreira é feita também de nãos.

Em resumo, um não nunca significa o fim de uma carreira. É apenas um acidente de percurso, algo que faz parte de qualquer empreendimento humano. Não há casos de pessoas que só ouviram sim em suas vidas profissionais. Mas, como já foi dito, a trajetória artística exige um trabalho contínuo de preparação. Isso tem de ser feito de maneira planejada.

A agenda de compromissos do jovem também faz parte desse planejamento. Ela não pode ser confusa ou pesada demais para ele, com compromissos que se atropelem. Mas como organizar essa agenda? Como fazer com que o dia a dia do jovem talento seja organizado, disciplinado, mas sem ser sufocante, triste ou sério demais? Imagino que alguém vá dizer que estou abusando do uso de listas para expor minhas ideias. O leitor tem razão, mas peço paciência para trazer mais esta lista. É a última deste capítulo, prometo. Nela apresento dez recomendações para planejar e administrar a agenda do jovem talento.

1. **Estudo em primeiro lugar**
   O estudo formal, básico, é um compromisso do qual não se pode abrir mão. Se o talento frequenta a escola pela manhã, por exemplo, os compromissos, cursos e treinamentos relacionados à carreira artística devem ser agendados para o período da tarde. O estudo é a prioridade.

2. **Uma semana leve**
Evite lotar de cursos a semana de seu filho. Deixe que ele escolha um curso de que goste e que também o ajude estrategicamente em sua caminhada para o sucesso. Verifique sempre se a agenda não está pesada. Intercale os cursos com atividades próprias de uma criança ou adolescente normal. Ele precisa de tempo para brincar, sair com amigos, conviver com a família, praticar atividades físicas, ler, ter uma vida espiritual e, o que é importantíssimo, dormir o número de horas necessário para descansar e se recuperar. Em resumo, ele precisa levar uma vida equilibrada.

3. **Rotina necessária**
Todo mundo precisa ter uma rotina. Todo mundo precisa de regras. O ser humano necessita disso, e crianças e adolescentes mais ainda. É papel dos pais planejar a rotina dos filhos. Hora para estudar, para fazer curso, para ensaiar, para dormir, para acordar, para ficar sem fazer nada. Fazer um grande quadro com as atividades a ser realizadas é uma ótima ideia.

Um exemplo de uma rotina: a Mariana estuda pela manhã. Duas vezes por semana, ela estuda inglês das catorze às quinze horas e depois vai para o seu curso de teatro, que começa às dezesseis horas e vai até as dezessete horas. Então, ela tem três tardes livres por semana para estudar.

Mas, entre essas tarefas, Mariana precisa de um tempo de silêncio, de um tempo para ficar sem fazer nada. Ela tem que ter tempo para a família, para desligar o celular, sair de perto da tevê, conversar, falar como foi o seu dia, celebrar as conquistas em família e brincar com seus amigos. Sem uma agenda lotada de afazeres, ela conseguirá fazer tudo com excelência. Sentirá que a sua vida está nas suas mãos. Esse equilíbrio é necessário. Quase todos os problemas que enfrentamos acontecem porque queremos fazer tudo, ter tudo.

4. **Banco de reservas**
Tenha sempre uma carta na manga para o caso de surgir um trabalho inesperado. Pode ser que surja um teste em que nem o pai nem a mãe possa levar o filho. É hora de lembrar dos padrinhos, avós, tios. Isso tem de ter sido combinado anteriormente, claro. Nessas horas, todos são bem-vindos.

5. **Organização, não queixas**
"Ai, meu Deus, eu não consigo fazer tudo", "Olha o que você foi me arrumar com esse seu sonho", "Agora, minha vida está uma bagunça" são queixas típicas de pais que não são organizados e culpam os outros pelas dificuldades que têm em fazer a rotina do filho funcionar. Nenhum filho merece receber essa carga e sentir-se culpado por algo que não é de sua responsabilidade. Então, organize-se direitinho. Anote em uma agenda ou em uma planilha eletrônica o que tem de ser feito. Eu sempre digo que feliz é o pai que tem um filho que possui sonhos. Pior é ter um filho que não tem sonho algum e passa o dia inteiro deitado numa cama sem fazer nada.

6. **Contatos imediatos**
Mantenha contato semanal com os assessores e as agências, colocando-se sempre à disposição. Deixe atualizados os materiais de divulgação, vídeos etc. Faça postagens semanais sobre seu filho nas mídias sociais. Tem pai que reclama que o filho nunca foi chamado para nenhum teste mesmo depois de participar de uma convenção. Aí eu pergunto para esse pai: "Você foi atrás da agência? Visitou produtores?". "Não, estou esperando." E vai continuar assim, pelo visto. Quer dizer, você deve ter atitude, ser proativo. Quem não é visto não é lembrado.

7. **Rede social em dia**
Sua rede social, sua rede de contatos, sua network devem ser sempre atualizadas e abastecidas com novos contatos. É muito importante que as redes sociais do seu filho abordem assuntos interessantes, que agreguem conhecimento à vida dos leitores e seguidores. As pessoas querem conhecer as experiências profissionais e acompanhar o dia a dia de um artista. Portanto, as postagens devem ser verdadeiras. Não se pode nunca esquecer que é preciso ter cuidado com o que se coloca nas redes sociais. Fuja das ostentações e da tentação de mostrar o que seu filho não é. A autenticidade só tem a ajudar na trajetória artística.

8. **Busca pela autoridade**
A cada três meses, faça um curso ou workshop dentro de alguma área artística para se tornar autoridade no assunto e gerir melhor a carreira do seu filho. Pode ser um curso on-line, presencial, não importa, mas não deixe morrer a busca pelo sucesso. Dizem que, se passamos mais de três meses sem correr atrás de algo de que gostamos, nosso interesse pelo assunto desaparece. A gente esquece fácil das coisas. Os pais têm de conhecer os caminhos da área artística, ou não saberão orientar os filhos e terão grandes chances de tomar decisões erradas e prejudiciais.

9. **Olho no plano**
Confira periodicamente se o plano de negócios traçado para a carreira do seu filho está sendo executado de forma correta. Quais objetivos foram alcançados? Quais ainda têm de ser atingidos? O acompanhamento assíduo do plano vai mostrar se vocês estão se desviando da rota ou não.

10. **Diversão obrigatória**
Não se esqueça de que tudo isso tem que ser divertido. Os

pais são capazes de ler a alma do filho. Se perceberem que a coisa não está mais gostosa para ele, que ele está sofrendo, esgotado, é hora de dar um tempo, um intervalo, e rever o que está sendo feito. Algo deve estar errado no planejamento dessa caminhada, algum ponto deve estar deixando a desejar. Ou o seu filho está com uma carga pesada demais ou está sentindo falta de alguma coisa.

Cíntia Calizotti: conselhos aos pais

Desde que começou a trabalhar com Marcelo Germano, em junho de 2013, Cíntia é responsável por uma das funções mais delicadas dentro do Grupo MGT: cabe a ela direcionar e ajudar os jovens talentos a trilhar o caminho certo até o sucesso. É sua função, ainda, aconselhar os pais desses jovens e acalmar suas dúvidas sobre os passos que devem seguir. Cíntia, com sua equipe, está sempre disposta a atender pais e mães quando estes se afligem e se preocupam diante de algumas decisões que devem tomar sobre a carreira dos filhos. Ela também está sempre presente, compartilhando as horas difíceis e vibrando e comemorando nos bons momentos.

Não existe hora para falar com a Cíntia. Em qualquer momento do dia, por qualquer meio de comunicação, ela sempre está disponível e dá um bom atendimento àqueles que a procuram. Gestora artística do Grupo, Cíntia — que é irmã de Simone, esposa de Marcelo Germano — ama o que faz. Seu trabalho é encontrar os melhores caminhos, estratégias e profissionais para tornar concreto aquilo que Marcelo Germano deseja para os talentos que o procuram: realizar sonhos. Cíntia diz: "O segredo é ter muito carinho pelas pessoas, colocar-se no lugar delas e desejar tanto ou até mesmo mais do que elas que tudo dê certo".

Leia a seguir o que Cíntia Calizotti acredita ser mais relevante no trabalho que realiza com os jovens talentos e seus pais.

Os pais dos jovens talentos sentem medo no começo da carreira no meio artístico

A carreira artística é um mundo novo e inusitado tanto para os jovens quanto para seus pais. Eles não sabem bem o que esperar. E por isso costumam ficar amedrontados. Mas essa é uma reação normal. Afinal, o meio artístico pode trazer de fato uma sensação de instabilidade e insegurança. É uma carreira na qual os talentos podem encontrar tanto bons quanto maus profissionais. Por essa razão, ter cuidado é primordial. Na minha opinião, a melhor maneira para lidar com as aflições que podem surgir no começo da carreira dos jovens talentos é dar a devida atenção aos pais; tentar entender suas dúvidas e receios e se colocar no lugar deles, enxergando os riscos, reais ou imaginários, com o olhar deles. Tento fazer isso com o maior carinho. Quando faço esse contato, sempre busco imaginar como o próprio Marcelo atuaria naquela situação e tento passar o mesmo sentimento que ele tem pelos talentos e pais.

Quando o filho é chamado para um teste. Alegria ou susto?

Muitas dúvidas surgem logo que é feito o primeiro contato para que os pais levem seu filho ou filha para fazer um teste. Eles foram às seletivas e à convenção, ficaram torcendo para que surgisse uma oportunidade, mas, quando isso acontece, a maioria deles leva um grande susto. Não há nada de anormal nisso, já que agora é para valer, e não são todos os pais que estão de fato preparados para entrar nesse mundo desconhecido. No entanto, tal sentimento não costuma perdurar. Quando converso com eles, explico a importância do teste, como ele se dará, o que fazer e como se preparar. É gratificante perceber na maneira como eles me respondem que a apreensão vai dando lugar à alegria e ao entusiasmo. Sou eu que costumo dar aos pais e às mães a notícia de que seus filhos foram selecionados para um teste. Sempre me emociono com a alegria deles. É uma pena que eu quase sempre dê a notícia por telefone, pois eu gostaria muito de dar um abraço em cada um deles.

Para alguns pais, é um alívio a mais saber que Marcelo criou na MGT um departamento de ajuda de custo para testes. Para que o jovem talento possa contar com essa ajuda, primeiro é feita uma análise da condição financeira da família — trabalho feito por mim — e, caso seja comprovada a necessidade, arcarmos com despesas como viagem e hospedagem para que o jovem talento não perca a oportunidade de fazer um teste em outra cidade.

O desafio de encarar uma viagem para acompanhar o filho para um teste ou trabalho

A maior parte das dúvidas dos pais surge quando seus filhos são chamados para fazer um teste. Como tudo é muito novo, um turbilhão de insegurança e perguntas costuma surgir em suas cabeças: que roupa usar? O cabelo deve ser natural ou ter algum penteado? As meninas devem ir maquiadas? O que devo levar? Quando chegar na cidade do teste (em geral, Rio de Janeiro ou São Paulo), como faço para encontrar o lugar onde o teste será realizado? Onde devo me hospedar? Enfim, muitos não têm o costume de viajar e ficam assustados. Em geral, são as próprias agências que promovem os testes que esclarecem essas dúvidas para os pais, mas muitos deles nos procuram para ter essas respostas, e nós estamos preparados para auxiliá-los no que for preciso.

Essa necessidade de orientar os pais dos jovens talentos foi um dos motivos que nos levou a abrir um escritório em São Paulo, no início de 2017. Nele há uma equipe preparada para dar esse tipo de ajuda e direcionamento, além de acompanhar e ficar em contato com os pais para saber se tudo está dando certo. Por meio desse escritório, conseguimos prestar um apoio mais especializado, como, por exemplo, fazer um diagnóstico do que os talentos precisam melhorar caso estejam tendo dificuldades em ser aprovados em testes.

A rotina da família de um jovem artista pode mudar

A vida artística geralmente é algo distante da realidade da maioria das pessoas que têm filhos pequenos ou adolescentes. Dependendo do que acontecer, e do tipo de oportunidade que surgir, isso pode trazer uma grande mudança para a rotina da criança e dos pais. Quando os trabalhos a serem feitos exigem um tempo curto de dedicação, como uma campanha publicitária, comerciais, foto para catálogos ou participações em programas e desfiles, o impacto sobre o dia a dia é menor; no entanto, se o convite for para um trabalho que tenha um tempo maior de gravação, como em uma novela, um filme, uma série; ou se o convite for para apresentar um programa de tevê, o mais provável é que haja necessidade de uma mudança de cidade, algumas vezes temporária, em outras definitiva. Nessas situações, a menina ou menino, além de se dedicar às gravações, vai ter de continuar os estudos. E isso exigirá que, além de encontrar um local para residir, os pais também tenham de providenciar a transferência escolar.

Pode ser um grande desafio

Quando o talento é menor de idade, seu responsável terá de acompanhá-lo nessa nova rotina. A criança terá de ler e decorar textos para fazer as cenas, e, para isso, deverá ter disciplina, gostar do que está fazendo e ter o total apoio dos pais. Se for convidada, por exemplo, para uma novela, a menina ou menino, além de continuar a estudar, terá de passar algumas horas do dia em um estúdio gravando. E um dos pais, ou um responsável, terá de ficar próximo, acompanhando tudo. É ou não um desafio para a família do talento? Minha função é ajudá-los a pensar e planejar essa nova vida que pode bater à porta a qualquer momento.

Mas será que vocês querem isso mesmo?

Portanto, tenho esse papel de tentar acalmar os corações paternos. Quando eles estão angustiados, costumo lembrá-los de que isso que está acontecendo é algo muito importante na vida do filho ou da filha deles e que muita gente sonha com uma oportunidade como essa para seus filhos e não consegue. Então, agora que o que era desconhecido e parecia tão distante começa a se tornar realidade, eles começam a ver como a carreira artística acontece na vida real. Acho que essa é a hora de os pais se perguntarem: "É isso mesmo que quero para a vida de meu filho?". Surgir um trabalho para seu filho é uma coisa muito boa, mas os pais precisam analisar a proposta de todos os ângulos, refletir se ela é viável para a família. Haverá alguém para acompanhar o jovem? Essa pessoa está disposta a abrir mão de algumas coisas que considera importantes, talvez até mesmo da própria carreira? Todos vão ficar felizes com esse arranjo? Se isso deixar todos felizes, se a resposta for "sim" para todas essas perguntas, estou ali para dar todo o apoio.

Alguns pais entram neste mundo para satisfazer a vontade dos filhos

Passado o susto de o filho ser chamado para um teste, a maioria dos pais fica feliz. Mas existem alguns que não têm tanta certeza assim de que esse é o caminho certo a seguir. Muitos desses pais foram até a seletiva, até a convenção apenas para satisfazer a vontade dos filhos, porque os filhos queriam muito isso. Mas no fundo, ou às vezes nem tão no fundo assim, eles prefeririam que os filhos fossem médicos, advogados, engenheiros.

Há um fato recorrente muito curioso. Quase sempre quando os pais levam o filho à nossa convenção apenas para satisfazê-lo, mas no fundo desejando que não dê certo, é quando a carreira do filho costuma deslanchar. Já fui testemunha de vários casos assim. A mãe diz que estava torcendo para não dar certo, mas sabemos que na verdade os pais sempre torcem para a felicidade dos filhos. Depois de algum tempo, acabam percebendo que a carreira artística é uma linda profissão e, ao testemunharem o entusiasmo do filho, passam a dar a ele seu total apoio.

O contrário também acontece, quando são os pais que querem filhos artistas mas os próprios jovens não têm interesse por isso ou sonham com outras carreiras. Nessa circunstância, os pais devem ficar atentos para deixar o filho fazer o que ele de fato ama e não devem forçar a barra.

Já os que querem filhos artistas muitas vezes exageram na cobrança

Acompanhei e conversei com algumas mães que queriam muito que o filho ou filha seguisse a carreira artística. Em certas situações, percebi que a mãe ou o pai queria realizar o próprio sonho por meio da vida e da carreira dos filhos, ou então idealizava uma trajetória de sucesso e fama para seus filhos. Os pais devem deixar que tudo aconteça de maneira natural e permitir que os filhos decidam se realmente é isso que querem. Porém, quando a criança é muito pequena e ainda não tem discernimento para saber o que quer, minha sugestão é que os pais comecem a apresentá-la a esse universo aos poucos, com calma e atenção, para perceber se a criança se identifica com o mundo artístico e com qual área.

Equipe de profissionais ajuda os talentos a se ajustarem ao mercado

Costuma acontecer de eu ser procurada por pais preocupados com as dificuldades que o filho está tendo para ser incluído em algum elenco. Quando isso acontece, peço que me mandem um vídeo do filho atuando. Na maioria das vezes, consigo identificar alguns detalhes na interpretação ou na dicção que precisam ser melhorados, mas conto também com uma equipe de profissionais que me ajuda nesse diagnóstico. Temos também coaches de modelos com vasta experiência. Se a jovem modelo tem alguma questão quanto à postura, fica tensa ao desfilar e quer saber o que pode melhorar e corrigir, eles estão ali para ajudar. Eu mesma já tenho conhecimento para auxiliar os pais e os talentos, mas os casos mais específicos e delicados eu encaminho para os nossos especialistas.

Sugestões e conselhos

Cada vez mais, estamos desenvolvendo um trabalho profundo de coaching com nossos talentos. E a abertura do escritório em São Paulo é um passo importante nessa direção. Esse era um antigo sonho do Marcelo. Nesse grande centro urbano, em que há tantas oportunidades artísticas, poderemos acompanhar mais de perto os talentos, verificando quais aspectos eles precisam melhorar. Nossa equipe de profissionais entende e pode dar orientações sobre como, por exemplo, deve ser feito um corte de cabelo que se adeque melhor ao perfil do talento e consequentemente abra mais oportunidades para entrar no mercado. Também pode opinar sobre melhores roupas, postura adequada etc. Até mesmo pequenos detalhes, como indicar um motorista de táxi de confiança para levar o talento até os testes, são serviços que a equipe em São Paulo está preparada para prestar.

O Portal de Talentos

Até o início de 2017, tínhamos em nosso banco de dados mais de 15 mil talentos que fizeram nosso processo de agenciamento, e esse número cresce a cada convenção. Além dessa base, temos o nosso Portal de Talentos, que é descentralizado, podendo ser acessado pelos interessados de qualquer lugar mediante o uso de uma senha fornecida por nós. Uma das funções do portal é tornar os jovens que participam da convenção disponíveis para o mercado de maneira mais rápida e simples. Haverá mais agilidade para que esses artistas encontrem trabalho não só no Rio e em São Paulo, mas também na região em que vivem, já que temos talentos em todas as partes do Brasil. As oportunidades para eles vão aumentar bastante. Se produtores ou agências de Recife, por exemplo, estão à procura de um perfil específico, temos como enviar a eles os dados de participantes do nosso projeto que estão no Recife. Tudo isso será feito por intermédio do Portal de Talentos.

Uma ferramenta de uso exclusivo

O portal é uma ferramenta exclusiva para agentes e produtores que permite a busca de perfis de modelos, atores e cantores, entre outras habilidades requeridas para o trabalho. Porém, nem todos os 15 mil nomes do nosso banco de dados estão no portal. Nele estão apenas os talentos que passaram por um critério de avaliação mais rigoroso. Trata-se de um casting selecionado com os melhores talentos de todo o Brasil que participaram das seletivas e convenções do Projeto Passarela e Marcelo Germano; ou que, mesmo não participando das seletivas do grupo, tiveram interesse em fazer parte do Portal de Talentos e se enquadraram em todos os critérios exigidos. Esse é mais um projeto dentro do Grupo MGT que foi criado visando auxiliar na busca de trabalhos e oportunidades no mundo artístico.

Não existem "bailarinas"

Quando pensamos em crianças e adolescentes que estão no caminho para se tornarem artistas, costumamos vê-los como pessoas diferentes das demais. É como se existisse um feitiço em volta desses modelos, atores, atrizes, músicos e dançarinos. Mesmo quando sabemos que essa visão idealizada que temos dos artistas na realidade não tem fundamento, é difícil evitar essa forma distorcida de olhar para o mundo das artes. Faz parte de nossa cultura achar que os artistas são seres especiais.

Sempre me lembro da versão da música "Ciranda da bailarina", de Chico Buarque de Holanda, cantada por um coro de crianças, cuja letra, irônica e divertida, diz: "Procurando bem, todo mundo tem pereba, marca de bexiga ou vacina, e tem piriri, tem lombriga, tem ameba, só a bailarina que não tem. E não tem coceira, verruga nem frieira, nem falta de maneira ela não tem".

No mundo real, não existem bailarinas impecáveis, lindas, infalíveis, perfumadas e felizes para sempre. Os jovens talentos sobre os quais falamos neste livro são crianças, adolescentes, moças e rapazes que estão começando a trilhar seu caminho como qualquer outra pessoa. Estão treinando para seguir uma carreira artística no futuro, mas não podem deixar de aproveitar a infância e adolescência. Isso seria desastroso. Então, não se pode impor ao jovem talento um número exagerado de atividades; isso o deixará cansado e infeliz. Se em algum momento esses jovens pararem de gostar do que estão fazendo, está na hora de parar tudo e repensar a maneira como sua carreira está sendo conduzida.

No próximo capítulo, trataremos dos mitos e medos que os pais têm a respeito da carreira artística. Abordaremos assuntos como drogas, assédio sexual e perda dos valores fundamentais por influência de más companhias.

7

Mitos e fantasmas na vida dos artistas

O que é verdade e o que é fantasia sobre a carreira artística. Como proteger os filhos das ameaças das drogas, da anorexia, da bulimia e do assédio sexual. O papel dos pais para garantir uma trajetória feliz e livre de perigos e exageros, inclusive a exaustão causada por uma carga pesada de trabalho.

Eu não conheço nenhuma ocupação que esteja tão envolvida em mitos e fantasias quanto as profissões artísticas. Há vários deles. Sem dúvida, um dos maiores é a ilusão de que o mundo dos artistas é sempre maravilhoso e feito exclusivamente de momentos felizes e deslumbrantes.

Se você pensa assim, é melhor deixar de lado as ilusões e colocar os pés no chão. As profissões artísticas exigem trabalho duro, perseverança e, infelizmente, muitas vezes envolvem a convivência com pessoas nem sempre recomendáveis que trazem riscos reais para os garotos e garotas que querem seguir essas carreiras. Vamos usar como exemplo uma modelo.

Uma modelo desfilando na passarela é algo de fato deslumbrante. Tudo parece perfeito. A modelo é linda, as roupas são lindas. A plateia é chique e bem vestida. As luzes brilham por toda parte, há fotógrafos e câmeras em ação. Aqui e ali, reconhecem-se alguns famosos. O lugar está repleto de sorrisos e pessoas que parecem realizadas e felizes. Mas tudo aquilo dura poucos minutos. E quem vê apenas aqueles minutos não sabe como foi demorada a sessão de provas de roupa da modelo: horas e horas tomando medidas. Não tem ideia de que houve um cansativo processo de produção do cabelo e da maquiagem, o qual às vezes pode durar o dia todo.

Se os antecedentes para aquele breve minuto sob as luzes e olhares de admiração fossem só esses, ainda não seria tão pesado. Mas, para ter sido escolhida, a modelo passou por um casting, por seleções nas quais competiu com outras pessoas. Para estar ali, ela recebeu um sim, mas certamente houve muitos nãos. Ela pegou metrô, ônibus, andou a pé para fazer provas de roupas. Depois do desfile, cansada, ainda terá que atender à imprensa.

É um trabalho que exige muita dedicação. Para que aquele minuto encantador exista, são necessários meses, às vezes anos, de um trabalho sistemático, que requer planejamento de carreira, horas de estudos de línguas, cursos específicos na área, bastante paciência e equilíbrio emocional para lidar com os altos e baixos. É assim também para as profissões de ator, músico, dançarino. Mas as pessoas não veem o que acontece nos bastidores, no processo de formação do artista. Acham que tudo é fácil. Nem teriam como saber como a coisa realmente funciona. As informações de como se constrói uma carreira artística não são fáceis de encontrar. Eu vejo bem isso quando chego a uma reunião com pais de talentos e pergunto o que acham do meu trabalho de "caçar talentos". Eles respondem que acham que eu ganho muito dinheiro. E ainda dizem: "É um trabalho gostoso, com muitas viagens, festas... Quem não iria querer fazer algo tão divertido assim?".

Como resposta, eu peço que imaginem o outro lado: eu realizo um evento por ano que exige altos investimentos em dinheiro, estrutura e equipe. Nem sempre o retorno financeiro é garantido. Ao longo do ano, lido com mais de 150 mil pessoas que possuem uma elevada expectativa sobre o retorno que esperam alcançar em minha convenção.

É, portanto, uma atividade de altíssima responsabilidade, que pode afetar de maneira significativa a vida de milhares. Isso exige que eu e minha equipe estejamos sempre com uma excelente saúde emocional, ou não seríamos bons descobridores de talentos e organizadores de eventos. E, sim, trabalha-se muito, incluindo fins de semana e feriados.

Quando falo essas coisas, minha intenção não é me vangloriar ou valorizar meu trabalho. Meu objetivo é que, já no primeiro encontro, os pais e os jovens talentos passem a ter uma visão realista do que são as profissões artísticas e todas as outras atividades que as apoiam, como a minha. O mundo artístico, é verdade, brilha de uma maneira especial quando o comparamos a outras atividades, mas isso se dá porque a arte desperta emoções especialmente profundas e próprias. Essa talvez seja a única diferença das profissões artísticas para as demais, pois, como estas, elas também exigem planejamento, dedicação, concentração, disciplina, perseverança, esforço e anos de trabalho. E a arte traz suas doses de decepção e tristeza.

Os mitos e as verdades

A ilusão de que tudo é fácil e relaxado é apenas uma das várias fantasias em torno das profissões artísticas. Listo a seguir os principais mitos:

1. **Não preciso estudar**
   Isso é um absurdo. O artista precisa, sim, estudar muito, horas e horas, e durante a vida inteira. É necessário não só que ele faça os estudos formais (ensino fundamental e médio, pelo menos), mas também que nunca deixe de frequentar cursos específicos da carreira que está seguindo.

2. **Eu chego lá sozinho**
   Todos nós precisamos de mentores, de pessoas experientes que nos ajudem. Temos necessidade de nos aconselhar ou seguir o

exemplo de alguém que saiba mais do que nós. Sozinho, não se chega a lugar nenhum.

3. **Sem o favorecimento de alguém do meio, não é possível**
   Outro engano é achar que é preciso ter o pistolão ou recomendação de alguém já estabelecido para entrar no mundo artístico. Você só vai chegar lá por seus próprios méritos, competência e dedicação. Relacionamento é importante, mas é o talento que fala mais alto.

4. **Sendo artista, vou viajar, me divertir, ter uma vida mais livre**
   Mais um engano. Uma carreira artística requer rotina, horários, regras, cuidados com a alimentação, com o sono. É preciso cuidar do corpo e da voz. O artista deve cuidar do seu interior, por meio de cursos que proporcionem autoconhecimento, e do seu exterior, por meio do zelo com a aparência, fisiologia e nutrição.

5. **Quero uma carreira artística para ganhar muito dinheiro**
   Esqueça essa fantasia. Siga uma carreira por amar tudo o que ela envolve. Desenvolva um trabalho bem-feito, e o dinheiro será uma consequência. O dinheiro deve ser o resultado, não a motivação.

6. **Com um book que custe 2 mil, 3 mil reais, vou dar certo**
   Isso também é uma lenda. É claro que um bom book tem um grande peso na apresentação profissional, mas não garante que você será selecionado para um trabalho. Books não precisam necessariamente ser dispendiosos; precisam, sim, ser bem-feitos, como foi dito no Capítulo 4.

7. **Quem vem de família endinheirada dá certo**
   Ter dinheiro não determina o sucesso de ninguém. Se o jovem vem de uma família que tem recursos, isso pode, no máximo, facilitar que ele faça alguns cursos a mais do que outro que tem menos dinheiro. Mas isso nunca será determinante para conseguir um lugar em uma novela ou uma chance de desfilar. O que determina o sucesso ou o insucesso é, no final das contas, o planejamento, o talento e a dedicação à carreira.

8. **Para a carreira decolar, é só arrumar um agente ou um produtor**
   É inegável que ter um bom produtor ou um agente é importante para qualquer carreira. Mas, como já falei, de nada adianta ter assessor, produtor, mentor se você não tem conteúdo para mostrar. O produtor vai, no máximo, conseguir alguns testes a mais para você. Se você não tem um conteúdo artístico forte, arrumar um produtor não deve ser a primeira providência a ser tomada. Há um caminho anterior a percorrer na formação artística.

9. **Assessores encurtam o caminho na carreira**
   É preciso tomar cuidado, pois há muita pilantragem no mercado. Muita gente aproveita o desconhecimento dos jovens talentos e dos pais destes para oferecer seus serviços como se fossem garantia de sucesso. Não se anime com simples conversas. Há pessoas que falam demais e fazem de menos pela carreira do jovem.

10. **Quem faz o "teste do sofá" tem mais chances**
    Só pilantras fazem isso. Assessores, produtores, diretores e fotógrafos sérios nunca irão ter esse tipo de prática degradante. Talentos sérios também não concordam com esse tipo de coisa. Se concordarem, estarão sendo coniventes com uma prática espúria. Mas muitas vezes essas pessoas desonestas abusam da

ingenuidade dos jovens. Existem casos de pilantras que usam falsamente o nome de agências famosas para atrair a admiração de meninos e meninas.

Minha intenção ao chamar a atenção para esses mitos que circundam a carreira artística não é tirar o brilho e as cores que essas profissões têm, e elas têm cores fortes, bonitas e hipnotizantes; a mensagem que quero passar é que essas carreiras exigem dos jovens que se interessam por elas investimento sério e constante, planejamento cuidadoso e determinação para enfrentar os desafios que vão surgir com o tempo.

Quando há apoio, não há medo

Em resumo, ninguém vai ter sucesso nessas carreiras pelo dinheiro que tem, pelos relacionamentos que estabelece ou por um empurrãozinho amigo. O que fala mais alto é o planejamento de carreira, o talento e a dedicação contínua do jovem em tentar melhorar. Isso não quer dizer que não seja preciso tomar bastante cuidado. A carreira artística tem suas armadilhas, seus perigos. Mas não há motivo para ter medo. Se o jovem talento puder sempre contar com o apoio e a presença dos pais, não haverá o que temer.

Este é o segredo para que os pais proporcionem ao filho uma trajetória feliz e segura na arte: não estarem à frente ou atrás dele, mas sempre ao lado, como pai e mãe, agindo como seus melhores amigos. Simplesmente, estarem ali. As ervas daninhas que surgem no caminho não são mais fortes nem têm raízes mais profundas do que a educação que damos para nossos filhos.

Sempre digo que estar ao lado em todos os momentos não é tentar blindar o filho de momentos de desapontamento porque algo que ele desejava lhe foi negado. Eu sempre fui a favor de dar uma base sólida para os filhos, mas sem torná-los intocáveis, sem evitar que sintam dor, medo, angústia e frustração. Claro, sempre estaremos próximos e não permitiremos que eles tenham sofrimentos exagerados. Mas acontecimentos negativos são inevitáveis ao longo da vida e servem para torná-los adultos capazes de enfrentar situações desfavoráveis sem entrar em pânico e, mais do que isso, ter clareza para superá-las.

O mundo atual exige que a gente seja muito verdadeiro com a gente mesmo. Não só na carreira artística, mas em todas as áreas. E o que é ser verdadeiro? É ter a exata noção do que queremos para nós mesmos. É se fazer perguntas como: o que eu represento? O que eu sou? Aonde eu quero chegar? As respostas a essas perguntas trazem autoconhecimento e permitem que tenhamos claros os valores que vamos passar para nossos filhos.

Eu vejo pessoas que hoje se sentem perdidas na loucura do dia a dia. Especialmente na carreira artística, há momentos em que os fatos parecem se suceder em um ritmo desenfreado. Muitas novidades, muitas solicitações, muitas seduções. Às vezes, nos pegamos sem saber para onde estamos indo. Entretanto, se o jovem talento tem apoio e valores bem sólidos, consegue enxergar o que ele é de fato, mesmo no meio de uma grande balbúrdia, ou diante de grandes desafios. Quem não tem princípios fica perdido. Não sabe se deve ir para frente ou para trás. Não vê a diferença entre as boas oportunidades e as propostas enganosas.

Quando sou procurado por pais preocupados com os eventuais riscos que o mercado artístico contém, eu primeiro os tranquilizo dizendo que existem agências, fotógrafos, produtores e diretores seríssimos. Mas aviso que também existe gente mal-intencionada que se apresenta como produtor, fotógrafo ou agência.

Não saia de perto de seu filho

Como falei, a maneira de evitar essas pessoas é nunca deixar seu filho, principalmente se ele for menor de idade, sozinho com um produtor nem comparecer desacompanhado às atividades artísticas. A presença crescente das redes sociais torna esse conselho ainda mais pertinente.

O jovem não deve enviar fotos pela rede social sem conhecimento dos pais, muito menos trocar informações pessoais ou marcar por conta própria reuniões ou eventuais sessões de casting. E, óbvio, o pai ou a mãe deve acompanhar o filho em qualquer compromisso. Eu sempre recomendo que as reuniões com produtores ou agências sejam obrigatoriamente presenciais.

Há muitos exemplos da atuação dessas pessoas desonestas. Um se deu no Rio de Janeiro, na época dos Jogos Olímpicos, em 2016. Uma falsa agência de modelos, inclusive montada perto da sede do Comitê Olímpico, anunciava estar selecionando modelos mulheres, mas, na verdade, estava à procura de garotas de programa. É fácil perceber o perigo que existe aí, não é mesmo? Eles estavam aproveitando a vinda de estrangeiros ao Brasil e tentando montar uma rede de prostituição.

Também no Rio de Janeiro, não muito tempo antes, pessoas desonestas aplicaram um golpe do qual eu mesmo já fui vítima no passado. Estelionatários usavam falsamente o nome de uma agência séria e faziam contato com garotas. Faziam promessas como se fossem funcionários da agência, apoiavam-se no bom nome dela para conquistar a confiança das meninas e, assim, iniciavam conversas tendenciosas com menores, incentivando-as a expor o corpo em fotos e vídeos. Esses golpes, infelizmente, não são incomuns. Basta entrar na internet e fazer uma busca para ver o grande número de ocorrências semelhantes e de denúncias contra falsas agências que ocorrem em todo o Brasil.

A possibilidade de o jovem ser vítima de assédio sexual é uma grande preocupação para pais de modelos, atores, músicos, enfim, de todos os jovens que pretendem seguir uma carreira artística. E os pais têm toda razão em se preocupar com isso. O risco é real, como vimos nesses casos das falsas agências de modelo que procuravam atrair meninas para a prostituição, mas a presença forte dos pais é capaz de diminuí-lo.

Esta questão suscita outra — a da sensualidade na profissão, sobretudo no caso de garotas que pretendem se tornar modelo —, a qual merece um pouco mais de reflexão.

Sensualidade na carreira

Este tópico é voltado apenas para talentos maiores de idade, já que a imagem do adolescente deve ser preservada para um desenvolvimento psicossocial saudável.

A ligação entre a sensualidade e o trabalho profissional é real nas carreiras artísticas. A exposição do corpo, muitas vezes em poses sensuais, é comum, sobretudo entre as modelos, tanto nas passarelas quanto nos trabalhos comerciais. Mesmo atores e músicos costumam lançar mão da sensualidade para se expressar. Sabendo disso, os pais devem redobrar sua atenção e acompanhamento, mas também entender que a sensualidade pode fazer parte da carreira que o filho está trilhando e que dificilmente será eliminada.

Pais e talentos sempre perguntam minha opinião quando o modelo ou ator é chamado para um trabalho que contenha eventuais cenas de nudez ou uma sensualidade mais forte. E minha opinião é sempre de que eles devem dizer não. Como além de profissional também sou pai, meu receio nesses casos é de que no futuro o talento se arrependa de ter feito algo do gênero e que sua carreira se estrague como consequência de um trabalho mal dirigido.

Mas, caso os pais e o talento decidam por aceitar a oferta de um trabalho dessa natureza, então, a exigência básica é que ele seja feito com integridade e respeito.

Também existe no mercado uma demanda por fotos e vídeos em que há exposição do corpo, mas cujo objetivo final não é vender sensualidade. Por exemplo, catálogos de lingerie. Mesmo nesses casos, o cuidado tem de ser extremo. Só devem ser aceitos trabalhos feitos por empresas de extrema credibilidade. É aconselhável também que o candidato ou candidata a fazer essas imagens pesquise antes os trabalhos feitos pela empresa, ou pelos fotógrafos contratados, e só aceite seguir em frente caso esses trabalhos primem pela seriedade e elegância e não sejam, de forma alguma, vulgares.

A decisão de fazer fotos ou vídeos dessa natureza deve passar pelo planejamento de marketing pessoal do modelo. Trabalhos assim podem ser vistos com restrição por parte tanto do público quanto de potenciais contratantes. Há empresas, inclusive, que, por política interna, não permitem que modelos que tenham feito trabalho envolvendo nudez ou de forte apelo sensual divulguem sua marca.

Portanto, aceitar ou não um convite para um trabalho assim deve envolver uma reflexão que leve em conta possíveis repercussões para a imagem e o marketing pessoal do modelo. Há o risco de uma decisão errada de marketing prejudicar, talvez até de uma maneira irreversível, a carreira do jovem talento.

O risco das drogas

Outro assunto que traz preocupações para os pais é o uso de drogas no meio artístico. Sim, há no mercado artístico pessoas que usam drogas. Mas também há entre médicos, engenheiros, arquitetos, policiais. As drogas estão por todos os lugares. Não acredito que nas profissões artísticas a incidência seja muito maior do que em outras atividades.

Mas, é claro, o meio artístico tem uma particularidade: muitos dos profissionais são menores de idade. São crianças ou adolescentes que, por não terem maturidade, se encontram em uma situação de risco maior do que a dos adultos. Portanto, os cuidados devem ser redobrados.

Mas que cuidados são esses? Nada diferente do que já dissemos até aqui: uma sólida base familiar, pais e parentes que tenham um amor legítimo pelos filhos, que estejam sempre a seu lado e que não negligenciem atenção e apoio nos momentos importantes da vida e da carreira artística deles. Por que esses cuidados podem evitar que o filho ou filha caía no consumo de drogas e álcool?

Para responder isso, tenho que dizer que discordo da visão que tende a suavizar e, de forma sutil e sedutora, incentivar o consumo dessas substâncias ao tratá-lo como uma experiência positiva de autoconhecimento. Na minha opinião, esse discurso é uma desculpa esfarrapada para preencher um vazio que muita gente tem em sua vida, em sua estrutura psicológica. Dependentes são pessoas que precisam ser tratadas de forma séria, pois sofrem de uma doença que destrói tanto a vida deles como a de seus familiares.

Acredito que os que estão nessa balada das drogas morrem cedo profissionalmente. Ficam estagnados, não crescem. Vivem imersos em uma energia ruim, não conseguem fazer a gestão da própria carreira. Quem abusa de drogas ou álcool vive em um estado mental de confusão. É incapaz de cuidar de si mesmo e dos outros com competência. Um produtor, diretor, qualquer um que ocupe uma posição de liderança no meio artístico dirá a mesma coisa: quem usa drogas tem dificuldade em alcançar o sucesso na carreira artística.

Por que os talentos se envolvem com as drogas? Para mim, o primeiro motivo é a falta de cuidado, de uma referência de amor, de uma relação familiar forte. Todo ser humano precisa se sentir cuidado. E todo ser humano precisa de regras e rotinas. Quando não tem isso, a pessoa faz as próprias regras. E, quando alguém que nunca teve uma boa estrutura familiar cria as próprias regras, elas podem ser perigosas e incapazes de trazer felicidade.

Como resultado da perturbação que essa falta de referência traz para a mente da pessoa, surge uma dificuldade em se autoconhecer. Ou seja, ela não sabe ao certo do que gosta, do que é capaz, de como deve lidar com situações adversas ou do que fazer para mudar de comportamento. Nesse estado de confusão, é comum ter dificuldade para aceitar críticas ou ouvir conselhos e sugestões. Ela estará mais próxima de se entregar ao escapismo oferecido pelas drogas. Um remédio para isso, acredito, é procurar a ajuda de um coach ou mentor, alguém que olhe a pessoa com distanciamento suficiente para avaliar suas atitudes, sugerir alternativas e encorajá-la em momentos de dúvidas.

Amigos de ocasião

Há outro tipo de desafio que pode surgir na vida do artista e provocar uma reação emocional adversa. Ele ocorre quando o artista experimenta o sucesso na profissão e começa a ganhar um bom dinheiro. Neste momento, muitas pessoas começam a se aproximar dele. Como ninguém é ingênuo, fica evidente para o jovem talento que pelo menos 95% daqueles novos amigos estão ali por seu status ou seu dinheiro.

Nessa circunstância, não é de espantar que o jovem artista passe a não confiar em mais ninguém. Ele se sente usado, não sabe mais se as pessoas o veem como um ser humano ou como um caixa eletrônico. Afinal, todos ao seu lado estão sempre querendo alguma coisa. "Eu quero um vídeo seu", "Eu quero uma foto com você para colocar na minha página", "Eu quero ir no seu camarote", "Eu quero...". O jovem artista perde as referências. Sente que sua vida não está mais em suas mãos, que os outros estão se apossando dela.

Essa situação pode se tornar ainda mais aguda se a família do jovem também passar a se comportar de uma maneira inadequada. Isso ocorre quando os pais não conseguem fazer a distinção entre o papel de familiares e o papel de empresários do filho. Este passa a não se sentir mais cuidado, amado. Se o pai e a mãe colocam a função de gerentes da carreira do filho acima do papel de pais, com quem ele vai falar quando precisar de colo? Com a mãe ou com a gestora? Quando os pais embolam os dois papéis, o filho se sente órfão e não consegue desabafar, deixando de contar com um apoio fundamental para falar sobre suas dificuldades e sofrimentos íntimos.

Os pais podem gerenciar a carreira do próprio filho desde que fique claro quem está falando nos diferentes momentos que vão surgir. "Agora é seu pai que está falando", o pai vai dizer e então falar coisas que só os pais, ou as mães, falam. Ele vai sair para dar uma volta com o filho, ou simplesmente se sentar com ele em casa, para conversar e ouvir sobre a vida dele, e não sobre a carreira. Existem pais que se perdem e passam 100% do tempo que estão com os filhos falando sobre a carreira artística, dinheiro, negócios, patrocínios, novos trabalhos... Como um filho pode ficar feliz e se sentir querido em um relacionamento assim?

A pressão da fita métrica

Entre as profissões artísticas, há um tipo de desafio que é exclusivo para modelos, principalmente para as garotas. Trata-se da pressão para que mantenham o corpo dentro das medidas consideradas ideais pela indústria da moda. A verdade é que as agências e os produtores pedem, sim, para as modelos que emagreçam quando estas ganham alguns quilinhos, e que se mantenham sempre magras. Manter-se magra não é, em si, algo necessariamente ruim. O grande e preocupante problema é quando as modelos perdem o limite entre o que é aceitável e o que representa um enorme risco para a saúde. E, como nos demais temas de que tratamos aqui, evitar o exagero na questão do corpo das modelos é uma missão que cabe principalmente aos pais.

Existem muitas agências que já dispõem de psicólogos e nutricionistas para orientar os modelos na hora de rever a alimentação. Mas, para muitas meninas, o sonho de ser modelo é tão grande que elas ignoram todos os cuidados para se manterem saudáveis e tomam medidas radicais. Por exemplo, começam a fumar para não sentir fome. Assim, deixam de ter uma vida regrada nos cuidados com a alimentação e a saúde do corpo. Elas começam a fazer tantas coisas, e tão perigosas, que acabam pagando um preço muito alto para manter esse sonho.

Como já dissemos no Capítulo 4, o mundo da moda é rigoroso quanto às medidas dos modelos fashion. Para aqueles que estão fora desse padrão, há a opção de serem modelos comerciais. Mas muitas meninas não conseguem se conformar com a frustração de não desfilar em uma passarela e tentam de todas as maneiras entrar nas medidas exigidas para isso.

É nesse momento que o sinal vermelho se acende. "Ah, eu vou sofrer, mas não me importo porque preciso me tornar uma modelo fashion, meu sonho é a passarela, meu sonho é o mercado fashion, meu sonho é o mercado internacional", elas dizem. E então começam a abdicar de uma vida saudável.

Mesmo entre aquelas que possuem as medidas necessárias para desfilar, a ansiedade em dar certo na carreira pode induzir a fazer más escolhas. No entanto, é desnecessário passar fome; é possível, sim, ter uma alimentação balanceada e manter o corpo dentro das medidas esperadas.

Se a garota não consegue manter a disciplina e perde o controle sobre o que come, isso pode gerar uma grande ansiedade e até distúrbio psicológico. A jovem pode começar a forçar o vômito para se livrar do que comeu.

Meu corpo não permite isso

"Vou vomitar para não engordar", é o que se passa pela cabeça da garota que quer emagrecer a qualquer custo. Não é raro encontrar em blogues e outras mídias sociais depoimentos de garotas que se orgulham de almoçar uma quantidade ínfima de comida e vomitar em seguida. O mais perverso é que há pessoas que apoiam esse tipo de atitude, incentivando-as através de comentários a continuar fazendo isso.

Esse distúrbio é um sinal estridente de alerta. A pessoa que age assim tem de parar e repensar a maneira como está conduzindo sua vida e sua carreira. Essas garotas são imaturas, precisam ter um psicólogo por perto para lhes dizer que essa vontade, essa fome de dar certo nunca pode ser maior do que a saúde delas. A anorexia, que é a visão distorcida do corpo, e a bulimia, a ingestão excessiva de alimentos seguida de indução ao vômito, são distúrbios que podem ocorrer quando a gestão da emoção é falha, quando os pais não acompanham seus filhos de forma próxima, quando não se tem o plano de carreira definido e quando não se determina com exatidão o caminho que deve ser seguido na carreira.

Sei de muitas modelos que passaram por isso porque lhes faltou assessoria, direcionamento na carreira. Essa carência de uma base emocional impediu essas jovens de fugirem da pressão de um estilista ou do mercado. Existe uma palavrinha que a gente tem que se habituar a falar: "não". "Não, meu corpo não me permite isso." Porque, se você não disser não para as coisas que ameaçam seu bem-estar físico, começa a aceitar tudo. Começa a fazer regimes absurdos para atender a uma pressão do mercado. Não obedece aos limites de seu corpo nem escuta os sinais de esgotamento e mal-estar que ele dá. Não procura ajuda especializada. Essas são atitudes muito perigosas, muito sérias. Os resultados podem ser fatais. A garota que tem potencial para ser modelo fashion já nasceu com uma constituição própria para a passarela. Faz parte de sua genética. Pessoas que não têm essa constituição física dificilmente conseguirão alcançar as medidas-padrão sem comprometer sua saúde. Se uma garota não tem a estrutura óssea adequada, ou tem dificuldade para emagrecer, não adianta forçar a natureza. Ela vai ser modelo comercial, modelo de foto, porque é isso o que seu corpo, sua genética permite. Por que ela vai se meter em algo que não é possível? Isso só trará problemas. É nessa hora que os pais precisam agir e evitar esses inúteis e arriscadíssimos exageros.

Por que tão magras?

Porque as roupas têm caimento melhor em corpos altos e magérrimos. Ao menos, é no que acreditam estilistas e mulheres. Outra explicação, segundo os estilistas, é que as lentes fotográficas são impiedosas, costumam aumentar as medidas dos modelos. E existe ainda uma questão prática: os estilistas ficariam malucos se tivessem que fazer roupas para cada tamanho de corpo.

Seja como for, penso que a indústria da moda tem um papel bastante importante na prevenção aos distúrbios alimentares provocados pela exigência em emagrecer a qualquer custo e deve se preocupar em rever o atual padrão de beleza na passarela para adequá-lo à realidade dos tipos físicos de seus clientes. Hoje, quem consome moda quer se identificar com as roupas. Modelos magras demais, esqueléticas, não facilitam essa identificação por parte do público pelo simples fato de que o corpo da grande maioria das pessoas não corresponde ao dessas modelos. Portanto, prevejo que haverá, num futuro próximo, uma mudança na exaltação à magreza.

O papel dos pais nos momentos de tensão

Além das exigências por um tipo de corpo considerado perfeito, o assédio, o perigo das drogas, os interesseiros que surgem junto com o sucesso são pressões que sofrem aqueles que seguem carreira artística, muitas vezes jovens e imaturos demais para superá-las. Como eles e seus pais devem lidar com essas pressões, esses desafios? Nós pais temos a obrigação, por nosso conhecimento e experiência de vida, de orientar nossos filhos. Como eu já disse ao longo deste livro, considero que a melhor forma é ensiná-los a dizer não.

Dizer não é menos fácil do que parece, principalmente quando a pessoa que está pedindo ou sugerindo algo parece ser capaz de gerar boas oportunidades de trabalho. No entanto, o sim ou o não nunca deve se basear nisso. Se você, ou seu filho, não se sente confortável diante de uma proposta, diga não! Depois, com mais tempo, refletindo e tomando os cuidados necessários, você pode até mudar de ideia. Mas nunca deixe de confiar em seus instintos.

Outra situação que deve ser um importantíssimo ponto de reflexão para os pais é seu papel na carreira do filho. "Afinal, o que eu sou nesta situação? Eu estou aqui como pai do talento ou como um empresário agressivo, um sanguessuga do meu próprio filho? Eu estou apenas tentando ganhar dinheiro à custa da integridade física e emocional do meu filho?" Pode parecer um exagero fazer perguntas duras como essas para si mesmo. Dificilmente você vai responder "Sim, eu sou um sanguessuga do meu filho", mas é aconselhável estar sempre de olho em seus gestos e intenções em relação à carreira do filho, mesmo que eles estejam escondidos no fundo de sua mente. É muito fácil derrapar na longa e sinuosa estrada de uma carreira artística.

Sempre digo aos pais dos talentos que trabalham conosco que não deixem seus filhos perderem as fases boas da vida — a infância e a adolescência —, porque senão a própria vida vai cobrar isso deles mais tarde. Felizmente, muitos desses pais entendem a importância de respeitar esses estágios. A Gabriela, por exemplo, mãe da Lorena Queiroz, que foi descoberta por nós e aos 6 anos foi protagonista da novela do SBT *Carinha de anjo*, que estreou em 2016, é um exemplo de alguém que entende a importância dessa questão. Ela está muito consciente da importância de deixar a Lorena viver uma vida normal de criança, de brincar e tudo mais. E ela é auxiliada nisso por psicólogos e pelo próprio SBT. Os pais da Larissa Manoela também acompanham de perto e com cuidado as necessidades da filha adolescente.

Crianças e adolescentes também têm exaustão

O excesso de trabalho — a consequente negação, às crianças e jovens talentos, de uma vida normal, em que eles brinquem, tenham tempo para si, convivam com outras crianças e jovens, frequentem a escola, enfim, realizem as atividades típicas da idade — provoca exaustão. Isso é uma questão importante. A agenda do jovem talento não pode ser pesada. A melhor maneira de impedir isso é, como para qualquer pessoa de qualquer área profissional, recusar trabalhos quando o limite for ultrapassado.

O acompanhamento da carreira do filho pelos pais costuma ser maior quando este ainda é criança. E a minha experiência mostra que os pais costumam relaxar e prestar menos atenção quando o filho se torna adolescente. Isso é preocupante, pois, sem uma gestão competente de sua carreira, de suas emoções e de seus compromissos, o jovem não consegue organizar sua vida profissional. Afinal, ainda é imaturo, recém-saído da infância.

Se mesmo nós adultos temos problemas para organizar nossa agenda, que dirá um jovem, que tem tão pouca experiência de vida. Entregue a si mesmo, o mais provável é que o adolescente mergulhe em um processo de vida confuso, trocando o dia pela noite, não dormindo bem. Se não dormir bem, não terá disciplina para o estudo. Cochilará durante as aulas. E essa desorganização logo vai respingar na vida profissional. O jovem passará a chegar atrasado nos trabalhos, com a cara amarrotada, com olheiras. Essa é uma situação delicada.

Aqui, eu poderia dizer novamente que o importante é dizer não aos convites, pressões e tentações que a vida oferece. Mas talvez o adolescente não seja o único que tenha de dizer não. Na ausência dos pais, o jovem deve pedir ajuda a algum adulto de confiança de sua família, que o queira bem e em quem confie, para falar não aos excessos junto com ele.

A respeito desses maus hábitos, como não dormir, atirar-se às festas e à boêmia e outras atividades nocivas, o que se deve fazer é ter força de vontade para evitá-los, mudar as amizades, procurar uma vida saudável e significativa. Mas, muitas vezes, como falei anteriormente, a origem da exaustão é uma agenda malcuidada. É comum que o jovem aceite todo tipo de trabalho que lhe é oferecido caso não tenha alguém que avalie se vale a pena ou não aceitá-los. É preciso selecionar os trabalhos. Alguns deles não compensam o investimento de energia exigida para fazê-los. Quando um trabalho não vale a pena? Quando ele interfere na saúde física e no bem-estar psicológico do talento. Se este tem uma rotina de prática de atividade física e de estudos e surge uma proposta que, mesmo que seja o sonho dele, vá prejudicar seus cuidados com a saúde, o melhor é deixar passar a oportunidade. Já orientei muitos pais de talentos sobre o excesso de trabalho. Em muitos casos, consegui convencê-los a dar um tempo na carreira dos filhos para que estes pudessem respirar, relaxar e usufruir de seu momento de vida como crianças ou adolescentes. Agindo assim, evitamos a exaustão deles e o término precoce de carreiras promissoras. E, na maioria dos casos, ao retomarem suas carreiras após essa pausa, os jovens artistas e seus pais colheram bons resultados.

Viciados em adrenalina

Por desconhecer os riscos que o excesso de trabalho pode provocar em seus organismos e mentes, muitos jovens resistem à sugestão dos adultos de que diminuam o ritmo de trabalho. É como se eles estivessem viciados na adrenalina gerada pelo excesso de trabalho. Não entendem que em alguns momentos é importante desacelerar, ou mesmo suspender por um tempo os trabalhos. Esse período em que o trabalho é colocado em ponto morto deve servir para descansar, se desligar dos palcos, passarelas e câmeras; ou para investir em cursos que qualifiquem ainda mais a carreira: workshops, pesquisas, e contatar novas agências e produtores para apresentar seu trabalho.

Ou, se houver dinheiro em caixa, por que não passar seis meses nos Estados Unidos? Se o talento é uma celebridade, poderá gozar do anonimato no exterior, curtir sua privacidade. Ir a shows, parques, shoppings, andar pelas ruas sem ser perturbado. No plano profissional, também não faltarão oportunidades. Aperfeiçoar o inglês, fazer cursos de interpretação, cinema, teatro. Isso, sim, é aproveitar com sabedoria o tempo de calmaria. Vários famosos e suas famílias adotam essa estratégia.

Às vezes, esse período de ócio acontece não por opção do talento, mas pela falta de ofertas de trabalho. Não importa. A forma de encarar é a mesma — aproveitá-lo da melhor maneira. Acredite, isso vai acontecer várias vezes ao longo da carreira. Não é motivo para se desesperar ou desanimar.

O resultado não depende só de você

É indiscutível que na carreira artística há fases de sucesso e insucesso. E, em muitos momentos, a carreira artística pode ser brutal e agressiva. O sucesso e a fama geram grande admiração, mas também inveja, maledicência e outros sentimentos negativos.

A imprensa pode ser agressiva. Muitas vezes, é cruel e rápida em desqualificar um trabalho desenvolvido por anos. Um ator pode estar atuando bem em uma novela, mas então a mídia começa a dizer que a audiência da novela está em baixa. Ele passa a se sentir inseguro. Nesse momento, ele precisa ter sangue-frio. É um período ruim, só isso. Provavelmente, vai haver uma adaptação de roteiro. Logo, começa a ficar claro que o resultado do trabalho não depende só de você.

Quando o talento está no início da carreira, ninguém mexe com ele. Se começa a ficar conhecido, eventualmente passa a se chocar com outras pessoas, outros interesses. Esse é o momento certo de contratar um assessor, um produtor e, inclusive, um advogado de confiança (pois certas fofocas e afirmações da mídia devem ser questionadas judicialmente). O assessor pode ser de grande ajuda para impedir que o artista, tomado pela emoção, dê uma resposta não pensada capaz de trazer consequências ainda mais desagradáveis do que as que a geraram.

Ser suave e positivo

Neste capítulo, tratamos de alguns temas pesados, que podem causar apreensão nos pais de jovens talentos. A intenção, claro, não é assustar ninguém ou fazer alguém desistir de tentar realizar seus sonhos como artista. Amo o que faço e tenho dedicado minha vida a criar cada vez mais oportunidades para que crianças, adolescentes e adultos entrem nesse mundo fascinante. O que busquei aqui, e venho fazendo há quase trinta anos, é sugerir formas de ultrapassar, de maneira suave e positiva, os desafios do mundo da arte.

Por tudo que já vi e passei, estou convencido de que não há ação mais eficaz para percorrer esse caminho do que preparar um cuidadoso plano de carreira para o jovem talento, assunto de que tratamos em profundidade no Capítulo 3. Nesse planejamento, devem estar previstas estratégias para lidar com os bons momentos, quando surgem os convites para trabalho e o sucesso, e com os momentos em que as propostas de trabalho se tornam escassas, o talento recebe críticas cruéis ou enfrenta problemas de conduta. Nessa hora, a estrada parece se transformar em uma trilha estreita, sinuosa e pedregosa.

Vimos a maneira admirável como alguns pais de talentos que descobri gerenciam a carreira dos filhos. O exemplo de Gilberto e Silvana, pais da Larissa Manoela, é precioso para qualquer pai ou mãe de jovem talento. A fórmula é simples. O que eles fazem é olhar para Larissa, uma estrela em ascensão nas tevês e no cinema, e enxergar a filha. Todos os dias, eles perguntam para ela coisas como: "Está tudo bem?", "Você está se divertindo?", "Quer dar uma pausa?". Eles olham para ela com amor. Do que mais um filho precisa?

No próximo capítulo, vamos tratar dos altos e baixos que ocorrem na carreira dos jovens artistas e de como superá-los.

8

Desventuras e finais felizes

Os altos e baixos da carreira do futuro talento. A importância de praticar a paciência e a resiliência. O que fazer nas épocas em que se tem pouco, ou nenhum, trabalho. Como manter a autoestima elevada. A importância da formação contínua.

Há alguns anos, assisti a um filme chamado *Desventuras em série* — lançado em 2004 e dirigido pelo americano Brad Silberling —, e ainda hoje ele tem um espaço reservado no arquivo da minha memória. Eu não sei dizer com certeza o motivo de ter me lembrado dele neste momento. Acredito que ele sempre me vem à mente por ser divertido — um humor um pouco negro, é verdade —, por ter o enredo fácil de uma obra infantojuvenil, pela atuação excelente de Jim Carrey como Conde Olaf, o cruel e engraçado vilão, e pelos cenários e direção de primeira.

A trama do filme — que ganhou uma versão em série pela Netflix no início de 2017 — gira em torno das diversas tentativas de Conde Olaf de dar cabo de três órfãos que são seus parentes distantes. As três crianças, duas meninas e um menino, herdaram uma fortuna depois que seus pais morreram em um misterioso incêndio. E, claro, Conde Olaf quer matá-los para ficar com a fortuna só para si. O fato de o filme ter um enredo ingênuo, além de sabermos que tudo não passa de uma fantasia, não nos livra da angústia de ver aquelas três crianças, uma delas quase um bebê, sofrendo uma sequência de infortúnios que parecem nunca ter fim. São deixadas trancadas em um carro sobre uma linha de trem para serem atropeladas, enfrentam cobras venenosas, furacões, sanguessugas assassinas... Quando escapam de um perigo, vem outro logo em seguida.

Talvez seja essa sequência de adversidades o que me faz lembrar sempre desse filme. Há momentos como esses em nossas vidas, em especial na trajetória daqueles que seguem uma carreira artística, em que tudo parece caminhar de catástrofe em catástrofe. É preciso que o jovem talento esteja preparado para isso. Porque certamente haverá tempos em que ele se sentirá preso a uma corrente de desventuras sem fim.

Mas, como acontece nos filmes, na carreira artística sempre é possível ter um final feliz. Com planejamento, apoio da família e de profissionais preparados, disciplina, esforço e inteligência, os altos e baixos do mundo artístico e seus danos, que são tema deste capítulo, podem ser minimizados. Na vida real, ainda há a vantagem de que a chance de colocarem fogo na casa de seus pais ou de você ser atacado por sanguessugas e furacões é muito mais remota.

Fama e sucesso

A primeira coisa que devemos considerar quando refletimos sobre os altos e baixos da carreira de um artista é a diferença entre fama e sucesso. A fama é aquele burburinho que acontece em volta da pessoa que se torna conhecida no mercado nacional ou internacional. Por onde passa, ela é seguida. Todo mundo a adora e quer ser como ela. As roupas que veste, as coisas que faz no seu dia a dia, seu penteado, suas opiniões, tudo pode se tornar referência para um número enorme de pessoas. Basicamente, a fama é isso.

O sucesso, por sua vez, vem da felicidade que você sente por aquilo que faz. E esse sentimento surge independentemente de você ser muito conhecido ou não. Fazendo trabalhos de grande ou pequena repercussão, você está contente com as oportunidades que aparecem em seu caminho. Isso acontece porque aquilo é o que você gosta de fazer. Nesse estado de espírito, você não vê o dia passar nem sente que está trabalhando. O que fica na sua mente é o prazer de estar realizando aquilo. Eu acho que esta é uma boa definição do que é sucesso: ser feliz com aquilo que se faz. Quando você trabalha com felicidade, não importa nem mesmo o quanto ganha. O dinheiro é uma consequência de tudo aquilo que você plantou, não o objetivo central de sua vida.

Eu tenho muito medo da fama porque, quando você está no auge, com os fãs dando milhões de likes nas suas postagens nas redes sociais, a imprensa correndo atrás de você e seu celular tocando sem parar com convites para shows e gravações, é preciso ter uma excelente gestão da emoção e um bom controle de sua mente para entender que esse momento é passageiro. A fama não permanece no auge por muito tempo. Ela é como uma montanha-russa, você está lá no alto e em dois segundos cai a toda velocidade. Essa é a real natureza da fama: altos e baixos repentinos.

Mas não é apenas a fama que anda em montanhas-russas. O sucesso também é feito de períodos melhores e piores; a diferença é que suas variações costumam causar menos estresse e vertigem do que para os famosos.

Para além dos já sabidos altos e baixos, o que pode dar mesmo errado no caminho de um jovem artista? Em geral, as primeiras coisas que me vêm à cabeça são falta de trabalho e falta de dinheiro. É claro que esses são fatores importantes, mas não são nem de longe os principais desafios que podem surgir. Muitas outras coisas podem acontecer ao longo do caminho. Um jovem pode iniciar uma carreira como músico, por exemplo, e perceber, depois de um tempo, que não era isso o que queria. Portanto, ele pode, de repente, querer mudar totalmente de rumo, o que o obriga a dar alguns passos atrás em sua trajetória. Ele pode ser enganado por produtores e agências, tendo prejudicados todos seus planos. Também há a possibilidade de um jovem estar em uma boa fase de sucesso e, de uma hora para outra, a novela, o filme ou o espetáculo em que estava atuando ser cancelado.

Neste mundo em que vivemos, não há certezas sobre nada. Tudo é passageiro, fugaz. Portanto, devemos aproveitar as oportunidades que surgem e nos preparar emocionalmente para as inevitáveis reviravoltas. A fama é passageira, e por isso devemos sempre preferir o sucesso. Ter sucesso é amar o que se faz. Quando estamos muito satisfeitos com o que fazemos, as decepções não nos atingem com força e estamos sempre dispostos a continuar a caminhada.

Há ainda outro ponto importante a considerar. Em geral, quando estamos em uma boa fase profissional, sendo bastante requisitados, muitas pessoas se aproximam de nós por interesse. Acontece também de querermos satisfazer a todos, principalmente quando são familiares ou amigos próximos. Mas ninguém é capaz de ajudar todo mundo, ninguém é capaz de salvar o mundo sozinho. Se você não conseguir dizer não para os intermináveis pedidos de ajuda que surgirão, estará criando uma bomba-relógio: uma hora, você vai explodir, ficar com raiva das pessoas, se sentir mal. Não estou dizendo que não devemos ajudar os outros; o importante é fazer isso com sabedoria, ou podemos acabar dando um grande tiro no próprio pé. Falo isso por experiência própria. Sempre tive dificuldades em dizer não e passei por diversos problemas por conta disso.

Ficar sempre em movimento

Mas como lidar e superar os obstáculos que surgem ao longo da trajetória artística? A primeira coisa que devemos entender é que qualquer fase ruim vai passar. Da mesma maneira que a fama e o auge passam, as coisas ruins também passam. Nada nessa vida é permanente. O que deve ser feito tanto no tempo das vacas gordas quanto no das vacas magras é nunca parar de buscar o aperfeiçoamento artístico. Estando bem preparado, o jovem enfrentará melhor as decepções. Além disso, não há melhor maneira de enfrentar adversidades do que estando sempre em movimento. As coisas pioram muito quando a gente se tranca no quarto para fugir dos problemas.

Imagine um ator desanimado com sua carreira, a qual parece não estar decolando. Um dia, depois de receber mais um não, ele começa a se sentir a pior pessoa do mundo, totalmente insignificante. Começa a achar que a vida dos outros atores é melhor do que a sua e que tudo que ele faz ou que acontece com ele está errado. É como se ele estampasse em sua testa que é um fracasso e se conformasse com essa situação. Fica parado e encolhido em suas tristezas, sem fazer nenhum movimento em busca de seus objetivos.

Reagindo assim, ele dá razão para o fracasso. Enquanto não trabalhar sua mente e entender, como falei anteriormente, que um não é apenas um não, as coisas não vão começar a mudar. Se ele não fizer essa mudança de enfoque mental, o problema só vai aumentar e quem vai tomar conta de sua cabeça são os pensamentos negativos e preguiçosos. É essencial treinar a mente para que o melhor de você afaste seu lado obscuro.

Muitas vezes, somos muito orgulhosos e não temos a humildade, ou a sabedoria, melhor dizendo, de buscar ajuda. Parece que a gente adora a "sofrência", uma combinação de "sofrimento" com "carência". A sofrência é aquilo que faz a gente ficar desanimado, sem coragem de pedir ajuda, reclamando da falta de sorte. Às vezes, alguém até nos oferece ajuda, mas teimamos em resolver tudo sozinhos. E, no fim das contas, não conseguimos sair do lugar.

Costumo fazer um exercício que acho bastante revigorante em momentos como esse. Reservo dez minutos do dia para me afastar de tudo e de todos. Coloco uma música suave e agradável. Fico em silêncio e me lembro de minhas conquistas, minha família, meus bons amigos, meu trabalho, das qualidades que acredito ter. Me lembro também das viagens fantásticas que já fiz, enfim, dos momentos bons pelos quais já passei. Mantenho a respiração ritmada, inspiro e expiro sem pressa, com suavidade. Tomo consciência do meu corpo e da minha saúde. Penso que posso ser um bom exemplo para muita gente. E, por fim, só sinto gratidão por tudo isso. O que é gratidão? É um sentimento de reconhecimento de todas as coisas boas que você é e que aconteceram com você. Considero essa uma forma muito eficaz de empurrar coisas ruins para fora da mente e evitar a angústia que sentimos diante dos altos e baixos da vida. Essa é uma maneira de manter uma atitude positiva diante das adversidades. Mas é claro que há outras providências a tomar.

Momento de reflexão

Momentos de adversidade são uma ótima oportunidade para fazer um balanço sobre como a carreira está sendo conduzida e analisar as atitudes que você vem tomando, assim como para rever o plano de negócios e as estratégias de carreira. Onde estou errando? O que posso fazer melhor? É a hora de pedir feedback aos coaches e mentores. Quem não aceita opiniões de pessoas que estão sinceramente empenhadas em ajudar está condenado a ver a carreira morrer. Na hora das adversidades é que se devem trabalhar os pontos fracos e reforçar aquilo que pode trazer melhores resultados.

Nesse momento, o jovem deve passar a funcionar no modo de economia de energia, o que, vale deixar bem claro, não significa ficar paralisado. O modo de economia de energia consiste em alterar as coisas sem brigar com elas. De que adianta chorar, espernear, brigar com agências e produtores, reclamar com todos os conhecidos por não estar tendo oportunidades de trabalho? Os momentos de baixa fazem parte de uma caminhada de sucesso. É perfeitamente normal que as ofertas diminuam em alguns momentos. Essa é a hora de refletir se continuamos na direção que queremos, se ainda estamos na rota certa. Na correria, a gente não consegue perceber isso. Só a calmaria nos dá essa oportunidade.

Mesmo que você tenha feito seu plano de negócios, venha guardando um percentual de seus ganhos para garantir o futuro e esteja cuidando de seu corpo e de sua alimentação, ou seja, fazendo o dever de casa direitinho, alguma circunstância — uma decisão governamental ou uma fase financeira desfavorável — pode fazer com que os trabalhos diminuam e as coisas parem de fluir. Mesmo que esse marasmo dure meses, essa é uma fase que deve ser aceita com sabedoria. Aproveite para se reciclar, para se restabelecer e voltar com força. Porque, quando você estiver em um ritmo acelerado novamente, não terá tempo para isso.

Anteriormente, usei como exemplo um ator desanimado diante de uma crise. Mas também podemos imaginar a situação oposta. Por exemplo, um músico que sempre buscou aperfeiçoar suas qualidades profissionais. É membro de uma banda há quinze anos. Canta, toca instrumentos e compõe. Ao longo dos anos, aprendeu a fazer uma série de coisas. Mas um dia essa banda, por brigas e uma série de outros fatores, chega ao fim da linha, resolve se separar. É um baque para aquele músico, mas suas qualidades artísticas são grandes e, por esse motivo, ele sabe que não vai ficar sem trabalho.

Como tem conteúdo para oferecer ao mercado, vai conseguir oportunidades rapidamente. Pode compor para alguém, partir para shows solo ou tocar em outra banda. Vai estabelecer seu marketing pessoal, e as pessoas da indústria vão aceitar recebê-lo e examinar seu currículo. É muito provável que ele consiga uma oportunidade de trabalho, e isso é resultado do conhecimento que acumulou ao longo do tempo.

Aí é que está toda a diferença: a pessoa que não passou por esse processo de busca por conhecimento e melhorias, quando leva um tombo, não tem muita alternativa. É como um ator que só sabe trabalhar para a televisão. Se não lhe oferecerem mais nenhuma oportunidade na tevê, ele não vai ter o que fazer. Como não sabe interpretar no palco, acabará se retraindo e caindo na famosa sofrência.

No final, você colhe aquilo que você planta. É uma realidade quase que matemática, científica. Se você planta excelência, estudo, disciplina, regras, vai colher coisas boas. Mas, se é preguiçoso, acomodado e conformado, seu período de auge vai acabar mais rápido do que imagina.

Fama é circunstancial

Eu costumo usar mais um argumento para mostrar que essa grande e arrebatadora fama com que muita gente sonha é algo quase impossível de prever: a fama é circunstancial, ou seja, depende inteiramente do momento em que determinada pessoa ou obra surge para que conquiste a atenção do público. Temos inúmeros exemplos disso, mas talvez o universo musical tenha os exemplos mais claros.

Durante a ditadura militar brasileira (1964-1985), período de absoluta radicalização política, muitos músicos cantavam ou compunham as chamadas canções de protesto, que falavam contra a censura à imprensa e às artes e contra a proibição da participação política dos jovens. O que eles falavam caía no gosto da juventude da época. Os artistas faziam grande sucesso e eram idolatrados de uma maneira que não se assemelha a nada que existe atualmente. Por isso, vários desses músicos (mas também atores e outros artistas) eram considerados como sendo quase que acima do bem e do mal. Afinal, chegava-se a acreditar que sua arte poderia ajudar a livrar o país daquela situação e colocar um fim às perseguições, torturas e prisões que atingiam principalmente os mais jovens.

Quando a situação política começou a mudar, entretanto, quase todos esses compositores e cantores caíram rapidamente no esquecimento do grande público. Ou seja, mesmo sendo bons artistas, o que eles tinham a mostrar já não era uma necessidade social. O que eles cantavam já não encontrava mais tantos ouvidos interessados. Surgiram, então, as bandas de rock e músicas dançantes com letras que nada tinham a ver com política. Eram canções, e também roteiros de filmes e teatro, que falavam sobre curtir a vida e deixar de lado a tristeza. Muitos dos que seguiram essa linha fizeram sucesso porque esse era o desejo da maioria das pessoas naquele momento. Mas esses também iriam ser substituídos, mais tarde, por ritmos como pop, forró e sertanejo. Ou seja, não basta ser bom, é preciso ter consciência do que o público está disposto a consumir naquele momento específico. A arte, portanto, não está dissociada do momento histórico e das aspirações e moral vigentes na sociedade em dado momento.

Esse fenômeno também é aplicável a outras carreiras artísticas. Quando olho para algumas modelos brasileiras que fizeram grande sucesso internacional, vejo que elas se diferenciaram entre tantas outras não apenas por sua beleza e estilo, mas principalmente pela atitude que demonstraram. Algumas delas chamaram a atenção pela personalidade forte e independente, que ia além da futilidade do mundo da moda. Será que elas fizeram sucesso porque naquele momento o mundo estava valorizando esse tipo de personalidade feminina? O mercado tem sensibilidade e viu que aquelas modelos atendiam aos anseios da sociedade e apostaram firme nessas profissionais.

O mesmo aconteceu, na minha opinião, com a atriz Larissa Manoela quando representou a personagem Maria Joaquina na novela *Carrossel*, do SBT. A personagem, uma menina mimada, egoísta, arrogante e metida, tinha tudo para ser odiada por toda a nação brasileira, mas não foi isso o que aconteceu. Maria Joaquina foi amada por todos e fez com que Larissa Manoela se tornasse famosa. É claro que a Larissa tem todo o mérito de seu sucesso, mas será que, além disso, as crianças que acompanhavam a novela não viram naquela personagem uma menina de personalidade e atitude? Talvez os telespectadores tenham se projetado naquela garota forte e cheia de opinião. Será que não havia no ar a necessidade da representação de uma garota assim?

Pelo que eu acabei de expor, pode parecer que tudo não passa de uma questão de sorte e que qualquer pessoa, independentemente de seu esforço, pode cair nas graças do público por um mero acaso. Sim, isso pode até acontecer, mas, se o profissional não estiver preparado, seu tempo de glória será curtíssimo. Quantos cantores de uma música só já não ouvimos e vimos no rádio e na tevê? Eles estouram nas listas de mais ouvidas, ganham milhões de seguidores nas redes sociais e depois de duas semanas desaparecem para sempre.

O mercado gosta é de conteúdo

O que o mercado gosta mesmo é de conteúdo. Um ou outro artista pode até se tornar famoso de maneira instantânea e ter aqueles conhecidos quinze minutos de fama, mas, geralmente, se não tem nada de novo para oferecer, logo cai no esquecimento, o público se cansa dele. Aqueles que têm voos mais longos e um sucesso contínuo são os que têm conteúdo, que se prepararam e que tratam a carreira como um verdadeiro negócio, com organização, objetivos definidos e atualizações constantes.

No entanto, mesmo os que têm conteúdo estão sujeitos às tempestades e às mudanças de maré do mundo artístico. Acabamos de falar sobre isso. Grandes músicos da década de 1980, alguns considerados gênios, também não perderam sua fama e seus fãs? Ou seja, não é possível garantir que alguém terá fama contínua e estável por décadas. Mas o bom momento profissional pode ser prolongado e o sucesso, aquele que significa ser feliz com o trabalho que está sendo feito, pode ser mantido por muitos e muitos anos.

O pulo do gato para manter essa fase profissional favorável é, na minha opinião, cercar-se de bons assessores e coaches. Especialmente uma boa assessoria de imprensa. Mais uma vez, insisto que isso pode ser feito mesmo se o dinheiro ainda estiver curto para o jovem talento. É possível, por exemplo, contratar alguém que esteja se formando em jornalismo, mas, claro, que possa ser assertivo ao ajudar esse talento. O assessor de imprensa será precioso no processo de veicular na mídia reportagens que falem sobre o trabalho que o jovem está desenvolvendo.

As pessoas gostam de ajudar

Tenho a convicção de que hoje as pessoas têm dificuldade de se sentirem valorizadas. Se você pede auxílio a alguém, essa pessoa sentirá que tem algum valor, que poderá deixar um legado, a sua marca. Esse sentimento de reconhecimento e a gratidão que você demonstrará a ela valem muito mais do que o dinheiro. Imagine esta situação: alguém que está prestes a se formar em artes cênicas, cheio de conhecimento para compartilhar, é abordado por você: "Estou sabendo que você é um excelente aluno, uma referência, um de seus professores me disse isso. Eu estou precisando de alguém que me dê um norte, um apoio, você poderia me ajudar?". Difícil imaginar as pessoas dizendo não a um pedido desses.

Outra possibilidade é pedir que atores, músicos e modelos já experientes avaliem seu trabalho. Eles podem assistir a um vídeo seu, por exemplo, e dar dicas preciosas. Muita coisa não envolve dinheiro, mas mesmo assim é recebida com boa vontade. Às vezes, muita gente prefere se isolar porque tem vergonha e medo de pedir ajuda. Mas, se refletirmos sobre isso, veremos que, nesse caso, vergonha e orgulho são sentimentos muito parecidos. Não queremos pedir auxílio porque corremos o risco de ouvir um não, o que feriria nossa vaidade e nosso orgulho. É preciso ter muita autoconfiança para correr riscos.

Outro apoio muito importante para o artista que está iniciando sua carreira é o emocional. De novo, o dinheiro curto é algo que pode ser contornado. Por exemplo, se eu for a um curso de psicologia, com certeza vou encontrar ali pessoas recém-formadas ou que estão quase se formando que adorariam ter a experiência profissional de ajudar um jovem artista a decolar. Às vezes, elas podem até não cobrar nada por isso. Para encontrar esses serviços, é claro, você precisa buscar informações. A boa notícia é que buscar informação é algo que pode ser feito de maneira gratuita.

Este é um grande diferencial: estar sempre em movimento, atento a novidades e a oportunidades. Você não pode ficar estático e pensar que nada vai dar certo, que não tem dinheiro para contratar profissionais e que é melhor ficar quieto e sem fazer nada. Quando você cria um movimento, o universo se mexe junto com você. As coisas acontecem e as oportunidades surgem sem que muitas vezes saibamos de onde vieram.

Esse tipo de ajuda pode ser encontrado em todas as áreas. Se você buscar uma pessoa que está se formando em uma faculdade de música, existe a chance de que ela o ajude de maneira espontânea, sem pedir nada em troca. Esse apoio dado a você pode até mesmo ser contado como horas de estágio complementares, exigidas pela escola ou faculdade para obtenção do diploma. No teatro e na área da moda, você também pode encontrar pessoas assim. Por que considerar de antemão que não existem pessoas solidárias? Há mais gente boa no mundo do que o contrário.

Dinheiro não é tudo

Ter muitas oportunidades de trabalho e convites bacanas é o sonho de todos os jovens artistas. Mas muitas vezes é preciso escolher quais deles vamos fazer e quais vamos recusar. Nesses casos, procure escolher sempre os melhores, ou seja, aqueles que vão lhe dar maior prazer e lhe trazer um retorno de imagem mais relevante. Nem sempre o melhor trabalho é o que rende mais dinheiro. Algumas vezes, são exatamente esses, os mais bem pagos, aqueles de que se deve abrir mão. Vou dar um exemplo: imagine que eu recebi um convite para um trabalho em Belo Horizonte, capital de Minas Gerais, que pagará 20 mil reais. Bacana! A cidade é grande, tem aeroporto, vários voos diários, bons hotéis, tudo parece fácil.

Mas, de repente, aparece, para o mesmo dia, um trabalho que paga melhor ainda, 28 mil reais, mas que deve ser realizado no interior de Minas Gerais, em Montes Claros, a trezentos quilômetros da capital mineira. É preciso chegar ao aeroporto de Belo Horizonte, pegar um micro-ônibus e encarar cinco horas de estrada. Qual dos dois trabalhos vale mais a pena? É importante colocar os prós e os contras de cada opção na ponta do lápis. Vai ser muito corrido ir para Montes Claros? A estrada é boa? Há risco de acidente? Vai ser muito cansativo? Como vai ser o cronograma? No final, a diferença do cachê torna-se relativa.

Uma jovem e famosa artista me contou certa vez de um trabalho aparentemente fácil e lucrativo que ela concordou em fazer. Basicamente, ela faria presença VIP na inauguração de uma loja. Bastava ir lá, ficar uma hora disponível para fotos e pronto, tudo estaria finalizado e o dinheiro no bolso. Mas não foi tão simples assim. O evento estava mal organizado, os horários não foram cumpridos e não havia uma boa segurança para evitar o assédio dos fãs. Por fim, ela ficou quatro horas em meio a um tumulto superdesgastante. Ela mesma me disse que pagaria o dobro do que recebeu para não precisar estar lá.

Cuidar para que esse tipo de coisa não ocorra é função do assessor que organiza a agenda do jovem artista. Um talento pode ter diferentes tipos de assessor ao longo da carreira. Eu, por exemplo, tenho o coach que me orienta nas decisões que estão relacionadas ao emocional; um assessor que cuida da minha agenda; e um assessor de imprensa, que abastece a imprensa com informações sobre o trabalho que a MGT desenvolve. O assessor também pode colaborar garantindo seus direitos quando da assinatura de um contrato e indicando, de maneira competente, os trabalhos que valem a pena ou não. Para isso, ele deve saber avaliar os ganhos objetivos, ou seja, o dinheiro que o trabalho trará, e os ganhos subjetivos, que são os benefícios (ou danos) à imagem do artista. Viagens, distâncias, contratos, cansaço, relação com fornecedores são elementos a considerar — as carreiras artísticas são tão complexas quanto qualquer outro negócio e exigem uma abordagem profissional para serem bem-sucedidas.

Esses contratempos, como trabalhos mal escolhidos, cachês insuficientes e agendas confusas, costumam provocar um grande estresse. Se esses obstáculos se estenderem por muito tempo, poderão fazer até mesmo com que o jovem artista desista de tudo. A maioria das carreiras é destruída por má gestão e falta de direcionamento. Isso é uma coisa séria e pode chegar ao ponto de causar graves cisões na família dos talentos quando são os pais que gerenciam a vida profissional do filho. Quando a carreira afunda, geralmente há brigas e trocas de acusações.

Em muitos desses casos em que a carreira desanda e parece entrar em uma curva descendente, a razão para isso pode ser a falta de alinhamento, ou mesmo de definição, das expectativas e dos resultados. Sempre me lembro da vez que participei de uma reunião com um empresário sobre um negócio que tentávamos estabelecer juntos. Ele começou o encontro dizendo: "Marcelo, antes de a gente começar, vamos administrar as expectativas. Qual é a expectativa que você tem com essa parceria? Diga, e em seguida eu vou dizer a minha".

Na minha opinião, essa é a postura perfeita; assim, todos os envolvidos sabem com clareza em que chão estão pisando, o que pode ser alcançado e o que é apenas um desejo fantasioso. Essa é uma excelente maneira de evitar mal-entendidos e decepções. O mesmo questionamento deve acontecer no plano de negócios de um jovem talento. O que se espera dele? Aonde o artista deseja chegar? O que ele considera que seus assessores devem fazer? Isso é sinal de transparência e profissionalismo.

Precisamos de um mentor

Coaches e psicólogos são fundamentais para tornar o caminho dos jovens tão suave quanto possível, considerando os altos e baixos que irão surgir. O talento deve ter o acompanhamento de um coach que possa orientá-lo na carreira e ajudá-lo a desenvolver suas competências e habilidades. Para além disso, é necessário o acompanhamento de um profissional que, de certa forma, colabore para controlar as emoções do jovem artista, podendo ser até mesmo um psicólogo recém-formado, como já falei anteriormente. Se nos tempos de vacas magras o talento estiver com a autoestima abalada, contar com um profissional que o ajude nesse plano emocional será precioso.

Mesmo se estiver acontecendo o contrário — com o artista em alta no mercado, os trabalhos surgindo em grande quantidade —, mas ele não estiver conseguindo administrar seu tempo, o resultado também vai ser estresse e angústia. Em momentos assim, o jovem talento se sente pressionado pela família e por todo mundo, começa a achar que ninguém o está deixando em paz, que querem seu dinheiro, tirar o máximo de proveito dele. Mais uma vez, é necessária a ajuda de um psicólogo, alguém que o ajude a entender quais são suas necessidades e que mostre a ele qual é o problema e como pode enfrentá-lo.

Uma vez que o jovem esteja convencido de que precisa da ajuda de um coach ou de um psicólogo, é preciso saber onde encontrá-los. Um bom começo é uma simples pesquisa na internet. Existem muitos vídeos de processos de coaching no YouTube, bem como sobre diferentes linhas de terapia. Há muitas referências a esses tipos de trabalho. Pesquise com calma e, quando encontrar pessoas que pareçam reunir os conhecimentos necessários, faça um contato pessoal para entender de maneira mais aprofundada o que esses profissionais podem oferecer para você.

Vou dar como exemplo a ajuda que dei ao pai de uma jovem para encontrar um psicólogo para a filha. Depois de conversarmos bastante, eu e o pai concluímos que a garota poderia avançar ainda mais na carreira caso tivesse um profissional que a auxiliasse psicologicamente. Primeiro, avaliamos se ela se sentiria mais à vontade com um profissional do sexo masculino ou feminino. Quem passaria mais confiança para ela? Concluímos que seria uma mulher. Depois disso, pesquisamos quem eram as psicólogas que trabalhavam com jovens na idade dela, que tinha 15 anos na época. Encontramos na internet psicólogas e clínicas que pareciam desenvolver um trabalho sério com adolescentes. Fechamos a pesquisa com duas candidatas que mais nos agradaram. Fizemos uma visita pessoal para estabelecer um primeiro contato e para sentir se haveria uma empatia entre a psicóloga e a jovem artista. No final, uma delas foi escolhida e o trabalho, enfim, iniciado.

Esses cuidados são necessários. O processo de escolha do coach também não é simples. Não se trata apenas de uma questão técnica, na qual o que conta é unicamente a experiência do profissional. Como se diz, o santo dos dois, cliente e profissional, têm de combinar. Coach e cliente precisam se entender e se dar bem. O artista tem de se sentir cuidado, acolhido e à vontade. Nessa relação, tem de ser estabelecido um processo constante de feedback, quase que imediato. O seu coach vai mostrar onde você está errando e sugerir ajustes em sua rota. Mas, no final das contas, ele não vai ter uma interferência direta em sua vida. Ele pode até orientá-lo a tomar certas atitudes, mas a verdadeira mudança virá sempre de você.

O papel do coach e do psicólogo é sugerir formas de suprir as deficiências que o jovem talento tem e que impedem a carreira deste de dar voos mais altos. Se a deficiência que ele sente hoje é emocional — como não conseguir lidar com os nãos que a vida vem colocando pelo caminho —, ele precisa de um tratamento terapêutico para aprender a lidar melhor com as rejeições. Se a deficiência é profissional, aí, sim, o mais indicado é buscar um coach que seja um especialista na área. Se a falha do artista está na desenvoltura da interpretação em cima do palco, ele precisa de um coach que seja um profissional do teatro, alguém que possa ajudá-lo em questões como expressão corporal e sensibilidade da atuação.

Outro personagem de grande importância na trajetória do jovem artista é um produtor que o ajude a estabelecer uma agenda de trabalho. Aí pode estar a diferença entre o sucesso ou fracasso de uma carreira. Nessa agenda de trabalho, deve haver espaço também para a vida pessoal do artista; caso contrário, é inevitável que a qualidade de seu trabalho seja afetada pela exaustão. Um final de semana livre ou momentos de folga para viver as fases naturais e as necessidades da vida de uma criança ou adolescente — e também de um adulto —

devem ser considerados como compromissos dentro desse planejamento pessoal. É preciso prever tempo para brincar, conversar com os amigos, jogar videogame, conviver com a família, namorar, ir a festas, à praia etc. Também os momentos de silêncio, leitura e estudos devem ser levados em conta.

A função dessa agenda é não deixar o mercado engolir o jovem talento. Já vi pessoas quase desistirem da carreira porque não estavam aguentando a pressão. Depois descobri que elas faziam uma média de trinta shows por mês. É claro que estariam à beira da exaustão. Quando a mente está cansada, ela é tomada por pensamentos muito ruins. E esses pensamentos ruins nos fazem tomar decisões impulsivas e erradas. As grandes decisões devem ser tomadas em momentos de descanso, não quando você está tonto de tanto trabalho, com raiva ou deprimido. O que pode sair de bom de uma mente perturbada dessa maneira?

Acontece que nós somos movidos pela ambição ou pelo medo de que, se recusarmos convites, as pessoas não vão mais nos oferecer trabalhos. No entanto, é sempre importante lembrar que todos nós, famosos ou não, temos limites físicos e emocionais determinados por nossa constituição humana. Se trabalharmos demais e não dermos uma pausa para nosso corpo e nossa mente, ainda que façamos algo de que gostamos, as coisas vão acabar desandando e, do alto de todo esse sucesso, vamos acabar por desabar, exaustos e mal-humorados, além de enfrentar uma queda na qualidade do emprego das nossas habilidades.

O coach emocional e a família

Quando o talento é gerenciado de perto pelo pai e pela mãe, o alcance da terapia deve ser estendido para toda a família. Provavelmente, o trabalho do psicólogo será ajudá-los a definir com clareza a relação que vão manter entre si. A terapia é uma excelente opção para lidar com possíveis questionamentos como: "Até onde nós podemos interferir como pais?", "Como eu, filho, me posiciono nessa relação em que vida familiar e profissional estão tão emaranhadas?

Como separar uma coisa da outra?". Sempre há o perigo de as relações ficarem muito confusas.

A tendência da família é exatamente misturar tudo. Um psicólogo habilidoso pode evitar tal confusão e sugerir a melhor maneira de colocar cada coisa em seu lugar. Porque, uma vez que as relações estejam misturadas, mudar atitudes e comportamentos é muito mais difícil. Recomendo vivamente o trabalho de alguém de fora da família para gerenciar esse desafio. Essa terapia vai mostrar aos pais uma dinâmica organizacional que muitas vezes eles não conseguem enxergar. A família sempre é movida pela emoção; a terapia entra com a razão.

Não haverá dias vazios

Mesmo quando o mercado já lhe sorriu e deu sinais de que você está no caminho certo, você pode se sentir perdido se os trabalhos demorarem a surgir. Isso, em geral, ocorre porque você não fez um bom plano de negócios, já que as rejeições devem estar previstas em um plano bem-feito. Foi isso que eu disse certa vez para uma jovem atriz que estava gravando para uma novela da Rede Globo. Ela estava superfeliz e entusiasmada, mas num dado momento da conversa eu disse a ela: "Que bacana, eu acho isso tudo que está acontecendo com sua carreira sensacional. Mas queria perguntar uma coisa: e quando acabarem as gravações, o que você vai fazer?". Ela me olhou e respondeu: "Ainda não pensei nisso".

Posso ter soado como um desmancha-prazeres, mas não era essa a minha intenção. Se não tivermos um plano, uma estratégia, se não cogitarmos investir em estudos e cursos entre um trabalho e outro, ficaremos sem saber o que fazer quando chegar o período da seca de oportunidades. Nossos dias parecerão vazios e seremos tomados por uma angústia cada vez maior. Mas, se você estiver em contato constante com sua área de atuação, não haverá dias vazios. Você não dará tempo para a mente começar a elaborar pensamentos tristes. Afinal, você estará investindo em conhecimento e ampliando suas possibilidades. Depois de um tempo, quando surgir um novo trabalho, você estará ainda melhor do que no trabalho anterior, pois terá adquirido mais conhecimento. Como já disse outras vezes, o acompanhamento de um psicólogo, mentor ou coach será de imensa ajuda para atravessar esses intervalos entre uma atividade profissional e outra.

Há um dito popular que afirma que "cabeça vazia é oficina do diabo". Por isso, insisto na questão da formação contínua que já mencionei algumas vezes neste livro. É preciso esclarecer, no entanto, que estar sempre à procura de cursos e outros treinamentos para um aperfeiçoamento constante não significa tentar abraçar o mundo de uma só vez. Um ator que tenta se especializar em vinte temas da área de interpretação não consegue, no fim das contas, fazer nada bem-feito. Eu acredito que devemos fazer poucas coisas mas fazê-las bem, de corpo e coração inteiros.

A melhoria contínua, como o próprio nome diz, faz com que a pessoa se torne um profissional cada vez melhor. Mas para isso é necessário ter uma sequência de cursos, um cronograma e metas estabelecidas. Quantos de nós já não começamos um curso de inglês ou uma academia de ginástica motivados apenas pelo entusiasmo? Mas só isso acaba não sendo suficiente para nos levar adiante. Se não temos metas claras, qualquer outra coisa pode se tornar mais importante do que o curso que estamos fazendo. Um dia, estamos com dor de cabeça, no outro temos uma reunião bem na hora da aula. Logo estaremos desanimados e vamos desistir de tudo. Se você se comportar dessa maneira durante o aperfeiçoamento de sua carreira, se tornará um artista limitado.

Um bom exercício é substituir a palavra "meta" pela palavra "desafio". Desenvolver essa dinâmica mental de se desafiar constantemente — "Vou chegar àquele ponto, não vou me distrair nem parar até conseguir chegar lá" — é uma maneira eficiente de se autoencorajar. Ao final, continuaremos a ter metas, mas as trataremos como se fossem obstáculos a serem superados e colocaremos uma carga maior de energia para atingi-las. Seu maior concorrente, então, passa a ser você mesmo. Essa experiência é muito interessante; você passa a cobrar excelência de si mesmo e a cada dia espera se tornar um pouco melhor.

Ator camaleão

Teremos ainda mais empenho em superar os desafios que colocarmos à nossa frente se junto a eles fixarmos os porquês de estarmos tentando superá-los. Imaginemos um ator que esteja trabalhando na tevê hoje, mas que queira se aperfeiçoar como ator de teatro. Também quer fazer teatro porque isso vai lhe trazer muita satisfação e um bom retorno financeiro. Para além disso, quando estiver no teatro, ele poderá aumentar sua rede de contatos, já que vai viajar para vários lugares e contracenar com várias pessoas que talvez não estejam na tevê. Esses relacionamentos lhe abrirão outras oportunidades em outras áreas de atuação, pois ele passará a conviver com pessoas com atividades diversificadas. Como a linguagem de palco é diferente daquela da tevê, ele também vai se tornar um ator mais bem preparado, mais completo e versátil, o que também lhe trará mais chances de novas experiências. Assim, ele vai se tornar um verdadeiro ator camaleão, capaz de se transformar e fazer parte dos mais variados ambientes. Vai estar apto para trabalhar na tevê, no teatro e também no cinema, e isso fará inclusive com que a possibilidade de uma carreira internacional se torne real.

É claro que, mesmo camaleônico, esse profissional sempre será melhor em algum tipo específico de atuação. Ou na tevê, ou no cinema, ou no palco. O mesmo acontece quando somos fotografados: alguns de nós ficam melhor sérios, outros sorrindo. Um músico pode se sair melhor tocando sozinho ou quando integra uma banda. Um cantor pode ter melhor desempenho ao cantar música popular brasileira do que rock ou samba. O artista sempre terá sua área de excelência, mas, se não ficar limitado a ela, as possibilidades de ter uma carreira rica e repleta de oportunidades serão muito maiores.

O risco da fama

Uma carreira rica e repleta de oportunidades poderá trazer, eventualmente, a fama. Já falamos da diferença entre fama e sucesso. A felicidade e a satisfação com a carreira equivalem ao sucesso; já a fama pode ser algo passageiro, decepcionante e provocar inúmeros problemas. Mas de forma alguma a fama deve ser encarada como algo a ser evitado. Não é assim. Se a fama vem de forma espontânea, ela pode, sim, ser uma fonte de satisfação para o talento.

No entanto, o que não nos cabe é escolher ser famoso. Quem vai dar esse status a você é o público. A sua parte é desenvolver seu trabalho da melhor maneira possível. Por ser incontestável o fato de que quem atua na área artística corre sempre o risco de uma hora se tornar famoso, se isso acontecer, agradeça e comemore. Mas tome os cuidados para não pagar o alto preço que pode ser cobrado por isso. A fama produz vários efeitos colaterais. A exaustão, a falta de privacidade, a aproximação de várias pessoas que querem tirar proveito de seu momento de estrela e o assédio às vezes exagerado da mídia e dos fãs são alguns deles.

Uma atriz que se tornou famosa queixou-se comigo que não conseguia ir à praia, ao clube ou mesmo a um shopping sem que fosse abordada pelos fãs e fotógrafos. Ela me perguntou como deveria agir diante dessa situação. A minha sugestão foi que ela passasse seus períodos de férias fora do Brasil, onde não seria reconhecida. Se bem que hoje há viajantes brasileiros em todas as partes do mundo. Outra solução seria negociar com a direção de clubes ou parques de diversão para que esses abrissem uma exceção e a deixassem se divertir em um horário no qual suas instalações estivessem fechadas para o público em geral. Usar perucas, óculos escuros ou entrar no cinema depois que a sessão já começou são outras alternativas. Mas, cá para nós, tudo isso traz uma pitadinha de insatisfação.

A fama sempre tem seu preço, e ele pode ser alto. E não poderia ser de outra maneira. Você não pode fugir de seus fãs ou pedir para eles que o deixem em paz. Há uma regra de ouro: a admiração dos fãs, que afinal foi o que fez com que você se tornasse famoso, tem de ser retribuída com gratidão, educação e atenção. O conselho que dou para os jovens artistas famosos é nunca ir sozinhos a lugares públicos e também nunca repudiar as pessoas ou tratá-las com arrogância. As pessoas que pedem um abraço, um autógrafo ou uma selfie são o seu público; reagir a esse contato com grosseria só causará danos à sua carreira. Alguém pode filmar a cena e colocar o vídeo nas redes sociais, o que provocaria todo um desgaste profissional e pessoal.

Andar blindado

A melhor solução é ter um assessor que mantenha o artista blindado. É ele quem vai dizer não para os fãs, que vai tentar conter os mais exaltados, pedir que deixem o famoso em paz. O artista nunca pode dizer não para o seu público. Com certeza, o assessor será odiado pelos fãs, mas a imagem do artista tem de ser preservada.

Outra providência necessária é ter uma agenda bem organizada, na qual estão previstos os momentos em que você, famoso, vai descansar. Também é fundamental ter um estrategista de internet, um profissional de marketing digital que cuide de você e de sua imagem na rede social, que acompanhe o que é postado sobre você e que responda às perguntas e pedidos dos fãs. O jovem artista não tem como responder a tudo sozinho. É preciso contar com uma equipe que cuide de todo o marketing e que estabeleça estratégias de relacionamento com o público.

Por exemplo, alguém criticou você em uma rede social. O que fazer? Você responde, deixa para lá ou aciona juridicamente? Sua assessoria de imprensa vai sugerir o que deve ser feito, o advogado dará instruções com bases legais e seu terapeuta, que cuida de sua saúde psicológica, também poderá trazer contribuições. Ou seja, as decisões serão tomadas junto com toda a equipe, que tem de ser de confiança. Um jovem famoso é um produto, um negócio, não pode mais atuar sozinho.

Eu insisto em dizer que o artista é como um produto, mas não podemos nos esquecer que ele também é um ser humano, e não uma máquina. É preciso, então, que tenha uma fonte para abastecer as energias e pacificar a alma. Ele pode encontrar isso nas orações, na meditação, nos bons amigos que o acompanham desde o começo, no convívio com a família. É preciso que o artista tenha um círculo de pessoas que ame e que tenha certeza de que esse sentimento é recíproco. É com elas que ele vai dividir os prazeres de seu sucesso, suas dores, suas mazelas, suas angústias, seus medos e aproveitar seu momento de descanso. É nesse círculo que ele deve se fortalecer. É dali que deve tirar a certeza de que, mesmo que um dia a fama vá embora, as coisas continuarão a ser como sempre foram.

O próximo capítulo trará orientações sobre como os artistas e seus pais devem planejar e gerenciar as finanças da carreira artística para que ela se desenvolva de maneira tranquila e sem turbulências causadas por uma administração inadequada do dinheiro.

9

Dinheiro também se faz com arte

O planejamento e a gestão financeira do futuro talento. Artistas precisam de alguém que lhes ajude a organizar sua vida econômica. As vantagens de ter um empresário. Como e em que momento um jovem talento pode conseguir patrocinadores.

Todos sabemos o que os artistas são capazes de provocar em nós. Eles nos fascinam com suas interpretações musicais. Enfeitiçam com sua beleza e charme ao desfilar sobre uma passarela. Fazem nossa imaginação e emoção voarem alto quando representam sobre um palco ou na tela do cinema. Já ouvi pessoas dizerem que a arte — e, portanto, os artistas — é o que nos torna diferentes dos animais, pois fazer e apreciar a arte é algo que só os seres humanos são capazes de realizar.

Mas, embora sejam capazes de tudo isso, os artistas têm uma grande limitação. Há uma coisa que para quase todos eles parece ser quase impossível: lidar com dinheiro de maneira racional e disciplinada. Pode parecer exagero meu, mas não é. A experiência me mostra que artistas são impulsivos ao lidar com dinheiro, têm dificuldade em entender contratos, não sabem determinar o valor de seu trabalho e, se o dinheiro começa a entrar na conta bancária mais abundantemente, quase sempre o distribuem com generosidade exagerada para seus familiares e amigos, o que mais à frente os deixa em dificuldades financeiras.

Essa última característica — dar para os outros grande parte do que recebe — é a mais curiosa, em minha opinião. Acho que isso acontece porque o artista, na maioria das vezes, tem um grande sentimento de culpa. É como se ele considerasse possuir um dever em relação ao resto do mundo, como se estivesse em dívida com um grande número de pessoas. Por isso, a primeira coisa que ele costuma fazer quando começa a ter recursos é tentar retribuir para as pessoas que considera que o ajudaram no início da carreira. A devolução, ele pensa, deve ser imediata. Não dá para esperar, nem planejar. E lá se vai pela janela o pagamento que recebeu.

"Mãe, você segurou a minha situação durante tantos anos, me ajudou na minha caminhada, vou comprar uma casa para você", eles dizem. Pronto, compram uma casa enorme, no impulso! Passa um tempo, não aparecem mais trabalhos, o dinheiro encurta e... "Vamos vender essa casa, mãe, comprar uma menor, e vamos pegar o dinheiro da diferença, pois os tempos estão difíceis". Os trabalhos voltam, ele vai comprar tudo de novo... E segue assim, sem organização e sem estabilidade.

Se fossem apenas os artistas que tivessem dificuldade em administrar a vida financeira, a coisa não seria tão ruim, porém também os pais dos jovens talentos costumam ter pouca habilidade nessa área. Seus pecados são parecidos com os dos filhos: têm dificuldade em fazer um planejamento de investimentos, agem por impulso, contraem gastos desnecessários para o momento, deixam de aplicar recursos em itens que poderiam ajudar a carreira do filho a se desenvolver com mais velocidade. Muitas vezes, lhes serve de desculpa o fato de que as carreiras artísticas têm — e têm mesmo — uma dinâmica própria, por dependerem de fatores imprevisíveis. É impossível prever, por exemplo, se determinado artista vai cair no gosto das pessoas.

Gastos desnecessários

Além da falta de preparo para lidar com dinheiro, muitos desses artistas também desconhecem quais investimentos em capacitação trazem retorno real no mercado das profissões artísticas e quais devem ser evitados. E muitas vezes acabam pagando caro por cursos que não vão lhes acrescentar habilidades significativas ou por atividades que pouco ajudarão na evolução da carreira. Um bom exemplo disso seria o garoto ou garota que gasta muito dinheiro para gravar um CD com suas músicas, quando hoje em dia os CDs não são mais necessários para divulgar um trabalho musical. Há outros recursos bem mais baratos e práticos, como gravar um clipe musical e disponibilizá-lo no YouTube.

O mesmo acontece com a aspirante a modelo que investe em um book caríssimo, sendo que um trabalho bem mais simples seria suficiente para mostrar suas qualidades a uma agência. Atores também podem cometer esse tipo de equívoco ao investirem na produção de um videobook caro em uma megaprodutora, quando isso poderia ser feito de maneira bem mais modesta.

Outro comportamento típico de quem não sabe fazer um planejamento econômico da carreira artística é atender somente suas necessidades financeiras imediatas. "Estou resolvendo o que surge hoje; amanhã, seja o que Deus quiser" é o que essas pessoas parecem pensar. É uma maneira passiva de agir; elas ficam esperando que algo aconteça, que o dinheiro venha até elas, que os produtores liguem oferecendo trabalho. Não são proativas e raramente têm a iniciativa de se levantar e sair em busca de novos negócios e oportunidades. Como o mercado de trabalho não costuma correr atrás das pessoas, esses artistas acabam ficando à margem da profissão, sem rendimento algum.

Sem saber elaborar um plano de negócios para a carreira, assumindo uma postura passiva diante do mercado e sem atitude empreendedora, ou seja, sem habilidades para abrir e gerir um negócio, um artista e seus pais não conseguem manter a carreira em movimento.

Não só porque terão dificuldades em custear as despesas do dia a dia, mas também porque o jovem perderá oportunidades de evoluir profissionalmente. Se o talento e a família não enxergam a carreira artística como um negócio, o mais provável é que não se preparem, não guardem dinheiro para o tempo das vacas magras, aqueles com pouca, ou nenhuma, oferta de trabalho. Fazer uma reserva de dinheiro é um dos pontos fundamentais de um plano de negócios.

Mas o que o jovem artista pode fazer para não se colocar em uma situação difícil e passar a administrar seus recursos com competência? Se ele e sua família possuem o entendimento de que a carreira deve ser tratada como um negócio, porém assumem que não são capazes de realizar a administração financeira, a melhor decisão é confiar essa administração a um profissional. Entretanto, principalmente no início da carreira, quando a entrada de recursos ainda não é suficiente, isso pode ser inviável. Assim, é necessário que o talento e seus pais adquiram conhecimentos financeiros básicos.

Vamos combinar: com o conhecimento das quatro operações matemáticas básicas, já dá para entender pelo menos os fundamentos da gestão financeira. Planilhas, por exemplo, são fáceis de entender. De um lado, coloca-se a quantidade de dinheiro que entrou ou está em vias de ser lançada na conta bancária; do outro lado, as despesas, tanto as imediatas, de gastos do dia a dia, quanto para o pagamento de cursos, viagens etc. Acredito que o pânico que essas planilhas costumam gerar se deve ao fato de que elas mostram claramente o eventual desequilíbrio das contas. Não é possível mentir para as planilhas; elas mostram a realidade de nossa situação financeira (no Anexo 2 deste livro, trago um exemplo de planilha financeira para ajudá-lo a organizar suas finanças).

Dez passos para organizar o planejamento financeiro

O gerenciamento financeiro de uma carreira é mais eficaz quando entregue a um profissional que trate as questões de dinheiro de maneira racional, e não emocional, como a família costuma tratar. No entanto, mesmo sem ter grandes habilidades financeiras, o jovem e seus pais podem tomar providências que minimizem a chance de tomar decisões incorretas. A seguir, trago dez sugestões de cuidados a ser tomados para evitar o descontrole financeiro:

1. Verificar semanalmente as receitas e as despesas.
2. Orçar tudo o que for comprar ou alugar. Consultar especialistas antes de decidir fazer algum investimento.
3. Antes de comprar qualquer coisa, perguntar a si mesmo se você realmente tem necessidade de adquirir aquilo.
4. Evitar ao máximo pagar qualquer coisa a crédito. Comprar à vista e negociar descontos.
5. Usar o cartão de crédito apenas quando for um benefício para você.
6. Guardar sempre um mínimo de 10% de tudo que você ganha. Esse dinheiro deve ser aplicado de forma conservadora, para que você possa usá-lo nas fases de vacas magras e também para fazer cursos e viagens, vitais para seu desenvolvimento profissional.
7. Não abrir mão das metas que você determinou, mesmo quando, nos momentos de dificuldades, elas parecem difíceis de cumprir.
8. Analisar o plano de negócios constantemente e verificar se você continua no caminho certo.
9. Viver a vida conforme sua renda, gastando menos do que você ganha.
10. Perguntar-se a todo momento: "Para onde eu quero ir? Como alcançar o objetivo que estabeleci? Quando ele será conquistado? O que preciso investir para alcançar o que desejo?".

Se obedecidas, essas simples diretrizes manterão as finanças dos jovens artistas nos trilhos. De fato, elas valem para qualquer pessoa, mesmo aquelas não envolvidas na área artística.

Além desses cuidados no planejamento financeiro, há um ponto sobre o qual os artistas em início de carreira devem refletir. Trata-se de uma questão que é muito mais emocional do que matemática. Com calma, o talento deve refletir sobre o motivo de estar desenvolvendo uma carreira e procurando ganhar dinheiro. Ele deve se perguntar: "Estou fazendo tudo isso por mim mesmo, ou para satisfazer outra pessoa?". Chamo a atenção para esse ponto por experiência própria. Eu cometi muitos erros na minha vida porque tomava decisões de negócio pensando nos outros, não em mim.

Quando você pensa que precisa ganhar dinheiro para resolver problemas dos outros, não é capaz de montar uma estratégia de sucesso para sua carreira. Quando coloca todo o seu esforço, toda a sua vontade em alcançar o sucesso para recompensar alguém que não seja você, o que acontece é que você perde o foco. Claro que podemos ajudar as pessoas próximas, aquelas que queremos bem, mas a maior parte do dinheiro que é fruto de nosso trabalho deve ser utilizada em nosso desenvolvimento profissional.

Hoje, os jovens artistas têm diante de si um mercado cada vez mais dinâmico e diversificado. Para acompanhar esse dinamismo, eles devem se comportar um pouco como camaleões, que mudam de cor conforme o ambiente em que se encontram. Esses talentos precisam abrir os olhos para as várias oportunidades de trabalho que o mercado da música, da moda e da atuação não param de oferecer a cada dia. Não há por que ficar sentado em casa esperando que os convites batam à porta quando há agências virtuais, produtores fazendo os mais variados espetáculos e um número cada vez maior de especialistas, que podem ser encontrados na internet e no mundo real, para alavancar a carreira de jovens artistas.

Falta coaching nas agências

Existem no mercado muitas agências, tanto de atores como de modelos e músicos. Elas têm vários artistas cadastrados em suas bases de dados. Por exemplo, uma agência de atores possui uma lista de profissionais famosos, quase famosos e desconhecidos. A agência recebe ligações de produtores requisitando alguns de seus atores para um casting. Ela então envia esses atores para o teste. Alguns deles são efetivamente chamados. Por fim, a agência providencia a assinatura de contratos e outras burocracias semelhantes.

Esse esquema vem funcionando há algum tempo. Dá certo, afinal. Os atores ganham dinheiro, a agência também. Mas hoje eu sinto falta no mercado de alguém que faça mais coaching, como já falei neste livro. Sinto falta de profissionais que atendam mais de perto às necessidades dos talentos, que sugiram cursos, que ajudem o artista e sua família na elaboração de um plano de negócios, que providenciem apoio emocional. É essa a linha que estamos seguindo na Marcelo Germano Talents. Essa preocupação em ser coach dos jovens talentos é hoje um diferencial de mercado. É preciso ficar mais próximo dos artistas. Hoje, na MGT, somos coaches desses talentos, tanto para questões de negócios quanto para questões emocionais.

Todo artista necessita de um apoio que vá além dos cuidados dos pais, quando são estes que gerenciam sua carreira. Os pais podem ter boa vontade, mas as carreiras artísticas são complexas e demandam que os talentos estejam continuamente investindo em sua formação, por meio não apenas de cursos ligados diretamente à sua arte, mas também de conhecimentos gerais, como de uma língua estrangeira, empreendedorismo, entre outros. Além disso, a carreira artística envolve contratos e negociações complicados, que exigem conhecimentos a respeito da legislação e até malícia para fugir de armadilhas. Enfim, é um mundo em que amadores não têm muito espaço para progredir.

A hora e a vez de ter um empresário

Um empresário ou um agente artístico coloca tudo que acabamos de apontar em uma perspectiva mais profissional. Eles caminham à vontade nesse ambiente de negociações, contratos e leis. Mas qual é o momento certo de contratar um empresário? Eu diria que é quando o jovem talento ou sua família começam a sentir que estão perdendo o controle sobre a carreira. Quando passam a ter dificuldades para entregar o que os clientes querem. Trata-se do momento em que agências e produtores requisitam com frequência o jovem artista para trabalhos, seus contatos nas redes sociais aumentam sem que ele consiga responder a todos, sua agenda passa a ser mal administrada. Quando isso acontece, é uma boa decisão ter um empresário ao lado.

Imagine um produtor fazendo um contato profissional com um artista cuja carreira está voando alto e ouvindo de volta: "Ah, você quer assinar um contrato de uso de imagem? Espere aí que eu vou chamar a minha mãe". Esquisito, não? Certamente, não é algo que valoriza o jovem talento.

Não que a mãe e o pai não possam coordenar várias coisas na carreira do artista, mas, se a questão envolve dinheiro e contratos, passa a ser mais complexa. Os pais dificilmente saberão quando dizer não para um cliente. Como seu envolvimento com o filho é antes de tudo emocional, vai lhes faltar o sangue-frio e o profissionalismo necessários para saber que determinado trabalho não é tão bom quanto parece.

Vamos imaginar uma situação em que uma agência sugere um trabalho para o talento. Quem está negociando o contrato é o pai dele, que diz que para aquele trabalho o cachê do filho é de 10 mil reais. A agência contra-argumenta: "Ah, nosso cliente tem um orçamento curto, as coisas não estão fáceis, vamos fazer por 7 mil reais". Provavelmente, o pai acabará por concordar com o desconto. Se a conversa é com um empresário, este saberá lidar melhor com a situação. Dirá, por exemplo, que o valor está abaixo da visibilidade que o jovem artista tem no mercado, poderá até dizer que o artista já está com outros trabalhos e não poderá aceitar este, enfim, irá negociar. O empresário profissionaliza a negociação. Os pais não conseguem negociar porque dinheiro e emoção não combinam. Já o empresário não tem sentimento, sabe fazer negócios de maneira profissional.

Outra razão para buscar um empresário para o artista é que as coisas se tornam emocionalmente confusas quando os pais cuidam da carreira do talento. O jovem artista não sabe mais quando está falando com o pai e quando está falando com o profissional. Quando isso acontece, é hora de os pais contratarem um empresário e falar: "Aqui dentro de casa é o meu espaço. Aqui é família, o escritório fica fora daqui". Aliás, recomendo mais uma coisa: jamais monte o escritório dentro de casa. É muito difícil dividir essas coisas. Em casa, a concentração não é a mesma que no escritório. É muito difícil se disciplinar. Você precisa sair de um lugar e ir para outro para que seu cérebro entenda que aqui é trabalho, lá é família. Mesmo se o talento é bem jovem, criança ainda, ele percebe que as coisas se misturam e passa a sentir como se não tivesse mais casa.

Em resumo, o que o empresário pode fazer pelo jovem artista é conseguir o que ele não tem. E o que ele não possui? Um relacionamento amplo no mercado artístico. Um empresário sério sabe, por exemplo, escolher uma boa assessoria de imprensa, que fará o trabalho fundamental de cuidar da imagem do artista perante o mercado. Um bom empresário consegue colocar o jovem em bons eventos, nos quais ele vai conhecer pessoas interessantes, o que é de grande importância para futuros trabalhos. Além disso, ajuda o jovem a escolher boas oportunidades, trabalhos que, além de remunerações interessantes, conferem ao artista visibilidade e ganho de credibilidade para a carreira. Ou seja, sem um bom empresário a seu lado, o artista perderá oportunidades valiosas para o desenvolvimento e posicionamento de sua carreira.

Um bom empresário também tem tino para encontrar novas oportunidades para o seu talento. Vamos imaginar uma jovem atriz que está em alta junto ao público. Um empresário bem informado sobre as oportunidades do mercado teria para essa jovem atriz várias possibilidades de acordo com as habilidades dela:

- **Ela sabe cantar?** Sim, sabe. Sendo assim, há a possibilidade de gravar músicas que agradem o público que ela atinge.

- **Ela tem presença cênica para fazer show?** Sim. Excelente! Shows são uma ótima forma de divulgação da imagem do talento e uma fonte de renda bastante satisfatória.
- **Ela tem boa presença, ou seja, é elegante, comporta-se bem em público e tem um charme pessoal?** Sim, ela tem tudo isso. Essas qualidades abrem a possibilidade de participar de eventos, como jantares, inaugurações de lojas, apresentar eventos.
- **Sua imagem transmite credibilidade?** Sim. Isso permite a ela licenciar produtos que usem seu nome ou sua imagem. Essa possibilidade está ligada diretamente à reputação da artista. Se ela costuma fazer declarações polêmicas; protagoniza brigas em locais públicos; é fotografada fumando ou bebendo exageradamente; enfim, possui um comportamento que pode ser mal interpretado pelo público, os possíveis clientes vão pensar duas vezes antes de associar suas marcas a essa jovem.
- **Ela conta com salário fixo na emissora para a qual grava novelas?** Sim. Esse rendimento fixo lhe permite reservar um percentual para fazer uma poupança. Dessa maneira, ela terá conforto econômico quando sua visibilidade diminuir no intervalo entre trabalhos em mídias de grande audiência. E esse período de baixa inevitavelmente vai ocorrer em algum momento. É claro, a emissora em que a atriz grava novelas diz respeito ao exemplo que estamos usando. O rendimento fixo pode ocorrer em qualquer uma das outras áreas artísticas.

Trago a seguir dez dicas para acertar na hora de escolher um empresário.

1. **Google**
   Pesquise escritórios de assessoria artística na internet.

2. **Corpo presente**
Marque uma reunião pessoal. Caso o talento seja menor de idade, é obrigatório ir acompanhado por um responsável.

3. **Raio X**
No momento da reunião, observe a estrutura física do local e peça uma relação dos artistas que já são assessorados pelo empresário. É importante conhecer a estrutura da equipe e como ela está dividida de acordo com suas atribuições.

4. **Cabeça fria**
Jamais feche qualquer contrato ou acordo por impulso ou pela empolgação. Ouça as propostas, reflita sobre elas de maneira racional e não decida nada movido pela emoção.

5. **Segunda opinião**
Pesquise sobre a conduta da assessoria com os talentos que o assessor ou o escritório administra.

6. **Nas entrelinhas**
Leve a proposta ou o modelo de contrato ao seu advogado para que ele faça uma análise e evite que você esteja em uma posição desvantajosa no momento de negociar.

7. **Folha corrida**
Pesquise o histórico da empresa, do assessor ou do escritório ao qual você está em vias de entregar a administração de sua carreira. Isso deve ser feito antes da assinatura de qualquer compromisso. Por meio do CNPJ da empresa e CPF das pessoas envolvidas, é possível levantar esses dados, inclusive antecedentes criminais.

8. **Pé no chão**
   Tenha cuidado com muitas promessas. Eu prefiro assessores diretos, objetivos e que mostram a realidade de tudo.

9. **Sintonia fina**
   As expectativas de ambas as partes devem ficar claras para os envolvidos. A pior coisa é começar uma parceria na qual um espera demais do outro. A possibilidade de frustrações e desentendimentos é grande se essas expectativas não ficam claras.

10. **Prós e contras**
    Nunca feche um contrato com o primeiro que aparecer. Contratar alguém para administrar a sua carreira é algo sério. Antes de decidir com quem vai fechar o negócio, faça como os bons compradores: peça um orçamento e compare os custos e os benefícios. A melhor oferta nem sempre é aquela com o melhor valor. Muitas vezes, é preferível escolher o profissional que tem melhor relacionamento no mercado, ou aquele com o qual seu santo bateu. A empatia é algo que deve ser levado em conta. Um bom parceiro de trabalho é alguém com quem nos damos bem e que sempre tem atenção e energia para nossos negócios.

Cuidados ao assinar um contrato

A assinatura de um contrato entre um jovem talento e uma agência ou um empresário envolve alguns cuidados e considerações. Se o talento é menor de idade, o contrato só é válido se assinado pelos responsáveis legais do talento — os pais ou o tutor. E, mesmo quando a agência e o empresário têm uma boa reputação, é recomendável contratar um advogado para promover uma análise meticulosa das cláusulas existentes. Os contratos usam uma terminologia que pode não ser entendida por quem não tem experiência com esse tipo de coisa. De qualquer modo, é importante saber o significado dos termos principais:

Objeto do contrato: é no objeto do contrato que são estabelecidos o objetivo principal da negociação, seja a cessão de voz e imagem do talento, o gerenciamento da carreira, entre outros.

Obrigações do contratante: geralmente, o contratante será o talento que busca ter sua carreira administrada pela agência ou empresário. Por meio das cláusulas contratuais, ficarão estabelecidas as condições e obrigações que o talento deverá cumprir.

Obrigações do contratado: nas cláusulas contratuais, também serão estabelecidas as obrigações da agência ou do empresário na administração da carreira do talento.

Vigência do contrato: a vigência do contrato refere-se ao prazo em que as duas partes — o talento e o empresário ou agência — manterão sua negociação. Os prazos costumam variar de 12 a 36 meses. Também é comum que os contratos tragam uma cláusula explicando as condições para suspensão ou renovação do contrato.

Cláusulas de exclusividade: é comum no mercado artístico que os contratos possuam essas cláusulas. Elas têm a função de garantir ao empresário do talento ou à agência que o valor investido no talento não será perdido caso este decida se mudar para outra agência. O contrato pode ser rompido desde que uma multa contratual seja paga ou outras condições sejam cumpridas. Caso a nova agência se interesse em ter o artista em seu quadro, ela pode pagar essa multa à agência anterior. Esse item exige atenção. Há agências mal-intencionadas que estabelecem multas abusivas ou condições que prejudicam a carreira do talento. O contrato não deve ser assinado caso o talento ou seus representantes considerem que essas condições não lhes são favoráveis.

Guilherme Abreu: colocar os pés dos artistas no chão

Guilherme Abreu construiu uma carreira de sucesso como empresário de atores sem ter nenhuma experiência prévia na área.

Depois de ter trabalhado como gerente de caderneta de poupança, negociante de produtos importados do Paraguai, gerente de marketing do time de futebol de praia do Flamengo e dono de uma confecção, Guilherme decidiu, aos 37 anos, tornar-se empresário de artistas. Sem experiência, costumava visitar um amigo que o ajudava com conselhos, o também empresário de artistas Marcus Montenegro.

Durante um desses encontros, em 1998, Montenegro recebeu a ligação de uma produtora de elenco da Rede Globo. Ela queria saber se na lista de talentos agenciados por ele havia algum jovem ator bonito como um deus grego para protagonizar uma nova minissérie da emissora, *Hilda Furacão*. O personagem seria Aramel, o Belo, conforme disse a produtora. Montenegro disse que não tinha ninguém com esse perfil, despediu-se e desligou.

Guilherme, que havia ouvido tudo, ficou agitado. Dias antes, havia conhecido um jovem ator em início de carreira que o deixara impressionado. Era alto — 1,95 metro —, bonito e tinha um sorriso carismático. Um verdadeiro deus grego. O nome dele era Thiago Lacerda. Guilherme perguntou a Montenegro se ele se importaria se Thiago fizesse o teste. "Não há problema nenhum, vá em frente!", respondeu Montenegro. Thiago Lacerda fez o teste. E, entre sessenta candidatos, foi escolhido, emplacando a primeira das quase vinte novelas, seriados e filmes em que já atuou. Guilherme tornou-se empresário de Thiago, uma parceria que já dura quase vinte anos, algo raro no meio artístico. E foi ali também que Guilherme iniciou a sua própria carreira de sucesso. Hoje, a Guilherme Abreu Produções é uma das mais conhecidas agências artísticas do país e gerencia a carreira de mais de quarenta atores.

Há dois tipos de ator: o de verdade e o que quer ser uma celebridade

Quando eu começo um trabalho com um ator, a primeira coisa que faço é tentar entender o que ele espera da profissão. Porque há dois tipos de ator: aquele que é um ator de verdade e aquele que tem o desejo de ser uma celebridade, de aparecer, de ir para camarotes, de ganhar presentes. Com o segundo tipo, eu não trabalho. Já quem é sério, eu incentivo a ter disciplina, foco e determinação. Além disso, quando os atores já estão no mercado, procuro, junto com eles, diversificar ao máximo as várias produções artísticas de que vão participar. Cinema, tevê, teatro. Uma coisa vai juntando com a outra e dando visibilidade para o profissional. Principalmente o teatro. A verdade é que o teatro traz pouco retorno financeiro mas entrega duas coisas preciosas para o ator: credibilidade e prestígio.

Ter cultura evita que os artistas caiam no mundo ilusório da fama

Se os atores são jovens e estão chegando ao mercado agora, cobro que leiam muitos livros, que assistam a bons programas de tevê nos quais outros artistas são entrevistados. Eu acompanho o que é mais relevante no mercado, que pode agregar valor, e recomendo que eles leiam ou assistam a essas novidades. Os atores têm de ser bem informados. Têm de saber sobre política, sobre conflitos internacionais. Devem possuir conhecimento de arte, ir a exposições. Sobrou um dinheirinho? Viaje, conheça novas culturas. Mesmo dentro do Brasil. Vá para São Paulo, onde existem vários cursos, várias escolas para o talento se reciclar. É preciso abrir a mente.

Ter cultura é importante, pois livra os artistas de caírem no mundo ilusório da fama. Jovens atores podem ser muito imaturos e, quando começam a ter seus primeiros trabalhos, podem se envolver em fofocas, panelinhas e outras coisas que atrapalham a carreira. Caem nesse mundo da ilusão. Eu os aconselho a manterem seus valores familiares, a não se exporem.

O artista é o sonhador, o empresário é o pé no chão

Há atores que pensam que a carreira vai explodir em um estalar de dedos. Quando isso não acontece, ficam inseguros. Por isso, quando faço a gestão emocional desses artistas, mostro a eles a realidade da vida, coloco os pés deles no chão. Por exemplo, um dos atores que agencio já fez algumas novelas, não é mais um novato. Mas, dos últimos cinco testes que participou, não passou em nenhum. Não é para se desesperar, mas, sim, analisar o que está acontecendo. Por que não passou? Porque não se preparou bem para o teste. Esse é o papel do empresário, tratar essas questões de maneira realista. O artista quase sempre é um sonhador, enquanto o empresário tem os pés no chão.

Uma relação que lembra um casamento

Sempre me perguntam como identificar um bom empresário. Acredito que a primeira coisa é olhar o casting do profissional, ou seja, quem está no banco de talentos dele. São artistas de sucesso, que estão em boa posição no mercado? Ótimo, bom sinal. Outro fator a ser analisado é o tempo que esse empresário tem de mercado. Também é importante que artista e empresário se reúnam, frente a frente, olhos nos olhos. Esse primeiro encontro é vital. Tanto para o empresário, que vai saber o que o talento e seus pais estão pensando, como para estes, que vão saber como o empresário age. Se as duas partes pensarem de maneira diferente, talvez a relação não dê liga, não se complete. Esse relacionamento é como um casamento. É uma relação em que há vitórias, empates e derrotas. Também há entusiasmo e frustração. É preciso lidar com tudo isso ao mesmo tempo e de maneira afinada com várias cabeças funcionando de formas diversas, já que cada uma pensa de maneira diferente. Você tem que estar preparado para receber aplausos e daqui a pouco receber críticas.

O andamento da carreira do ator depende dele

Eu prefiro trabalhar com atores que tenham mais de 16 anos. Mesmo com eles, sempre peço que venham às reuniões junto com seus pais. De novo, a conversa olho no olho é importante para começar, mas a confiança vai sendo conquistada no dia a dia. Quando vou negociar qualquer coisa para o ator, sempre incluo o pai em cópia oculta. Assim, nunca haverá margem para dúvidas. Procuro ter uma relação muito próxima e com muita clareza. Não escondo nada. Deixo claro que a carreira em si não depende de mim, depende muito mais do ator, do estudo, da postura dele. Por isso, nunca prometo nada. O que eu posso fazer pelo jovem ator é descobrir se há algum evento, filme, novela que esteja precisando de um perfil como o dele, e, então, indicá-lo para um teste.

Nos testes, nem sempre quem tem a melhor atuação leva o papel

A maneira como os testes influenciam na conquista de um trabalho não é bem compreendida pelos pais. Portanto, merece ser explicada. Por exemplo, um primeiro teste para determinado papel tem a participação de cem pessoas. Os produtores analisam a performance dos participantes e escolhem dez atores. Desses dez, três são escolhidos numa segunda fase, e depois há um novo teste, já vestindo o figurino do personagem e contracenando com os atores que estão escalados para outros papéis, para ver se há química, se o ator combina com quem ele vai contracenar. O teste não leva em conta apenas o desempenho do ator, mas se ele se encaixa no papel. Não adianta alguém ter belos olhos azuis se o ator que está escalado para viver seu filho na trama for de cor parda. É por isso que algumas vezes o ator faz um ótimo teste e fica sem saber o motivo de não ter sido chamado. No fundo, quando um autor imagina uma novela, ele desenha junto uma sinopse, ou seja, um resumo da trama no qual algumas características dos personagens já estão determinadas. Se duas pessoas fazem um teste, e uma se sai bem e a outra mais ou menos, mas a que teve uma atuação mais fraca tem a cara que o autor sonhou, certamente ela será a escolha.

Uma metade do Marcelo é coração, e a outra também

Participo há treze anos do Projeto Passarela. Levo diretores e grandes produtores de elenco para a banca final. Em 2016, levei quase vinte pessoas para a convenção, que aconteceu na cidade de Santos. O Marcelo Germano é um vitorioso porque tem uma das grandes qualidades do ser humano, que é a humildade de ouvir. Uma metade dele é coração, e a outra também. Talvez venha daí a emoção que ele passa quando está no palco de uma convenção, diante de 6 mil pessoas. Ele faz as coisas com amor, mas não deixa de dizer como é árduo o caminho. Ele fala como é o mundo real e assim ajuda os pais e os futuros artistas a não criarem expectativas irreais sobre a carreira. E isso é importantíssimo.

A calma na hora da fama

Um profissional não agirá por impulso e será capaz de distinguir o que é um contrato que agrega coisas boas à imagem do artista de outros que nada acrescentam. A serenidade no momento de fechar negócios é uma qualidade de grande importância, que pode evitar mal-entendidos e conflitos. A fama pode vir de uma maneira muito repentina e pegar o talento, seus pais e outras pessoas próximas despreparados para lidar com seus efeitos. Ter serenidade e objetividade é essencial nos momentos em que o artista está no auge e surgem muitas propostas de uso de imagem, participação em eventos, peças publicitárias.

Para entender isso, imagine uma atriz que acabou de se tornar conhecida em todo o país por sua participação em uma novela de boa audiência. É provável que algumas empresas proponham contratos para associar a imagem da atriz a seus produtos. Uma marca de cosméticos, por exemplo. A princípio, é um bom negócio, já que a permissão de uso de imagem é uma das boas fontes de renda para artistas.

Mas associar a imagem de alguém a um produto é uma via de mão dupla. Se de um lado a empresa se beneficia da transferência da simpatia que o público tem pela atriz para, digamos, o batom que produz e, assim, aumenta as vendas desse produto, de outro lado o batom ou a própria marca podem ser de má qualidade, e o público pode passar a associar a atriz que admira a algo ruim, prejudicando a imagem dela.

Ou seja, não é só o valor do contrato que entra na balança. Mas esse tipo de ponderação é algo que só profissionais experientes em marketing são capazes de fazer. Saber dizer não para uma oferta de dinheiro é algo que nem todo mundo consegue. Um convite, por exemplo, para o talento participar da inauguração de uma loja, oportunidade que também surge com frequência para quem está com a fama em alta, pode ter o seu cachê mal negociado. Muitas vezes, mesmo quando está na crista da onda, o artista pode avaliar mal seu potencial de gerar dinheiro. Isso é algo difícil de recuperar depois, porque os clientes em potencial comentam entre si quais são os valores que o jovem artista cobra por sua participação. O resultado é que o mercado constrói uma imagem de quanto o talento vale, e isso é difícil de mudar posteriormente. A percepção de que esse artista "é baratinho" acaba se firmando.

O bom relacionamento entre o talento e o empresário é importantíssimo. Além de cuidar do dinheiro do artista, dos investimentos que ele vai fazer com os recursos que entrarem e também proteger o jovem para que ele não perca dinheiro em decisões equivocadas, o empresário também deve prestar atenção à vitalidade do artista. Ele deve ter sensibilidade para saber quando deve mandar o artista pisar no freio. Precisa saber quando o talento está cansado. Haverá momentos em que esse empresário vai dizer para o artista dar uma parada em seu dia a dia. "Vamos parar um pouco. Você precisa de quinze dias de folga. Viaje para a praia, para um hotel-fazenda, para a Disney. Você tem dinheiro em caixa para fazer isso, vá descansar, e na volta pensamos de novo em trabalho." Não é uma bela sintonia?

A força do marketing

Essas possibilidades são negócios que, de certa forma, correm por fora do foco principal de atuação dos artistas. Ou seja, independentemente de ser modelo, ator ou músico, o artista pode se aventurar em alguns desses trabalhos que foram citados. Como saber quais novos projetos o talento pode desenvolver? Fazendo um raio X do artista e da carreira, é possível ver de maneira clara quais são seus pontos fortes, que já agradam o público, e aqueles que podem ser desenvolvidos.

Mesmo dentro do negócio principal do artista, é possível mantê-lo em alta junto ao público com estratégias criativas de marketing. Acompanhei com atenção uma estratégia de marketing de um cantor de sucesso no concorrido mercado da música sertaneja, estratégia esta que considero exemplar. Além de esse segmento musical contar com muitos artistas, os cantores sertanejos enfrentam os riscos de pertencer a um gênero musical que é um modismo e que pode recuar de uma hora para outra. Além disso, a interpretação dos cantores é muito parecida, e é difícil distinguir a voz de um e de outro.

Exatamente por isso, destacar-se nesse mercado exige grande dose de criatividade. É o caso desse cantor. Ele fez um álbum temático, em homenagem aos quarenta anos, completados em 2017, do Dia Internacional da Mulher. O álbum, no formato de CD, tem um encarte que conta a história da luta das mulheres pela igualdade de direitos e contou com a participação especial de cantoras femininas de sucesso. Além disso, há uma fita cassete embutida no livreto, algo inusitado hoje em dia, em que fitas cassete parecem artigos de museu. Foi algo bem criativo e ousado, pois desafia o conceito de que não se vendem mais CDs no país. Aliás, os CDs do álbum são valorizados pelo fato de serem numerados, ou seja, cada um deles é um produto exclusivo. Além disso, os CDs numerados inibem a inevitável pirataria. Foi uma competente solução para destacar um cantor em um segmento tão concorrido como é o da música sertaneja. Ele e seus assessores quebraram vários paradigmas: CD não vende, sertanejo é tudo igual etc.

Patrocínio e parceria

No mercado artístico, há várias formas de relacionamento que podem ser estabelecidas entre empresários e artistas. Duas das mais usuais são o patrocínio, quando o empresário banca parte dos gastos do artista e recebe um percentual de seus ganhos como contrapartida; e a parceria, em que uma pessoa ou pessoas de áreas ligadas ao mercado se juntam para bancar espetáculos que, pelos custos ou pelos riscos, não poderiam ser produzidos por apenas uma pessoa.

De forma geral, o patrocínio funciona quando o empresário investe na compra de shows que serão feitos pelo artista, ou seja, ele garante um número determinado de apresentações para o talento, que tem assim uma entrada de dinheiro garantida por algum tempo; o empresário cobra uma comissão sobre o cachê. Isso funciona bastante na área musical e teatral. Normalmente, o percentual da comissão do empresário gira próximo a 20%. Nessa negociação, o empresário não tem qualquer compromisso de arcar com as despesas do talento, como viagens e hospedagem, e também não estão previstos investimentos em cursos e treinamentos em benefício do artista.

Não considero incorreta ou abusiva essa forma de negociação, desde que as condições estejam claras. O talento e seus assessores devem, claro, fazer um cálculo acurado dos custos e benefícios do contrato. Para ilustrar como o patrocínio funciona, vamos ver um exemplo: o empresário negocia com um músico que está fazendo sucesso e que fixou seu cachê em 50 mil reais por apresentação; a proposta do empresário é comprar vinte shows do jovem talento pagando 30 mil reais por apresentação, em vez dos 50 mil reais. O cachê do músico será menor, mas, em compensação, ele terá vinte shows garantidos. Caso ele cobrasse a tarifa cheia, receberia 1 milhão de reais, mas teria de ir à luta e negociar cada uma das vinte apresentações, sem garantia de sucesso. Negociando com o patrocinador, ele receberá 600 mil reais, mas quem terá de se movimentar para fechar as vinte apresentações é o empresário.

E por que o empresário compraria os shows desse jovem músico? Porque ele já tem em mãos alguma pesquisa de mercado que indica que esse artista é bom e que está em uma carreira ascendente. Lá na frente, esse show, que lhe custou 30 mil reais, pode valer de três a cinco vezes mais. Caso as coisas se deem realmente dessa maneira, o empresário venderá os shows para um produtor cobrando por apresentação entre 90 mil e 150 mil reais. Ou seja, ele ficará com 60 mil a 120 mil reais para si.

Já as parcerias se formam principalmente para bancar projetos mais complexos. Um produtor quer fazer um teatro musical, por exemplo. Os parceiros vão contribuir para o projeto com os conhecimentos específicos que têm: um deles conhece os melhores músicos; outro possui contatos com bons iluminadores; outro sabe fazer casting de atores-cantores. O produtor terá de dividir o bolo dos lucros em mais fatias, mas, por outro lado, vai ganhar mais com um show de qualidade e correrá menos riscos. O projeto não vai mais demorar dez anos para ser realizado; vai sair em alguns meses, ou um ano. Em vez de começar do zero e ficar dando murro em ponta de faca, o produtor já entra em contato com os profissionais que fazem os melhores musicais no país: os melhores músicos, figurinistas, dançarinos e por aí vai. Se não for assim, como o projeto sairá do papel? Sozinho, não acontecerá.

Há mais uma coisa. Já falamos neste livro de como é desanimador receber nãos. Quando você está sozinho em um negócio, o não vem como uma pancada para você. Mas, se você trabalha em uma parceria, o não é dividido. Dói menos. O processo de recuperação também é muito mais rápido. Seus parceiros terão ideias, vão abrir seus olhos para coisas que você não havia enxergado e que podem ter provocado o não. Todos se encorajarão e passarão a procurar alternativas para que o projeto dê certo e continue, em vez de ficar sofrendo cada um em seu canto.

Patrocínio direto

Há outra forma de patrocínio do talento. Nesse caso, é como se fosse um patrocínio direto ao artista. O empresário ou a empresa financia parte dos gastos do talento em troca de poder usar a imagem dele para divulgar a própria marca ou negócio.

Como em todas as formas de contrato, esse patrocínio direto deve ser tratado com cuidado e atenção pelo artista e pelos responsáveis por sua carreira. Há o risco, por exemplo, de o jovem ser patrocinado por algo que promova a vulgaridade, a sensualidade, o álcool, o sexo, enfim, algo que possa despertar reações polêmicas. Tal patrocínio, no caso de um menor de idade, seria completamente proibido. O melhor dos mundos é que esses patrocinadores e seus produtos sejam ligados a práticas saudáveis, benéficas.

Não se trata de ver a questão com olhos moralistas; o que estou falando é que os assuntos que envolverão o artista devem ser compatíveis com sua idade. Sempre digo que o patrocínio tem de combinar com o estilo de vida, o comportamento e a maturidade do talento. Para garantir que tudo seja combinado de acordo com o desejável, é fortemente recomendável que qualquer acerto feito com patrocinadores assim como as expectativas de lado a lado sejam acordados por escrito e assinados pelas partes.

Já que se fala de contrato, nunca é demais lembrar que os compromissos que estão nele valem para as duas partes. Se o contrato é uma garantia para o talento de que não haverá qualquer abuso por parte do patrocinador, também é uma garantia de que o artista atenderá ao que a empresa ou o empresário esperam dele. Em outras palavras, o talento é obrigado a cumprir o que foi combinado no contrato. Não pode, por exemplo, ficar cancelando compromissos. Se o combinado foi fazer vinte shows, é isso que tem de ser feito.

Os artistas são muito mais emoção do que razão, porém isso não pode significar fazer o que lhes dá na telha. Sabe aquela coisa do talento que diz: "Eu falo o que quero, eu faço o que quero, quando eu quero"? Isso não seria aceitável nem dos Beatles, caso eles voltassem à ativa. Estamos na era do profissionalismo. O talento e o patrocinador têm de se ver como um time. O patrocinador entrou nisso acreditando em você. Essa confiança tem de ser retribuída. Vocês estão no mesmo barco.

Cuidados com os posts

No dia a dia, essa ideia de que o talento e o patrocinador estão jogando do mesmo lado se traduz, entre outras coisas, em evitar que o artista poste em redes sociais comentários que possam ferir outras pessoas e, de alguma maneira, envolver a marca ou a imagem do patrocinador em uma situação de risco. Como falamos neste capítulo, evitar esses escorregões é uma das funções de uma boa assessoria, que lembrará ao artista que é preciso ter cuidado com o que postará ou falará em público. Caso o talento faça declarações abusivas, o resultado poderá ser até mesmo o cancelamento da parceria pelo lado do patrocinador.

Vez ou outra, fica-se sabendo de alguma empresa que cancelou contratos com alguém por conta de declarações de cunho racista ou que incitam ódio. Ao longo de 2016, houve uma grande radicalização política no Brasil, quando as opiniões se dividiram quase meio a meio entre a defesa e o repúdio ao impeachment da presidente Dilma Rousseff. Em um momento assim, o mais prudente para um artista é sempre deixar para manifestar as próprias opiniões políticas de maneira privada. O que ele ganharia tomando partido em um clima radicalizado como aquele? Pelo menos metade dos admiradores do artista iria se irritar com a opinião manifestada. A partir do momento em que se tornam conhecidos do público, os artistas se transformam, literalmente, em pessoas públicas e, por isso, precisam refletir com cuidado redobrado antes de externar opiniões sobre certos temas.

O patrocinador pode e deve deixar claro, no momento de fechar o contrato, o comportamento que espera de seu patrocinado. É um direito que ele tem, pois, caso o artista entre em alguma polêmica e seja identificado com o patrocinador, todas as consequências negativas respingarão também naquele que banca o talento.

Há outros cuidados que devem ser tomados. Por exemplo, se o artista possui contrato com uma empresa de vestuário ou calçado e é visto em público usando peças facilmente identificáveis como sendo dos concorrentes dessa empresa, isso é, no mínimo, um questionável comportamento ético. Não parece algo justo com o patrocinador. E não é.

Ir além do esperado

A satisfação de seu patrocinador será ainda maior se você fizer algo além do que ele espera. Não é porque o patrocinador é uma pessoa jurídica que ele não tem sentimentos. Naquela empresa, trabalham pessoas de carne e osso, que têm expectativas, senso de ética e de gratidão. Fazer algo além do esperado é, por exemplo, gravar um vídeo agradecendo ao patrocinador. Os talentos podem fazer muito mais por aqueles que os apoiam do que ligar apenas quando precisam de alguma coisa. Precisam fazer algo acima da média, diferente do banal.

Os patrocinadores, está bem entendido, são uma forma importante de suporte para a carreira de um talento. Mas quais são os passos para se obter um patrocínio? Em primeiro lugar, é preciso examinar em que estágio a carreira está. Se o artista está dando os primeiros passos, a chance de atrair a atenção de patrocinadores é menor. Nesse momento, a melhor possibilidade é conseguir permutas para garantir um apoio para seguir na carreira.

Eu, particularmente, não sou a favor da permuta, ainda mais para quem já está consolidado na carreira, mas, quando o artista está começando, algumas permutas podem ser válidas, principalmente quando o talento precisaria pagar por aquilo que lhe está sendo oferecido. Se ele empresta sua imagem ou seu trabalho para uma academia de ginástica, por exemplo, em troca de poder frequentá-la, ele não está sendo simplesmente pago com horas de exercícios na academia, mas está agregando algo obrigatório à carreira, que é manter-se em boa forma.

Adquirir experiência como artista é, portanto, uma exigência para que o talento possa ser elegível para obter um patrocínio. Conforme ele avança na profissão, é necessário fazer um plano de marketing que, entre outras coisas, vai orientá-lo a estar presente nas mídias sociais e expor suas habilidades. Isso é de grande importância, pois estar na mídia permite a produção de relatórios mostrando a recepção que esse talento tem por parte do público. Isso é feito medindo os likes e o número de seguidores que o artista tem nas mídias sociais. Se o talento é capaz de apresentar um bom plano de marketing para o patrocinador — e quem faz isso, normalmente, é o empresário —, suas chances de sensibilizar o patrocinador crescem bastante.

A multiplicação das mídias sociais, o profissionalismo crescente das profissões artísticas, a vinda de grandes espetáculos musicais para o país e a facilidade cada vez maior de fazer cursos e se aperfeiçoar no exterior têm diversificado bastante as fontes de renda e as maneiras de ganhar dinheiro para os artistas. Quem diria, há pouquíssimo tempo, que seria possível ganhar dinheiro com postagens ou vídeos na internet? Pois isso acontece hoje. Grandes empresas multinacionais vêm investindo pesado na divulgação de seus produtos por blogueiros e pessoas com muitos seguidores nas mídias sociais.

Um caso emblemático é o do grupo americano Postmodern Jukebox, um coletivo de cantores fundado em 2011 pelo pianista e arranjador Scott Bradlee que posta suas músicas no YouTube. Não é uma banda, mas um evento musical em que diversos cantores e músicos interpretam músicas atuais, mas apresentadas com arranjos inspirados em estilos musicais do começo do século XX. Os vídeos são simples, uma câmera fixa, e os músicos tocando. Quase todos os clipes foram gravados na sala de estar do apartamento de Scott Bradlee em Nova York. Nos seus poucos anos de existência, o grupo conseguiu, até o início de 2017, mais de 500 milhões de views e 2 milhões de seguidores. A partir de 2016, o grupo começou a fazer excursões pelos Estados Unidos, além de países da Europa, Austrália e Nova Zelândia. Iniciaram, ainda, a venda de suas músicas pela internet.

As oportunidades estão aí. O dinheiro também. O que é preciso é estar preparado, inclusive financeiramente, para aproveitá-las.

No próximo capítulo, falaremos sobre como lidar com as pressões que surgem quando o jovem talento se torna uma celebridade, como evitar que os quinze minutos de fama durem só quinze minutos e como se manter em crescimento ao longo do tempo.

10

Cheguei ao topo, e agora?

As pressões e incertezas do sucesso. Os cuidados para manter uma boa imagem pública. A necessidade de uma boa estrutura emocional para quando a fama acabar. As ameaças à privacidade dos talentos.

No dia 12 de dezembro de 1930, o imigrante italiano Domenico Garaventa deu um presente de aniversário para seu sobrinho e acabou por influenciar profundamente a história da música mundial. Dentro do pacote, estava um uquelele, instrumento musical com quatro cordas que se assemelha a uma pequena viola. O sobrinho de Domenico, Francis Albert Sinatra, que estava completando 15 anos, ficou encantado. Daquele dia em diante, Francis passou a tocar o uquelele em todas as reuniões de família. A música já estava no sangue dele. Desde criança, ele admirava os músicos que tocavam no bar de seus pais, em Hoboken, uma cidadezinha de Nova Jersey de onde é possível avistar os arranha-céus de Nova York.

Aquele pequeno instrumento foi o empurrão que faltava para que o jovem Francis, que mais tarde passaria a ser conhecido como Frank Sinatra, iniciasse uma das carreiras mais impressionantes na história da música mundial. Sinatra foi um sucesso como cantor por mais de sessenta anos. Desde 1935 até poucos meses antes de sua morte, em 1998, fez milhares de shows por todo o mundo. Seus discos venderam mais de 150 milhões de cópias e lhe renderam onze Grammys, o maior prêmio da indústria musical. Muitas de suas músicas, como "My Way" e "Strangers in the Night", ainda tocam nas rádios do mundo todo. Outro de seus sucessos, "New York, New York", tornou-se o hino informal da cidade americana. Sinatra também foi um ator de sucesso em várias superproduções de Hollywood, recebendo até mesmo um Oscar por sua participação no filme *A um passo da eternidade*, em 1953.

Sessenta anos de sucesso! Qual é o segredo para manter a atenção e o amor do público por quase três gerações? Embora cada artista tenha suas particularidades, acredito que um dos fatores que diferencia os músicos de sucesso prolongado dos de uma só música é a capacidade de os primeiros se adaptarem à realidade. Eles se moldam às mudanças do mercado e do gosto estético das pessoas. Não agem como se estivessem em uma bolha, inatingíveis e imutáveis.

O próprio Frank Sinatra, em dado momento, gravou músicas que fugiam do estilo das canções populares americanas que lhe garantiram o sucesso. Gravou desde canções dos Beatles até a bossa nova brasileira. O disco que gravou em 1967 com o brasileiro Tom Jobim, por exemplo, foi um sucesso mundial. A exemplo de Sinatra, há atores e músicos brasileiros que também estão há décadas na estrada, sempre contando com a simpatia e fidelidade de seu público, formado tanto por aqueles que os acompanham desde o início da carreira quanto jovens que só recentemente se encantaram por esses artistas.

Sem ba, ba, ba, bi, bi, bi

Mas, além da capacidade de se adaptar, há outro fator tão ou mais importante. Esses artistas de sucesso prolongado não parecem estar preocupados em seguir modismos apenas para ganhar dinheiro. Eles são verdadeiros. Seguir modismos é pensar algo como: "Eu vou compor uma música que vai falar 'ba, ba, ba, bi, bi, bi' porque eu sei que isso está na moda nesse momento e vai me dar muito dinheiro". Esse plano pode dar certo e a música trazer sucesso, fama e dinheiro para o músico. Mas essa chama se extingue com a mesma rapidez com que se acendeu. No final, se o artista não tiver um planejamento que vá além daquela faixa de sucesso, a sua carreira perde energia e tudo rapidamente se torna uma simples lembrança.

Os grandes artistas são verdadeiros e convencem o público de que expressam através de sua arte exatamente aquilo que são na vida real, e isso cria um forte laço de empatia entre eles e seus fãs. Esse é o motor de uma relação duradoura. E isso acontece porque as pessoas gostam de quem demonstra ter atitudes e valores autênticos e positivos. Todos se lembram de como o público acompanhou com consternação a separação de Fátima Bernardes e William Bonner, apresentadores da Rede Globo. Os dois eram vistos como um casal exemplar, o Brasil inteiro acompanhou o nascimento de seus filhos trigêmeos e estava habituado a vê-los juntos como âncoras do *Jornal nacional*, como se eles estivessem na sala da casa de cada telespectador.

As pessoas se encantam com famosos que parecem ter uma vida familiar simples, estruturada e feliz. Gostam de ver artistas que, apesar do sucesso, não se esquecem de suas origens, muitas vezes humilde, e sempre fazem questão de ressaltá-la em suas entrevistas e apresentações. Tudo isso remete à existência de bons sentimentos, como amor, aceitação e gratidão. Portanto, os famosos que conseguem criar essa identificação de valores com o público têm uma grande chance de desfrutar de uma carreira longa e sólida.

Para entender melhor o que eu estou dizendo, basta fazer o raciocínio contrário. Todos nós admiramos e nos interessamos em saber como determinado artista leva a sua vida. Se ficamos sabendo que ele se envolveu em alguma confusão, briga ou é acusado de ter tido alguma má conduta, ficamos perplexos e decepcionados. É como se alguém da nossa própria família fizesse algo condenável. Podemos até continuar a ver seus filmes, ouvir suas músicas ou admirar sua beleza, mas a admiração não é mais a mesma de antes.

O que costuma fazer os jovens artistas derraparem na curva quando chegam ao sucesso é a falta de uma estrutura emocional sólida e equilibrada. Sem saber lidar com essa nova posição, costumam fazer muitas bobagens e acabam por desagradar aos fãs. Dá até para entender o motivo de isso acontecer. Quando o artista está no auge do sucesso, ele se torna o alvo do mundo e fica sob vigilância 24 horas por dia. Diferentemente do começo da carreira, quando o seu público era apenas a família, ao conquistar a fama, é como se o artista vivesse em um Big Brother da vida real, no qual incontáveis câmeras vigiam o que ele faz, come, diz e até a maneira como dorme. É uma pressão intensa que exige um bom preparo psicológico para ser suportada. Essas "câmeras" que o acompanham a todo o tempo são seus fãs. Eles o adoram, vão até seus shows e berram seu nome. Mas eles também demandam atenção a todo momento, e podem criticar ou perder o interesse pelo ídolo se ele der qualquer vacilada.

Lidar com essa situação não é algo simples. Em muitos casos, em reação a todo esse incômodo, o talento começa a se blindar e passa a prestar atenção exagerada em suas falas, atitudes e comportamentos. O perigo aqui é ele acabar perdendo toda a naturalidade e passar a agir de uma maneira artificial. Depois de algum tempo se policiando a todo momento, o artista começa a perder sua essência e identidade e tem cada vez mais dificuldade em encontrar uma maneira de levar uma vida normal.

No papel de celebridade, você tem de abrir mão de muitas coisas. Querer ser famoso, quase todo mundo quer, mas é preciso estar psicologicamente preparado para amortecer o baque que vem junto com a fama. O plano de negócios para a carreira é uma boa ferramenta para tentar prever e definir os rumos da caminhada profissional daqui a um, dois ou mais anos.

Blindagem em excesso

Se o talento é ainda uma criança ou adolescente, a presença dos pais é de grande importância. São eles que vão dar colo e consolo nas situações mais desafiantes. Mas sempre gosto de lembrar que esses desafios, embora não sejam agradáveis, são essenciais para que os jovens amadureçam e criem suas referências. Por isso, não considero uma boa ideia os pais blindarem excessivamente os filhos. Se não tiver a chance de enfrentar esses momentos difíceis, como o jovem vai se preparar para os momentos em que, já adulto, terá que andar com as próprias pernas? O pai e a mãe não estarão ao lado dele para sempre.

Certa vez, a mãe de uma jovem artista que havia participado de uma das convenções que promovi me disse: "Eu não quero começar errado, quero contratar um assessor para acompanhar a carreira da minha filha desde o início". Perguntei a ela o motivo de todo esse cuidado. "Eu quero que minha filha veja em mim apenas a mãe dela, e que a nossa casa seja apenas a nossa casa. Não quero confundir as coisas. Quando estivermos em casa, não quero conversar sobre negócios, prefiro que outra pessoa faça isso", ela me respondeu.

Essa é uma maneira corretíssima de lidar com a carreira de crianças e adolescentes. Acho que todo jovem talento precisa ter um assessor. Essa mistura dos papéis de pais e empresários é complicada e tende a provocar infelicidades e problemas mais graves conforme a carreira do jovem talento for deslanchando.

Mesmo que os pais dos novos artistas tenham algum conhecimento desse mercado, talvez por exercerem também alguma atividade artística, eles poderão ajudar os filhos somente até certo ponto. Primeiro, porque essa mistura de posições não é uma boa ideia. Depois, porque é bem provável que eles, mesmo sendo do ramo, não dominem inteiramente todas as necessidades do desenvolvimento de uma carreira artística.

O mais indicado é delegar o gerenciamento do pequeno artista a um profissional competente. Até porque é saudável para o filho entender o que é profissionalismo. Ir com o pai até um escritório, um ambiente neutro, longe do contexto familiar, no qual será tomada alguma decisão profissional, mostrará para o jovem que casa é casa e trabalho é trabalho. Atitudes como essa poderão evitar o estresse emocional que seria provocado pela já citada confusão de papéis entre pai e empresário.

A ausência das figuras paterna ou materna como referência de valores sólidos é uma das principais causas do comportamento inadequado de jovens talentos quando se veem diante da fama e do sucesso. Um dos erros comuns, nesses casos, é o talento deixar que o sucesso lhe suba à cabeça, passando a agir de maneira arrogante e imatura. Isso provoca uma reação desfavorável e imediata nas pessoas que o rodeiam e rapidamente chega até o seu público.

Vaidade, o grande pecado

Não ter humildade, esquecer-se de suas origens, não ser grato às pessoas que foram fundamentais na conquista de seu sonho, tratar sua equipe de maneira grosseira e desrespeitosa e acreditar ser o único responsável pelo próprio sucesso — esquecendo-se de que nada daquilo teria acontecido sem o trabalho dos profissionais que estão tanto na linha de frente quanto nos bastidores — são atitudes deploráveis que logo contaminam toda a carreira do artista e o fazem perder a admiração e o respeito do público.

Dizem que a vaidade é o pecado favorito do diabo, pois é dela que surge todo o sofrimento. Por termos vaidade, orgulho e acharmos que somos os mais importantes e que não precisamos dos outros é que vivemos nos deparando com dificuldades, decepções e infelicidades. As pessoas que nos rodeiam também querem ser reconhecidas pelo trabalho que desenvolvem — e isso inclui nossos parentes mais próximos. Quase sempre, nós só descobrimos que nunca teremos sucesso sozinhos quando ele escorrega pelas nossas mãos.

Quando os bons ventos começam a soprar na nossa direção, também não devemos nos empolgar demais, e sim tentar viver um dia de cada vez e ter sempre gratidão e alegria pela boa fortuna que nos tocou. Quando agimos dessa maneira sábia, a nossa aparência exterior e a maneira como nos expressamos se transformam. As pessoas percebem isso e passam a nos admirar.

Se um artista é muito famoso, é inevitável que sofra assédio em qualquer lugar que for. Tentar preservar a própria privacidade e ter uma equipe para blindá-lo, ou seja, garantir um mínimo de liberdade para fazer coisas que estão ao alcance das pessoas comuns não significa que o artista se tornou uma pessoa arrogante. Assim, o artista famoso, na hora de almoçar em um restaurante, pode contar com a ajuda de sua equipe para proteger sua privacidade, mas, ao mesmo tempo, continuar sendo um ídolo afável e simpático com os fãs. Dentro das circunstâncias que o sucesso traz, essa é uma atitude normal que nada tem de condenável.

Outra coisa, muito diferente disso, é achar que o mundo está a seus pés e que as regalias da fama nunca vão terminar. Como se vê, o seu maior inimigo, muitas vezes, pode ser você mesmo. Uma excelente maneira de evitar esses deslizes de comportamento é solicitar sempre o feedback de seus colaboradores: "Como estou agindo com vocês? Tenho mostrado minha gratidão? Em algum momento vocês se sentiram desrespeitados?".

É claro que as respostas devem ser recebidas com o coração aberto para reconhecer os eventuais erros de conduta e corrigi-los. De nada adianta pedir que os que o rodeiam façam uma análise de sua performance se você vai ficar raivoso com o que for dito, negar que tenha feito qualquer coisa incorreta e perder essa oportunidade de se tornar uma pessoa melhor. Você sempre vai cometer erros, isso é humano. Mas tente cometer erros novos; sabedoria é não repetir os velhos erros. Adquira o costume de ouvir mais do que falar; dessa maneira, você estará em constante aprendizado

Não podemos esquecer que aqueles que fazem muito sucesso e têm atrás de si uma equipe de colaboradores acabam sendo responsáveis por muitas vidas. E não me refiro apenas às pessoas que dependem diretamente dos recursos que a carreira do artista gera — como seus funcionários e, talvez, alguns familiares —, mas também ao público que observa suas atitudes e as toma como exemplo. Os erros que um artista de sucesso comete já não são um revés apenas para ele, mas afetam também muitas outras pessoas. Por esse motivo, comportar-se da maneira correta em um momento de sucesso é uma atitude oposta ao egoísmo.

O cansaço destrói

Tomar decisões incorretas é algo que está intimamente relacionado ao estado emocional do jovem talento. E acontece especialmente quando a dinâmica da sua carreira está exigindo uma rotina cansativa. O assessor ou o coach, que pode ser um psicólogo, é a pessoa em melhor posição para ajudar o artista a gerir as suas emoções. Muitas vezes, o próprio artista não consegue enxergar que está perigosamente próximo de um estado de exaustão. O coach tem a sensibilidade e o conhecimento necessários para fazer esse jovem entender que ele está de fato cansado e que essa pode ser a razão para o seu mau humor, derrotismo ou impaciência.

Mais do que isso, um coach habilidoso vai ser fundamental na sugestão de possíveis recusas de trabalho, já que o artista, por querer aproveitar ao máximo o bom momento da carreira e ganhar dinheiro, nem sempre é capaz de tomar por conta própria a decisão de recusar um trabalho. Esse equilíbrio entre a necessidade de atender às ofertas de trabalho e, ao mesmo tempo, preservar a qualidade de vida nem sempre é fácil de ser encontrado.

A melhor maneira de enfrentar esse dilema é ter sempre em mente o fato de que nós não somos máquinas e, portanto, somos incapazes de trabalhar ininterruptamente. Quando trabalhamos cansados, nossa produtividade cai, e o cliente percebe isso imediatamente. A atitude mais honesta e efetiva é, portanto, ser verdadeiro e transparente e explicar para quem está oferecendo a oportunidade que o artista não pode aceitá-la naquele momento porque está muito cansado e que, por conta disso, o trabalho não sairá com a qualidade desejável. Recusar trabalhos pode parecer uma atitude que vai contra o senso comum, mas certamente evitará dissabores futuros e a perda de prestígio do talento.

A exaustão física e mental começa a se aproximar quando o artista já não tem tempo para si mesmo. Só trabalha e não consegue cuidar da vida pessoal. Por exemplo, você pode ser a maior celebridade brasileira do momento, mas, se não cumprir uma rotina de exercícios físicos, o seu corpo vai sofrer as consequências disso em pouco tempo. Se você não se distrair e relaxar sua tensão e sua mente, também vai acabar entrando em parafuso. E essa é uma situação muito recorrente. É comum pensar obsessivamente em dinheiro e em trabalho e esquecer que o motor que leva tudo para frente é o corpo.

Você pode até parecer um profissional exemplar fazendo uma média de 25 apresentações por mês, sejam shows, desfiles ou peças teatrais. Mas vai fazer isso com a expressão e a desenvoltura de um robô, ou seja, de maneira burocrática e mecânica, sem sentimento. E essa rotina exaustiva, mais cedo ou mais tarde, vai lhe causar uma depressão. A essência do trabalho de um artista é a criatividade. Sua mente tem de ser desafiada o tempo todo; se ele fica apenas fazendo trabalhos repetitivos, é como se perdesse a própria alma. Logo vai cair na mesmice e ser engolido pelo trabalho.

Uma jovem atriz que foi descoberta por nós passou por uma situação extrema como essa. Como ela atravessava uma ótima fase profissional, estava em um ritmo muito acelerado de trabalho. Mas precisava, urgentemente, de um intervalo para descansar. Contrariando as nossas recomendações, ela aceitou uma proposta para fazer mais um comercial. No dia da gravação, ela não teve um bom desempenho. O cliente percebeu o seu cansaço, e estabeleceu-se ali uma saia justa.

Quando uma agência fecha um contrato para gravar um comercial para algum cliente, várias engrenagens começam a rodar. A agência contrata pessoas, aluga um estúdio, aluga o equipamento necessário, mobiliza os publicitários para imaginar como será a peça, entre outras tantas providências. Caso o resultado final não saia a contento e não seja aprovado pelo cliente, há um prejuízo tanto monetário quanto no prestígio profissional de todos os envolvidos. Entre os que perderão credibilidade, é claro que o jovem artista estará no topo da lista. "Se não estava bem física e psicologicamente, por que não nos avisou, por que aceitou o trabalho?", vão perguntar. Acontecimentos como esse mancham a imagem do artista e podem comprometer seriamente a sua trajetória.

De novo, a decisão mais madura em um caso como esse é recusar o convite — evidentemente, contornando a situação com elegância e habilidade. Por exemplo: "Eu adoraria fechar esse contrato, mas as minhas condições físicas no momento não me permitiriam dar o melhor de mim nesse trabalho. Então, sendo honesto e justo com a agência, prefiro não aceitar esse convite. De todo modo, vou passar a vocês uma previsão para um novo contato, e assim poderemos falar sobre futuras possibilidades. Muito obrigado pela confiança e compreensão". Não fica bem melhor assim?

Nos momentos em que nossa vida pessoal e profissional não está equilibrada, é comum que passemos a somatizar todas as dificuldades, ou seja, transformar os problemas psicológicos em reações físicas, como, por exemplo, manchas vermelhas na pele que surgem quando estamos muito cansados ou acabamos de enfrentar um período de estresse.

Sinais de perigo

Precisamos saber identificar os sintomas da exaustão. O corpo manda vários sinais antes de entrar em colapso. Se o jovem talento não é capaz de percebê-los, os pais têm a obrigação de ficar alertas. Os sinais de que algo está errado são praticamente os mesmos em todos os jovens: eles já não conseguem mais prestar atenção a nada, aquela empolgação anterior, quando os olhos brilhavam e eles ficavam animados com as novidades, já não está ali, eles começam a ficar quietos em um canto, se isolam, ou querem dormir o tempo todo, ficam irritados com facilidade e mais intolerantes.

Quando chega a esse ponto, o talento já está funcionando no modo piloto automático. Ele não vê mais graça em nada e faz o seu trabalho apenas para cumprir com suas obrigações. Nada pode ser mais desastroso do que isso. Quando ele acorda pela manhã e diz algo como: "Não acredito que tenho de levantar e começar a fazer tudo aquilo de novo", já está a um passo do abismo. É preciso reagir, e rápido.

Eu próprio passei por uma fase assim, mas consegui retomar o controle da situação ao fazer uma análise da minha carreira desde cima, conforme mencionei anteriormente. Ao enxergar o mapa da minha trajetória como um todo, consegui revisitar o lugar onde tudo começou, as dificuldades que enfrentei e as conquistas que tive. Com isso, pude voltar para o trilho e reencontrar o meu caminho. Tudo voltou a fazer sentido e eu consegui retomar a minha antiga motivação e energia. Isso só aconteceu porque percebi que estava agindo de maneira errada. Não tinha amor nem por mim mesmo, nem pela vida, nem por nada. Pense bem: se você está sem amor-próprio, como vai ter amor pelo trabalho? Você não consegue ser verdadeiro quando se sente assim.

Nós precisamos dedicar tempo à família e aos amigos. Do contrário, ficamos sem referências. Ninguém consegue seguir em frente sem ter pessoas queridas por perto. Não somos capazes de viver sozinhos. Os fãs não ocupam esse espaço, não aliviam a falta de carinho e compreensão que sentimos. Ter fãs, na realidade, pode ser algo muito solitário. Você tem o aplauso momentâneo e a admiração de muitas pessoas, mas não é disso que você verdadeiramente precisa para conseguir seguir em frente com alegria.

Estar na companhia de outros artistas famosos, ir a festas glamorosas, sair badalando por aí para virar notícia na mídia consiste apenas em uma vida social vazia. Muitas vezes, você sente como se não tivesse ninguém ao seu lado. Ninguém para conversar, ninguém com quem se relacionar. Se você quiser dar uma conferida no nível de qualidade das suas relações, experimente convidar esses seus amigos das baladas para jantar, por exemplo. Observe qual é o teor da conversa deles e quais são suas verdadeiras aspirações. São pessoas felizes, positivas, que querem fazer bem para os outros? Esse é um exercício que pode surpreendê-lo. É preciso reconhecer que você não está na companhia dessas pessoas por acaso. Sempre é tempo de despertar, fugir das relações medíocres e retomar os bons contatos que podem fazer com que você se torne uma pessoa cada vez melhor.

Nesse estado de espírito confuso, ainda que o jovem artista se sinta bem quando está em cima do palco ou da passarela, assim que o trabalho acaba, a sensação de insatisfação volta com toda a força. Conheci artistas que, por estarem exaustos e confusos, sentiam-se à vontade apenas quando se apresentavam profissionalmente, mas depois disso voltavam a se entregar ao desânimo e ao derrotismo. Eles não se sentiam merecedores do sucesso que tinham e acabavam jogando a boa sorte que haviam conseguido no lixo. Muitos deles chegavam até mesmo a torrar todo o dinheiro que ganhavam simplesmente por não sentirem que aquilo de fato deveria pertencer a eles.

A prepotência muitas vezes anda de mãos dadas com a falta de autoestima. Quando você é prepotente, se acha o dono do mundo e pensa que pode fazer tudo o que quiser, que é intocável. Essa é uma grande armadilha. Por achar que pode tudo, você pensa também que seu corpo é capaz de suportar qualquer carga. Você pode até pensar algo como: "Eu posso ficar três, quatro noites trabalhando, sem dormir e sem me alimentar". Mas, no fim das contas, é claro que você não pode. Ninguém consegue dançar em um ritmo como esse.

É possível desfrutar

Se tratei até aqui dos perigos causados pela falta de preparo para lidar com o sucesso, fiz isso com a intenção de alertar os jovens artistas sobre os cuidados que devem ser tomados para garantir que o bom momento da carreira dure pelo maior tempo possível. Mas o sucesso também pode trazer grandes alegrias e ser desfrutado em sua totalidade. Destaco a seguir cinco pontos que podem fazer com que esse momento da carreira seja ainda mais significativo.

1. **Divirta-se sempre**
Encarar o trabalho como algo divertido é uma ótima estratégia para qualquer profissão. Nas ocupações ligadas à arte, isso deveria ser quase uma obrigação. Afinal, dançar, desfilar e representar são atividades que nada têm de burocráticas. Parece até que estamos brincando. Se o talento vê o que faz mais como uma diversão do que como uma obrigação, o sucesso só vai contribuir para que tudo fique ainda mais leve e feliz.

2. **Seja disciplinado**
Levar a carreira de maneira disciplinada é algo que tem de ser feito todo o tempo, mesmo nos períodos de baixa produção. Quando tudo está dando certo e o sucesso surge, a disciplina permite que seu tempo seja bem administrado. Dessa forma, as tarefas e compromissos não parecerão difíceis e cansativos, e ainda sobrará tempo para planejar os próximos passos e fazer com que o bom momento se consolide e se estenda.

3. **Faça o dever de casa**
Não é porque você atingiu o sucesso que sua vida está ganha. Esgote todas as possibilidades para promover seu produto, ou seja, você mesmo. Torne sua comunicação ainda mais efetiva, aumente sua presença nas mídias digitais e dê uma incrementada em seu plano de marketing. No momento em que se está em alta é que costumam surgir as boas oportunidades.

4. **Estreite relacionamentos**
Nada de bancar a prima-dona e se esquecer das pessoas que estão acompanhando a sua trajetória. Aproveite o momento para estreitar seu contato com produtores e diretores e reconhecer o que eles fazem por você. Atenda à imprensa com humildade e simpatia.

5. **Realize sonhos**
Não deixe de mostrar a sua gratidão por aqueles que o levaram até ali, mas também permita-se ser recompensado por esse bom momento. Esta é a hora de fazer aquela viagem com a qual você sempre sonhou e de proporcionar coisas boas para as pessoas que você ama. Um carro, um curso no exterior, uma boa guitarra, um título de um clube... por que não presentear a família? Eles vão adorar o reconhecimento. O sucesso traz ainda mais alegrias se for compartilhado.

Não posso deixar de ressaltar, no entanto, que os presentes e mimos, tanto para você quanto para familiares e amigos, devem ser oferecidos de forma comedida e controlada. Não é raro acontecer de um artista, em momentos de sucesso, ser contaminado por um furor consumista. Parece que ele não sabe o que fazer com o dinheiro ou pensa que aquela torneira nunca mais vai se fechar. Suspeito fortemente que a obsessão em gastar seja sintoma de um vazio que essa pessoa sente na alma.

O consumo ou gasto de dinheiro exagerado surge quando o jovem não está sendo acompanhado por um trabalho eficiente de coaching ou não é assessorado. É um comportamento típico da falta de sabedoria e de maturidade emocional. Mais do que isso, é uma atitude que também reflete certa falta de consciência ou interesse a respeito dos problemas econômicos que grande parte das pessoas sofre.

Não estou falando que quem ganha dinheiro com seu trabalho tenha de doá-lo para os pobres. Mas, certamente, se você compreende como são grandes as privações de tantas pessoas e tem respeito pelo sofrimento alheio, terá uma postura mais comedida com relação ao seu dinheiro e aprenderá o valor que ele possui. Não sairá se exibindo diante dos que têm tão pouco só para mostrar que você está em melhor situação que eles.

Aliás, é preciso também respeitar a si mesmo. Esse dinheiro que você recebe de uma maneira tão abundante quando faz sucesso é a recompensa por todo investimento que você e as pessoas que acompanharam a sua carreira fizeram, e é por isso que ele precisa ser respeitado. É bem provável que pessoas tenham sofrido e aberto mão de muitas coisas para que você atingisse seus objetivos. Não é correto que esse esforço seja imediatamente trocado por prazeres fortuitos, que se desmancham no ar.

O treino do não

Mencionei muitas vezes durante este livro a necessidade de aprender a dizer não. Mas, de maneira geral, discutimos sobre recusas a interesses apenas de outras partes, e não aos nossos próprios. No entanto, também precisamos saber dizer não a nós mesmos quando surge o impulso descontrolado de adquirir coisas que em nada vão contribuir para tornar nossa vida mais feliz.

Certa vez, um amigo me contou que vinha praticando dizer nãos para si mesmo. Quando sentia desejo de comer um doce, por exemplo, ainda que não estivesse de dieta nem precisasse evitar o açúcar, ele se repreendia. Com isso, estava aprendendo a contrariar a si mesmo e a controlar o desejo ilimitado de ter coisas que não lhe traziam benefícios duradouros e relevantes. Ele estabelecia limites para si próprio e, dessa maneira, conseguia refletir sobre a real utilidade de cada coisa que desejava. Com o passar do tempo, ele começou a entender melhor suas expectativas e fixar metas mais significativas para sua vida.

Outro não que temos dificuldade em dizer é para pessoas mais próximas a nós, sobretudo familiares. Se contamos com um assessor, ele é capaz de nos deixar fora do alcance dos fãs mais exaltados, e assim não precisamos, nós mesmos, nos desgastar negando os pedidos desses admiradores; no entanto, com os familiares, isso não é tão fácil, pois eles têm acesso direto a nós.

Eu sei, por experiência própria, que, a partir do momento em que você começa a emprestar dinheiro para pessoas da sua família, existe uma grande chance de que esses vínculos passem a ser financeiros, e não mais familiares.

Se você quer fazer algo por alguém, tente ajudar as pessoas de outra maneira, sem envolver dinheiro. Dê uma força em algum assunto relacionado a trabalho; por exemplo, ajude a começar um negócio. Mas evite emprestar dinheiro, pois, ao fazer isso, você corre o risco de arruinar um relacionamento.

As dificuldades financeiras, bem como qualquer outro problema, provocam menos sofrimento quando o jovem talento tem uma estrutura emocional sólida. Duas pessoas podem passar pela mesma dificuldade — por exemplo, uma fase sem muitas oportunidades de trabalho — e encará-la de maneiras completamente diferentes.

A pessoa que não tem tanto controle sobre suas emoções vai sentir como se esse contratempo pesasse uma tonelada. Vai sentir medo, raiva e sempre encontrará alguém para culpar pelo que está acontecendo. Por outro lado, a pessoa que tem uma base emocional mais sólida vai refletir com cuidado e procurará maneiras de resolver o problema. Quando somos tomados pela emoção, é natural que não consigamos pensar de maneira produtiva. Só o que queremos é dar o troco e culpar alguém por aquela fase ruim. Mas está mais do que comprovado que reagir de maneira agressiva nunca traz bons resultados. A raiva não resolve problema algum; muito pelo contrário, ela só cria mais conflitos.

A boa notícia é que sempre é tempo de mudar essa maneira de pensar e reagir. Falo isso por experiência própria. Há um tempo, criaram um grupo no aplicativo WhatsApp com o intuito de criticar a minha empresa. A minha primeira reação foi de raiva. Queria responder às críticas, apresentar evidências do trabalho que eu fazia, mostrar quantas pessoas a minha empresa estava ajudando etc. Mas consegui me controlar e parar para refletir antes de tomar qualquer atitude. Uma resposta muito incisiva talvez só servisse para acirrar ainda mais os ânimos e transformar aquilo em uma briga maior.

Brigar não resolve problemas

O que eu fiz? Em vez de rebater aqueles que me criticavam, procurei por aconselhamento. Consultei o meu departamento jurídico e perguntei o que deveria fazer. Analisamos várias possibilidades e, no final, todo aquele mal-estar foi controlado. Lidamos com calma com o descontentamento de nosso cliente e descobrimos que, na verdade, não havia nada de errado, o que ele queria era somente um pouco de atenção. Ou seja, brigar não teria adiantado nada, só complicado mais as coisas.

Por sorte, esse episódio aconteceu em um momento em que eu estava mais centrado. Se isso tivesse acontecido dois anos antes, minha reação com certeza teria sido outra. Mais emocional e impensada. Agora sei que, quando um burburinho toma conta da mente, tenho de esperar a poeira baixar, ter serenidade e dar tempo para que a sabedoria possa se manifestar.

Por serem jovens e, por isso, terem pouca experiência de vida, os artistas em início de carreira precisam do apoio dos pais nos momentos desafiadores. E, nesse caso, o relacionamento entre eles precisa ser muito verdadeiro. Se não se estabelece um laço de amizade aberto e sincero, o medo das críticas e das discussões vai dominar a relação entre pais e filho. E não há conversa possível diante do sentimento de medo. Os pais precisam escutar as angústias do filho com os ouvidos sábios de quem sabe que está lidando com alguém que ainda não possui maturidade suficiente para entender certas coisas, principalmente nas questões relativas ao trabalho.

Plano B

Crianças e adolescentes têm dificuldade em aceitar que o sucesso pode ser passageiro. Por isso, é especialmente relevante que os pais lhes expliquem que a vida deles tem muito mais importância do que os trabalhos, já que as oportunidades de trabalho vêm e vão sem que possamos controlá-las. Tudo pode acontecer: você pode ser demitido de seu grupo de teatro, o patrocinador pode cortar a verba que estava destinada ao espetáculo que você ia apresentar dali a um mês, a agência pode não chamar você para nenhum desfile neste ano, o projeto musical que estava prestes a estrear pode ser suspenso porque o governo cortou o financiamento etc. É assim que o mercado funciona. Não se tem certeza de nada.

As frustrações podem acontecer a qualquer momento, e a única coisa que se pode fazer diante disso é ter um plano B. Cancelaram o espetáculo? Hora de aproveitar o tempo livre para fazer cursos e se aperfeiçoar. Não consegue ser aprovado nos testes para televisão? Talvez seja o momento de desenvolver habilidades para se apresentar no teatro. O seu relacionamento amoroso acabou? A melhor coisa a fazer é tocar a vida e se encher de atividades para não ficar ruminando essa decepção.

O plano B tem de ser uma solução rápida e de execução simples. Quando estamos com a vida confortável, temos a forte tendência a achar que nada pode mudar para pior. Mas aquelas pessoas que entendem que nesta vida nunca há garantias definitivas sempre têm uma carta na manga. Especialmente no que diz respeito aos rendimentos financeiros do talento, é preciso ter uma reserva de dinheiro e uma estratégia de negócios alternativa, pois o planejamento de uma carreira artística sempre está sujeito a fatores externos.

Os fatores externos consistem nas mudanças de comportamento do mercado — uma queda no interesse pela música sertaneja, uma crise geral das agências de modelo, a decisão de uma grande empresa da área de moda de não fazer mais desfiles ou um plano econômico criado pelo governo que bloqueia todos os depósitos na caderneta de poupança, como já aconteceu no passado. Já os internos, em geral, se restringem à má gestão por parte dos assessores do talento, como uma estimativa incorreta do fluxo de caixa.

Também é preciso levar em conta que há comportamentos sazonais em vários segmentos do mercado artístico. Para a Marcelo Germano Talents, por exemplo, o primeiro trimestre do ano sempre tem um movimento de negócios inferior ao restante do ano. Como temos custos fixos, que precisam ser cobertos todos os meses, temos de contar com um planejamento que leve esse fato em consideração. No caso dos jovens artistas, acontece o mesmo. O primeiro trimestre nunca é um período em que surgem muitos trabalhos para os modelos e atores, mas o carnaval costuma trazer boas oportunidades para os músicos, desde que eles toquem e cantem músicas de carnaval, é claro. Assim como fazemos na minha empresa, esses artistas devem se preparar fazendo uma reserva financeira para as épocas em que o mercado fica mais devagar.

Nunca é demais repetir: nada na vida é constante. Nem a felicidade nem o sofrimento. Se não enfrentássemos alguns momentos de tristeza, não teríamos parâmetros para saber o que é a alegria. Nunca haverá, então, um lugar lá em cima, nos píncaros da fama, reservado para nós de maneira definitiva. É impossível manter-se voando alto para sempre.

Tenho conhecido artistas admiráveis que são muito tranquilos quanto a isso. Não estão preocupados em contar quantos likes recebem nas suas postagens nem se serão reconhecidos na rua. O que eles procuram são as coisas verdadeiras; eles não querem viver de ilusão. E o que é a verdade? É fazer um trabalho de maneira apaixonada, honesta e clara. Só assim você obterá, independentemente das oscilações, sucesso e satisfação constantes.

O próximo capítulo traz relatos da trajetória de jovens artistas que foram revelados nos eventos organizados pelas nossas empresas.

11

O que eles dizem

A estrada para o sucesso tem tamanhos variados. Para alguns, ela é larga e curta. Para outros, cheia de curvas e obstáculos. Mas cada talento tem ensinamentos a dar. Conheça a história de alguns talentos que chegaram lá.

Gabriella Mustafá: é proibido parar de sonhar

Quem primeiro falou sobre o Projeto Passarela para a atriz Gabriella Mustafá foi seu pai, Derbes, em 2008, quando Gabriella tinha 11 anos. Por força de seu trabalho como representante comercial, Derbes viajava por muitas cidades do interior do Paraná, e foi de uma delas, Bandeirantes, que ele levou para casa, em Apucarana, um dos folhetos do projeto de Marcelo Germano.

Os olhos de Gabriella brilharam. "Desfile na passarela, seleção de atores!" Era tudo que ela sempre sonhara. Mas Bandeirantes ficava a 150 quilômetros de Apucarana e nem sua mãe, Vanessa, nem seu pai queriam levá-la. Gabriella não se deu por vencida e convocou a avó para acompanhá-la. As duas iriam de ônibus mesmo, ela disse. Diante da determinação da filha, os pais acabaram levando Gabriella de carro, e, oito anos depois, o Brasil ganhou uma atriz que, aos 19 anos, já havia participado de filmes, apresentado um programa infantil e atuado em uma minissérie da Rede Globo.

Sempre senti que a arte me chamava

Desde que me entendo por gente, estive envolvida com arte. Fiz balé, aulas de piano, dança de salão, aulas de circo, participei das peças de teatro da escola, procurei aprender novos idiomas. A arte me chamava. Mas eu morava em Apucarana, uma cidade do interior do Paraná com poucos recursos artísticos a oferecer. Eu pedia para meus pais para me colocarem nos poucos cursos que existiam ali e eles me atendiam. Mas na época não havia aula de teatro aqui, então minha experiência de atriz se restringia aos teatrinhos da escola. Nada profissional, tudo muito despretensioso.

Marcelo Germano convenceu os meus pais

Talvez por Apucarana ser tão carente de cursos ligados à carreira artística, eu nunca tinha pensado em seguir seriamente a profissão. Mas quando fiquei sabendo que o Projeto Passarela estaria na cidade de Bandeirantes, me entusiasmei. Meus pais não queriam, mas acabaram se convencendo a me levar para a seleção depois de ver minha determinação. Quando fui aprovada na primeira etapa, eles não estavam dispostos a voltar à cidade, dois dias depois, quando aconteceria o processo de seleção propriamente dito. Só se convenceram quando o próprio Marcelo Germano insistiu que eles me levassem: "Eu acredito no talento dela", ele disse.

Na seletiva, fui aplaudida, mas não entendia bem o que estava acontecendo

Eu me lembro como se fosse hoje de quando voltamos a Bandeirantes, no mês de abril. Me deram para decorar um texto que eu deveria ler para o próprio Marcelo. Eu estava na fila e li o textinho. Quando acabei, todo mundo começou a bater palmas, até os outros participantes. Gostei daquilo, claro, mas não achei nada demais. Não tinha muita noção do que estava acontecendo, só tinha feito o que tinham me pedido para fazer e pronto. A ficha só caiu depois que fui classificada para ir à convenção, que aconteceria em julho em Londrina. Foi aí que comecei a entender o que era tudo aquilo.

Os primeiros convites vieram uma semana depois da convenção

Foi então que tudo começou a acontecer. Na convenção, fiz o meu primeiro workshop para aprender a andar na passarela e representar. Foi muito especial. Na época, o evento era bem menor do que é hoje, havia umas duzentas pessoas, algo muito modesto comparado aos 5 mil participantes que comparecem às convenções atuais. Havia poucas agências, apenas dez. A avaliação também era feita de outra forma: gravávamos os vídeos e os produtores das agências os assistiam em uma sala. Só depois a gente era levado até esses produtores. Uma semana depois da convenção, fui chamada por uma agência do Rio de Janeiro e duas de São Paulo. Minha mãe, que a partir daquele momento passou a acompanhar minha carreira, gostou mais do trabalho da agência do Rio.

A primeira vez em um set de gravação

Fui convidada para um segundo workshop no Rio de Janeiro e depois para outro de três dias em Curitiba, antes de ser chamada novamente pela agência do Rio, que me ofereceu meu primeiro trabalho: uma participação no filme infantil Eu e meu guarda--chuva, *do diretor Toni Vanzolini. Fui escolhida depois de uma bateria de testes e workshops específicos para a personagem.*

As filmagens aconteceram em São Paulo, entre agosto e setembro. Foi um trabalho rápido, mas que eu levo até hoje no meu coração. Afinal, foi a primeira vez que entrei em um set de gravação e vi como tudo funcionava. Tudo era novo. Recebi meu primeiro cachê e surgiu para mim uma expectativa de futuro.

"É isso que eu quero para a minha vida. Esse é o meu objetivo"

Logo surgiram outras oportunidades na área. Uma delas, muitíssimo importante para mim, foi o Plantão do Tas, *um telejornal infantil apresentado pelo jornalista Marcelo Tas no canal Cartoon Network. Fui selecionada por uma agência de São Paulo. Eu fazia o papel da apresentadora Iolanda Violeta e fiquei no programa por quatro anos. Eu contracenava com o Marcos de Oliveira, que é meu parceiro até hoje. Trabalhar com o Tas foi um superaprendizado para mim, que era tão novinha. A gente gravava de uma vez vinte programas, ou vinte cápsulas, como cada episódio era chamado. Aí o programa exibia as cápsulas ao longo de quatro meses. Depois desse tempo, eu voltava para São Paulo para gravar mais. Também gravamos em Buenos Aires, na Argentina. Foi uma experiência única. Foi o grande trabalho do início da minha carreira. Me lembro que pela primeira vez eu falei: "É isso que eu quero para a minha vida. Esse é o meu objetivo". E percebi que com essa escolha eu teria de estudar mais, me aprofundar.*

O ano triste

Mas uma fase desagradável viria logo depois do encerramento da experiência no Cartoon Network. Durante quase um ano passei por um problema emocional muito grande. Isso aconteceu dos 15 aos 16 anos, quando estava entrando no terceiro colegial. Essa fase é aquela em que temos de decidir o que queremos na vida.

É terrível ter de fazer uma escolha importante como essa tão nova. Eu via todos os meus amigos seguindo algo sério, como medicina, engenharia. E eu escolhendo a carreira artística. Uma carreira muito instável, na qual a gente nunca sabe o que vai acontecer depois. Acho que eu estava tomando consciência que é uma carreira que tem muita estrada para ser percorrida. Uma carreira na qual você deve trabalhar muito com emoção, sentimento, e acaba ficando muito exposta a isso. Precisava resolver se eu ia seguir uma vida "normal", fazer uma faculdade de direito, que foi algo que sempre tive na cabeça, ou se continuaria na carreira artística.

O empurrão do Marcelo, o fazedor de sonhos

Passei esse quase um ano sem fazer nenhum trabalho. Fiz vários testes e não era chamada para coisa alguma. Isso também foi me desanimando. Baqueei. Preciso dizer que meus pais nunca me cobraram absolutamente nada a respeito disso. Eu é que me cobrava muito. Mas, no final, esse período de desânimo acabou passando e trouxe consigo uma grande mudança para a minha vida. E uma parte enorme dessa mudança aconteceu graças ao Marcelo Germano. Logo depois desse período de crise, ele falou para mim: "Vá para São Paulo; eu vou ajudar você financeira e emocionalmente, porque eu quero que você tente; se não der certo, eu nunca vou te cobrar absolutamente nada, mas eu quero que você viva esse sonho", ele me disse. O problema era que eu mesma não acreditava em mim. Achava tudo difícil, sentia medo e insegurança. A confiança que o Marcelo demonstrou ter em mim foi essencial. A gente depende de pessoas que acreditem na gente. E o Marcelo acredita em nossos sonhos e faz com que a gente também acredite. Tenho um carinho, um respeito e uma admiração pela pessoa que ele é, pelo caráter dele. Ele é um fazedor de sonhos.

Dois irmãos e a mudança para São Paulo

Em outubro de 2014, ao final daquele ano difícil, em que fiquei cheia de dúvidas, surgiu a oportunidade de participar do elenco da minissérie Dois irmãos, *da Rede Globo. Fui selecionada quando estava com 15 anos e fiz 16 durante a preparação da minissérie. As gravações, no Rio de Janeiro, começaram no final de novembro e se estenderam por nove meses. Acho que nem preciso dizer como esse período foi produtivo. Recebi muitas mensagens, muito carinho de pessoas de todo o Brasil. Até hoje a ficha não caiu. Nem vai cair. Tem quem me reconheça na rua. Foi um enorme crescimento profissional, um ano muito produtivo. Contracenar com atores já veteranos, como Cauã Raymond e Juliana Paes, foi algo incrível. Luís Fernando, o diretor da série, teve um carinho especial por mim. Ele foi a segunda pessoa a acreditar no meu talento — a primeira foi o Marcelo — e confiou a mim um papel tão denso e intenso como o de Zana, que é maravilhosa. Logo depois das gravações, me mudei para São Paulo, seguindo os conselhos do Marcelo. Minha mãe veio morar comigo. Me comovo quando me lembro de como a minha família — minha mãe, meu pai e meu irmão — mudou sua vida em meu benefício.*

Um ano de cursos internacionais

Por conta de detalhes na programação da Rede Globo, a minissérie não estreou imediatamente. Aliás, demorou um tempo. Nesse período, pelo contrato que tenho assinado com a emissora, não posso fazer trabalhos para outras emissoras, ou mesmo para a própria Globo. Por isso, 2016 foi um ano atípico. Mas não fiquei parada. Fiz cursos, viajei para fora do país duas vezes, primeiro para Los Angeles, depois para Nova York. Ganhei uma bolsa de atuação em filmes da New York Film Academy. Também fui para o IMTA com o Marcelo Germano. Este último ano foi um ano sem trabalho, mas sem nem um pingo daquela angústia que sofri aos 15 anos.

Uma mensagem para quem está na estrada

Pode até parecer clichê, lugar-comum, mas, se alguém me pedisse um conselho para seguir o caminho de uma carreira artística, eu diria para essa pessoa acreditar de verdade em seus sonhos. Uma vez tendo decidido que é isso que você quer para o resto da vida, nunca deixe que ninguém tire isso de você. E vá à luta, porque ninguém pode fazer isso por nós. Mantenha a cabeça erguida e a fé, seja qual for a sua religião. Nunca abaixe a cabeça e siga em frente. Veja o lado bom de tudo e identifique o sucesso nas pequenas coisas. Tudo o que acontecer será um aprendizado. É proibido parar de sonhar, quando a gente para de sonhar, tudo acaba.

Marcelle Bittar: no caminho para o sucesso, tem um posto de pedágio

Sucesso mundial na passarela, a modelo paranaense Marcelle Bittar morou dez anos fora do país, entre Nova York, Paris e dezenas de outras cidades. Sempre esteve nas maiores agências e, no auge de seu sucesso, podia se dar ao luxo de escolher que trabalhos iria fazer. No entanto, sua carreira começou por acaso, quase como uma brincadeira de seus familiares.

É que, aos 11 anos, Marcelle era extremamente tímida, e, para tentar deixá-la mais extrovertida, seus parentes fizeram uma vaquinha e deram de presente para Marcelle um curso de modelo. O curso estava sendo ministrado por Marcelo Germano em Guarapuava, cidade de Marcelle. Marcelle levou tudo na brincadeira, fez o curso e esqueceu o assunto. Até que, três anos mais tarde, quando ela tinha 14 anos, Marcelo voltou a Guarapuava e reconheceu a garota enquanto divulgava mais um curso de modelo na escola em que ela estudava.

Marcelo falou com Marcelle e perguntou se ela não queria participar de um concurso que acabara de ser aberto por uma agência internacional de modelos. Marcelle, que continuava tímida, abaixou a cabeça e respondeu que não. Mas Marcelo achava que aquela era uma oportunidade boa demais para que Marcelle desperdiçasse. Conversou, então, com a mãe dela: "A senhora não acha que sua filha deveria participar?". A mãe de Marcelle concordou, também achava que a filha deveria tentar. E foi assim que aconteceu. Marcelle foi, desfilou e, pouco tempo depois, mudou-se para São Paulo e conquistou o mundo. Mas, antes disso, teve de pagar um caro pedágio por sua decisão.

Sozinha em Nova York, sem falar inglês

Depois que passei no concurso, me mudei para São Paulo. Como eu tinha apenas 16 anos, minha avó saiu de Guarapuava para morar comigo na capital paulista. Minha mãe precisou ficar em casa para cuidar do meu irmão. Morei em São Paulo durante um ano apenas, e logo fui convidada para ir para Nova York. Dessa vez, a minha mãe me acompanhou e ficou lá comigo por quatro meses. Ela queria conhecer a agência, o lugar onde eu ia morar, saber, afinal, com quem estava deixando a filha. Viu tudo, achou que estava OK e voltou para o Brasil. Eu fiquei sozinha ali, sem falar quase nada de inglês e sofrendo com a minha timidez.

Um ano sem trabalho e uma dívida de 70 mil dólares

O primeiro ano foi muito difícil, não apareceram trabalhos. Eu morava em um apartamento com outras modelos, e a agência me dava semanalmente 150 dólares para os gastos com alimentação, metrô e outras despesas. Mas era um adiantamento, eu teria de devolver esse dinheiro. Como no primeiro ano não trabalhei, não consegui pagar nem um cent para a agência e, quando eu fui ver, já estava com uma dívida de 70 mil dólares.

"Sou Mario Testino, aquele que mudou o seu destino"

Fiquei, como é fácil entender, supernervosa com essa situação. Era uma época em que as brasileiras estavam trabalhando muito por lá. Era o momento daquela beleza estilo Gisele, sensual, cabelo comprido. E eu não era assim. Eu tinha uma beleza mais forte. Tinha cabelo curto, era bastante magra. Então estava bem difícil trabalhar. Como não surgia trabalho e a minha dívida estava enorme, minha agência nos Estados Unidos ficou diante de um dilema: "Ou mandamos a Marcelle embora, porque está dando prejuízo, ou damos uma última chance a ela". A última chance era me mandar para Paris. Só que nenhuma agência grande de Paris me queria. Então, eles conseguiram uma agência pequena, que nem era muito conhecida. Era de confiança, claro, mas muito pequena. Fui para Paris, e uma das primeiras pessoas que eu conheci lá foi o Mario Testino (fotógrafo peruano baseado em Londres, considerado um dos maiores fotógrafos de moda do mundo). A partir do momento em que me viu, ele começou a me chamar para todo tipo de trabalho. Ele até brinca comigo: "Mario Testino, aquele que mudou o seu destino". E foi mesmo. Ele foi o meu padrinho.

A moda muda muito

Enquanto isso, lá em Nova York, a moda mudou, porque a moda é assim, muda muito. As brasileiras, que até então estavam bombando, foram perdendo espaço, porque ninguém queria mais o tipo de beleza delas. Foi quando as modelos belgas começaram a fazer sucesso. E o meu perfil se encaixava mais no padrão estético das belgas. Me ligaram de Nova York. Era para eu voltar. Então comecei a ter muito trabalho.

De volta a Nova York, muito trabalho e pouco lazer

Quando cheguei em Nova York, todo mundo que antes queria me mandar embora estava beijando meus pés agora. Comecei a trabalhar muito e não tinha tempo nenhum para o lazer. A minha carreira deslanchou e paguei minha dívida, graças a Deus. No pouco tempo que eu tinha para mim, tudo que eu queria era dormir. Porque a gente se cansa muito no início. Só depois, quando você já está mais estabelecida, que começa a trabalhar menos. Aí você pode escolher os trabalhos que quer fazer. Quando finalmente comecei a ter mais tempo para mim, passei a visitar museus, ler, fazer as coisas que gosto.

Cada dia, pessoas diferentes, mas uma vida solitária

Mesmo tendo chegado a essa fase em que o trabalho já não é uma correria maluca, ainda assim a vida de uma modelo internacional pode ser solitária. Pelo menos para alguém como eu, que sempre fui muito tímida. É uma vida bastante solitária porque a profissão faz a gente viajar muito. A gente trabalha todo o dia, e todo dia está com pessoas diferentes, pessoas que nunca vimos na vida. A gente viaja o mundo sempre sozinha. Muitas vezes, me dizem: "Que legal, você conheceu vários países". Sim, conheci inúmeros países, mas muitas vezes não tive tempo nem de sair do estúdio e passear. E, mesmo quando eu podia sair, estava sempre sozinha. É uma vida em que você deixa de ser criança para se tornar adulto muito rápido.

Se tivesse que perder dez quilos, eu ia sair correndo

Costumam me perguntar a respeito de problemas como anorexia, bulimia e regimes absurdos para perder peso. Eu sempre falo que a modelo nasce modelo. Ela já nasce com o corpo diferente, com uma estrutura diferente; ela é alta, magra. É isso que nos torna modelos. Podem ver que toda menina que começa na profissão com 14 anos é aquela magricela e alta. A gente já nasce assim.

É nossa estrutura. Quem não é assim, não vai ficar assim. A menina que é mais cheinha vai passar uma vida inteira infeliz, doente, se ficar tentando buscar um peso que não é suportado por sua genética. Ela até pode conseguir, mas não é um peso que ela vai manter naturalmente, porque não é da natureza dela. Essa briga com a balança mexe com a mente. Ela vai ficar frustrada. Não vale a pena. Acho que se tivesse que lutar contra o meu peso, eu ia ser muito infeliz, e isso ia gerar danos psicológicos horríveis. Se me pedissem para perder dez quilos, eu ia sair correndo e gritando: "Me deixa, que eu quero ser feliz!".

A profissão mudou, não há tanto glamour

Parece que estou falando só coisa ruim, mas sou muito grata por tudo que tenho, por tudo que essa minha carreira, que no final das contas foi maravilhosa, me proporcionou. Agradeço ao Marcelo Germano, se não fosse ele, talvez nada disso tivesse acontecido. Hoje, aos 33 anos, ainda estou ativa na minha profissão de modelo. Tudo valeu super a pena, inclusive financeiramente, porque eu dei certo na profissão. Mas muita gente não teve a mesma sorte. E hoje a carreira de modelo mudou muito e continua mudando. Não sei, talvez antes houvesse mais glamour, mais divas. Quando eu comecei, isso já estava mudando, já não havia top models.

Viviane Orth: a força da tranquilidade e dos valores da família

"Quando uma menina do Sul nasce alta, a primeira coisa que a família diz é: 'Ah, ela tem que ser modelo', e acho que foi isso que aconteceu comigo." Esta é a explicação bem-humorada que a modelo Viviane Orth tem para os seus primeiros passos no mundo da moda, no qual hoje desponta como uma das tops mais conhecidas no mercado mundial. Nascida em Toledo, no Paraná, Viviane ouvia comentários sobre seu destino quase certo sem pensar que ele tivesse alguma relação com o seu 1,80 metro, até que, em 2003, Marcelo Germano passou por sua cidade com o Projeto Passarela e a viu.

A partir daquele dia, aos 13 anos, Viviane subiria rapidamente a escadaria do sucesso, no Brasil e no exterior. Em seu terceiro dia em São Paulo, para onde se mudou, já fazia trabalhos para a revista *Vogue*. Depois, quando já morava em Nova York havia vários anos, seu rosto ilustrou capas de revistas como *L'Officel* e *Elle*, e ela desfilou para fortes nomes da indústria da moda, como Versace, Christian Dior, Chanel, Dolce & Gabbana, Louis Vuitton, DKNY, Alexander McQueen, Hermés e Céline.

"Mas entrar nesse mundo não era uma vontade minha nem da minha família", recorda-se Viviane. No entanto, ela não se arrepende de ter caminhado por essa estrada. E, talvez por não ter desejado tudo isso tão ardentemente, não perdeu sua identidade nem refreou sua personalidade. Um exemplo de como Viviane manteve sua forte personalidade são suas tatuagens. Algo arriscado para quem tem de se submeter a um mercado tão exigente. Mas ela as fez. Não uma, mas nove. Os estilistas, ela diz, reclamam das tatuagens, mas nunca lhe negaram trabalho por causa disso.

Marcelo me ensinou a desfilar

Eu estava na minha escola em Toledo quando o Diego, que era da equipe do Marcelo Germano, passou para divulgar o que, na época, eles chamavam de workshop; não se falava ainda em convenção. O Diego gostou de mim, viu meu potencial para ser modelo e me presenteou com a inscrição para o workshop.

Fiz as aulas, e desde então o Marcelo passou a ser uma peça fundamental na minha carreira. Minha história começou com ele. Ele estava sempre próximo, foi com o Marcelo que aprendi a desfilar. Foi com a equipe dele que aprendi como posar para fotos. Nós dois nunca perdemos contato. Hoje, estou com doze anos de carreira, e durante todo esse tempo ele sempre esteve próximo. Ele foi a pessoa mais importante para que eu chegasse ao lugar em que estou.

Minha família me passou tranquilidade, por isso tudo deu certo

Tenho certeza de que foi o apoio da minha família que permitiu que a minha carreira como modelo caminhasse sem grandes obstáculos. Eles foram a peça-chave da minha vida. Já vi muita garota que entra no mundo da moda porque esse é o sonho da mãe dela. Ou seja, a mãe queria ser modelo, mas não teve oportunidade, então passa a tentar realizar esse sonho por intermédio da filha, queira ela ou não. Isso não aconteceu comigo. Nunca sofri esse tipo de pressão. Minha mãe sempre me deixou muito livre. Ela falou: "Filha, se é isso que você quer, a gente vai estar do seu lado; a partir do momento em que você não quiser mais, você volta para casa e está tudo certo". Ela sempre me passou essa tranquilidade. Por isso, minha carreira foi acontecendo de uma maneira leve. Foi gostosa e deu certo.

A fórmula da carreira do modelo: 5% de glamour e 95% de correria

Dizer que a carreira foi "gostosa" não significa que não teve momentos difíceis. Costumo dizer que a carreira de modelo é 5% de glamour; os outros 95% você tem que correr atrás. Quando você se transforma em uma modelo profissional, tem que viajar; tem que estar com a mala sempre pronta. Porque, na hora em que te ligarem, você precisa sair correndo para o aeroporto. Você vai passar noites em claro fazendo fotos ou provas de roupa nas madrugadas. A carreira de modelo significa ter que viajar trinta horas e quando chegar no destino estar bonita para fotografar o dia inteiro, e depois viajar mais trinta horas para voltar para casa. É importante que as pessoas saibam disso antes de decidir se é isso mesmo que elas querem. A carreira de modelo significa também ficar sem ver a família. Eu já passei dois anos sem ver a minha família, por conta do trabalho. Com isso, perdi momentos especiais, como não ver o meu irmão, quatro anos mais novo do que eu, crescer. Isso sem falar das dietas.

Donos de agências davam remédio para as garotas emagrecerem

Mas vamos falar, sim, desse assunto. Dieta, emagrecer. Eu discordo dessa visão de que as meninas que desfilam têm de estar esquálidas. Não é saudável. Quando eu tinha 16, 17 anos, eu era magra de ruim. Era magra mesmo, podia comer o que fosse que eu não engordava. Porque isso está na minha genética, no meu biótipo. Para ser modelo, a menina tem que nascer com o biótipo certo. Tem que ser alta e magra. Se nasceu mais gordinha, ela não tem que lutar contra a natureza dela. Ela pode ser uma modelo comercial, por exemplo, mas ela não vai ser aquela modelo de passarela, magérrima. Mas acho que hoje em dia o mercado está mudando em relação a isso. As pessoas já estão vendo de outra forma. Essa mudança é um tapa na cara de muito dono de agência no Brasil. Alguns deles, eu soube, davam remédios para as meninas emagrecerem. Hoje em dia, isso não acontece mais. Hoje o que eles dão é uma boa academia, um nutricionista competente. Isso é uma ótima notícia, porque as garotas podem emagrecer de uma maneira muito mais saudável.

É difícil blindar a nós mesmos contra os perigos da carreira

A carreira de modelo tem os seus perigos, existem pessoas mal-intencionadas. É difícil se blindar contra essas pessoas que querem tirar proveito de você. Eu acho que é só errando que se aprende. Com as modelos, acontece como com os jogadores de futebol. Quando está ali no auge, começa a chegar um monte de gente em volta, a fazer festa. O que pode evitar que a gente caia nessas armadilhas é a educação que recebemos dos pais. Porque vem daí a base para você saber o que é certo e o que é errado. Só com essa educação é possível distinguir se quem está perto de você quer te ajudar ou te sugar. Muitas pessoas que se aproximaram de mim queriam sugar o meu momento. Queriam estar onde eu estava, usufruir dos benefícios que a carreira havia me dado. Fui enxergando isso no dia a dia. O que mais me ajudou foi a relação com a minha família. Eu falava com a minha mãe todo santo dia, três vezes por dia no começo. A minha família me ajudou muito nesse processo.

A humildade pode evitar as traições da passarela

Hoje, com doze anos de profissão, penso nos conselhos que poderia dar para quem está começando a caminhada. Muitas meninas hoje em dia, quando chegam a São Paulo e começam a trabalhar, já acham que se transformaram em top models. E não é isso. A carreira de modelo é quase traiçoeira. Um dia você está lá no topo, e no dia seguinte pode não ser ninguém. Uma das coisas que a minha mãe me ensinou e eu tenho como um lema para a minha vida é: a humildade é a maior qualidade que um ser humano pode ter. Concordo super com isso. Temos de ser humildes e saber reconhecer as pessoas com quem trabalhamos. Não deixar a fama subir à cabeça. Outra coisa importante é não se deixar levar pelo que os outros falam. Você deve ter um foco, definir metas e não parar até alcançá-las.

Ser modelo é ser uma formadora de opinião

Foi-se o tempo em que ser uma modelo era ter apenas um rostinho bonito. Não, a modelo é uma formadora de opinião. Isso é ainda mais verdade nos tempos atuais, com o que o nosso país e o resto do mundo estão vivendo. O próprio mercado está pedindo esse tipo de atitude. É preciso, portanto, preocupar-se em como você está se portando na frente das pessoas. É preciso se lembrar de que o que nós fazemos está sendo observado, por exemplo, por uma menina de 15 anos. Ela nos admira e vai querer fazer igual. Por isso, quando a nossa visibilidade é grande, precisamos entender que temos um compromisso profundo com as pessoas.

Bela Fernandes: uma carreira que começou com um cartaz

A chegada da jovem atriz Bela Fernandes ao mundo artístico se deu por um acaso. Tudo começou em 2013, quando ela estava com 8 anos e passava de carro com seus pais por uma rua de Campinas, interior de São Paulo, onde morava. Pela janela, Bela viu um cartaz com uma foto da atriz Larissa Manoela, que na época fazia grande sucesso no papel de Maria Joaquina na novela *Carrossel*, no SBT. "Fiquei louca!", lembra Bela. "Era fã da Larissa!". Ao lado da foto, Bela leu: "Projeto Passarela", mas não entendeu muito bem o que era aquilo. O que importava era ver a Larissa. Bela pediu infinitas vezes para os pais que a levassem ao evento, até que eles concordaram.

Foi só quando chegou ao local em que estava sendo realizado o Projeto Passarela que Bela entendeu o que era tudo aquilo. "Depois que vi o Projeto, me apaixonei, mas vou confessar que até aquele momento nunca tinha pensado em ser atriz ou modelo." Ao final, ela saiu feliz por ver Larissa Manoela e entusiasmada com as atividades que tinha presenciado por lá. Já apontada como um jovem talento, Bela, segundo suas próprias palavras, acabara de "tomar gosto" pela carreira artística. E ficou repetindo para a sua mãe, também infinitas vezes: "Eu quero ser atriz! Eu quero ser atriz! Eu quero ser atriz!".

Pouco mais de dois anos depois, Bela transformou-se em atriz. Era a protagonista da série *O Zoo da Zu*, do canal Discovery Kids, e participava de *O mundo da menina*, um canal no YouTube da marca de calçados Pampili, que no começo de 2017 contava com mais de 1,5 milhão de seguidores.

Foi tudo muito rápido, em uma semana começaram a aparecer trabalhos

Quando participei da convenção do Marcelo em Curitiba, eu já sabia que queria fazer parte do meio artístico. Mas ainda estava em dúvida se o meu perfil estava mais para atriz ou para modelo. Me inscrevi então para as duas opções, e passei nos dois testes. Meus pais sempre me apoiaram, mas a minha mãe tinha dúvidas no começo. "É isso mesmo que você quer, filha? Porque, pelo que o Marcelo Germano diz, não é fácil, são muitas meninas, muita concorrência." Eu já não tinha nenhuma dúvida: "É lógico que é isso que eu quero!". E as agências gostaram de mim. Uma semana depois da convenção, dezesseis delas entraram em contato, e começaram a surgir vários trabalhos. Em pouco tempo, eu já estava fazendo até três trabalhos por semana. Foi tudo muito rápido, muito agitado. Não esperava que fosse assim, pois para muitas pessoas demora para acontecer.

"A sua filha tem talento, ela é uma fofa"

Hoje, com um número cada vez maior de inscritos, as avaliações são feitas por uma equipe. Mas na época em que fui à convenção em Curitiba, ainda era o Marcelo quem avaliava pessoalmente os talentos. Nunca vou esquecer. Ele saiu da sala, depois de conversar comigo, procurou a minha mãe e disse: "Nossa, sua filha tem talento, ela é uma fofa!". O Marcelo tem uma visão diferente de mercado, ele dá muitas dicas, muitos conselhos. A minha mãe, antes de me levar até Curitiba, tinha medo que eu me decepcionasse, que tudo aquilo não desse em nada. Mas hoje ela presta muita atenção a tudo que o Marcelo diz. Sem o Projeto Passarela, eu não estaria aqui. Eu não teria nem começado.

Ter admiradores é uma responsabilidade muito grande

Quando vejo o número cada vez maior de mensagens que recebo, muitas delas em inglês e espanhol, sinto que a ficha sobre o que é ser uma pessoa pública ainda não caiu para mim. Ter gente fora do Brasil que me admira, que assiste a O Zoo da Zu, me faz sentir que tenho uma responsabilidade muito grande. O programa é para crianças na faixa dos 8 anos, mas também é visto por adolescentes de 13, 14 anos. Por isso, tenho que prestar atenção às coisas que eu faço e digo, principalmente nas redes sociais, pois quem admira alguém quer imitar tudo que essa pessoa faz. A minha mãe é quem cuida das minhas redes sociais e decide o que vai ser publicado, mas eu faço questão de responder às mensagens.

Mesmo se um dia eu não for mais atriz, não quero sair da carreira artística

Eu pretendo seguir a carreira de atriz. Adoro o que faço. Mas também tenho uma segunda opção que é ser diretora, mexer com as câmeras, ficar ali no estúdio. Eu gosto de observar tudo que acontece em um estúdio. Se um dia eu não estiver mais na frente das câmeras, quero ficar atrás delas. Quero continuar trabalhando nesse meio. Estou fazendo cursos para aumentar meu conhecimento. Curso de teatro, por exemplo, porque a gente *nunca pode parar de fazer teatro. Faço dança, canto, toco violão. Quero começar a fazer aula de teclado. O inglês, eu faço o básico na escola, mas, como estou morando agora em São Paulo, estou procurando um bom curso por aqui. Continuo meus estudos, mesmo porque, se você para de estudar, tem muitas faltas na escola ou tira notas baixas, o Juizado da Infância e da Juventude não dá permissão para que você trabalhe como atriz.*

As coisas acontecem, mesmo quando a gente não espera

Gosto de ir aos eventos do Marcelo Germano para contar às pessoas que estão ali, que querem começar nessa profissão, como tudo aconteceu para mim e falar de como fiz para conseguir trabalhos. A mensagem que gosto de passar é, primeiro de tudo, estudar e nunca desistir. Nesse meio, tem muita inveja, existem pessoas que não são legais. Mas mesmo com tudo isso nunca se deve desanimar, pois as coisas acontecem mesmo sem a gente esperar. Um exemplo disso foi o que aconteceu comigo. Uma vez, fiz um teste e não passei, mas foi exatamente esse teste que me abriu as portas para fazer O Zoo da Zu. Eu não fui aprovada, mas o vídeo que fizeram comigo ficou na agência. Depois de algum tempo, alguém assistiu ao meu teste e me chamou para fazer o programa.

Betulla Vicentino: um mergulho no iceberg da moda

Mais de vinte anos depois, Betulla Vicentino ainda se recorda exatamente do que fez no último dia de aula do curso para modelos no Country Clube de Maringá, no Paraná, em 1995: "Chorei a aula inteira, apavorada porque o curso ia acabar e eu não ia mais ver o professor que eu amava, o Marcelo Germano", conta Betulla, que na época tinha 8 anos. Sua mãe a levara ao curso convencida de que ele iria agradar em cheio sua filha "desenvolta, faladeira e hiperativa". Ela estava absolutamente certa: Betulla seguiu a carreira de modelo com entusiasmo.

E tudo foi muito rápido. Betulla mal havia acabado de enxugar as lágrimas que tinha derramado por causa do fim do curso de modelos e os primeiros trabalhos nas passarelas começaram a surgir, ainda em Maringá. Ser modelo parecia estar mesmo no seu DNA, pois na adolescência já media 1,80 metro e permanecia magra. Com o passar do tempo, ela iria desfilar para grifes nacionais importantes e subir nas passarelas do Fashion Week. Aos 14 anos, caso seus pais não tivessem se oposto, ainda teria iniciado uma carreira internacional na Itália, para onde fora convidada.

Com tanto sucesso, a carreira seguia em plena velocidade quando, aos 25 anos, Betulla fez o seu último desfile e mudou a direção de sua vida profissional. "Para ser sincera, eu nunca quis aprofundar a carreira de modelo, o que eu gostava mesmo era de comunicação", conta. Ela passou então a explorar outra faceta do mundo da moda, o visual merchandising, ou seja, um conjunto de técnicas aplicadas à decoração, à disposição de mercadorias, à iluminação e até à aromatização de lojas do segmento de moda. "O que eu compreendi é que a moda era um iceberg, e só 10% dele é a passarela; os outros 90% a gente não vê, mas é um universo enorme no qual estão inseridas fábricas, milhares de pessoas e várias oportunidades. E foi em uma dessas oportunidades que eu mergulhei."

Uma educação familiar rígida

Minha família teve grande influência sobre a minha carreira. Eles me apoiavam. A minha mãe sempre me incentivou a ser modelo, mas tudo isso dentro de padrões éticos rígidos. Com 15 anos, surgiu a oportunidade de desfilar na Fashion Week, e vim para São Paulo para uma temporada. Meu pai, no entanto, só permitia que eu desfilasse no período de férias, e mesmo assim se estivesse com boas notas na escola. Um ano antes, aos 14 anos, fui convidada para ir para a Itália. Nessa época, eu já media 1,80, uma boa altura para os padrões europeus — no Brasil, o setor não gosta de mulheres tão altas. Meus pais me chamaram, sentaram-se na mesa comigo, falaram que eu era muito jovem para ir sozinha para fora do Brasil e não me deram permissão. Na época, eu não gostei, mas hoje eu os entendo perfeitamente e apoio a decisão que tomaram. Mais tarde, eu faria um curso de especialização na Itália, mas aí eu já estava com mais de 20 anos e uma cabeça mais preparada.

Aos 14 anos, em uma reunião para o lançamento da coleção da Forum

Penso que o momento em que eu comecei a ver as grandes possibilidades que o mundo da moda poderia colocar diante de mim foi quando tinha 14 anos. Adolescente ainda, mas com uma cara de 20 anos, participei de uma reunião com o Tufi Duek, o dono e estilista-chefe da grife de roupas Forum, para decidir qual coleção seria lançada pela marca no ano seguinte. Imagine! Eu, uma criança ainda, vendo uma coisa daquelas! Foi quando começou a surgir o meu interesse pelos bastidores da indústria da moda. Mais tarde, aos 16 anos, dei aulas de passarela para garotas que estavam começando na carreira. Depois eu fui booker, que é quem cuida e agencia as modelos.

"Betulla, escolha ser feliz"

Você só conhece como funciona um evento de moda se estiver nos bastidores, seja como modelo, seja como alguém que treina os modelos ou que cuida da iluminação da passarela. Você precisa estar nesse bastidor para entender o funcionamento dessa indústria. Isso é fundamental. Mais uma vez, a minha família teve muita influência nas minhas decisões. Eu tive o privilégio de ter pais que não me obrigaram a ser top model, mesmo que isso estivesse dentro das minhas possibilidades. Eu tinha o físico, as medidas necessárias, o padrão da passarela. Mas meus pais sempre me disseram: "Betulla, escolha ser feliz". E eu escolhi ser feliz. E a felicidade que escolhi talvez não estivesse nas passarelas, mas certamente estava perto delas.

Quero comunicar e descomplicar a moda

Eu já estava familiarizada com os desfiles e tinha uma boa visão do que era a indústria da moda. Mas foi importante ter começado a fazer uma faculdade na área. Mais uma vez, acredito que a influência do Marcelo Germano, vinda desde aquele curso como modelo, me impulsionou a procurar uma graduação. Mas mesmo tendo feito a faculdade, eu não gostava de criar moda. O que eu gosto é de comunicar moda. Adoro descomplicar. Então, minha especialização na graduação foi em eventos de moda. Eu treino representantes de marcas, vendedores e também estilistas. A minha intenção é sempre ser uma ponte de comunicação para facilitar o entendimento sobre o que aquela peça, aquele estilo representa. Eu acho que moda não tem que ser complicada, não precisa disso. Ela deve ser facilmente compreendida e acessível a todos. Afinal, todos nós, de alguma forma, usamos a moda.

Um curso de especialização em visual merchandising em Milão

O começo propriamente dito na atividade de visual merchandising veio um pouco depois que comecei a escrever sobre moda em uma coluna na imprensa de Maringá. Para viabilizar economicamente a coluna, eu tinha de visitar clientes e vender publicidade. Alguns deles elogiavam: "Você escreve bem, eu gostaria que você fizesse uma palestra para nós sobre produtos". Passei a ser conhecida e acabei sendo contratada pela Recco, uma cadeia de lojas especializada em lingerie. Meu trabalho era dar palestras sobre os produtos que ela fabricava. Decidi me aprofundar e fui estudar visual merchandising em Milão. Essa especialização fez com que eu fosse mais requisitada ainda, e os treinamentos passaram a ser uma importante atividade para mim.

A gente não pode parar

Me sinto abençoada por ter desenvolvido essa carreira atuando nos bastidores da moda. Qualquer atividade profissional, no mundo da moda ou fora dele, exige firmeza nos compromissos para se ter sucesso. No visual merchandising, no qual treino vendedoras e donos de lojas a adequar a estética de suas lojas para atender melhor aos clientes, os desafios são ter pontualidade e responsabilidade pelo trabalho entregue. Lucrando ou não com um trabalho específico, tenho sempre de entregar tudo o que faço com a mesma alta qualidade. É inevitável que algumas vezes o resultado não seja tão bom quanto eu gostaria. Isso faz parte de qualquer atividade. A maneira de corrigir isso é buscar informações de maneira constante, a melhoria contínua. A gente não pode parar. E deve se manter sempre bem, com seu corpo, valores, equilíbrio emocional. Melhorando sempre, você melhora também sua performance profissional.

Larissa Manoela: cada vez mais histórias para contar

O primeiro encontro entre a atriz, modelo e cantora Larissa Manoela e Marcelo Germano foi marcado por um curioso mal-entendido. Larissa, então com 4 anos, entrou na sala em que os candidatos a ator se apresentavam para os avaliadores e diante de Marcelo interpretou o pequeno texto que haviam passado para ela. Seu desempenho entusiasmou Marcelo de tal maneira que ele disse à garotinha, com seu conhecido vozeirão: "Nossa, que menina mais linda! Você aceita casar comigo?". Larissa arregalou os olhos, e, quando saiu da sala, falou para a mãe, Silvana, que a esperava do lado de fora: "Mãe, tem um cara lá dentro que disse que quer casar comigo!".

A preocupação de Larissa, claro, era coisa de criança. Mas o entusiasmo de Marcelo fazia todo sentido. Naquele 18 de dezembro de 2005 — data que Silvana gravou na memória —, Larissa Manoela iniciava uma das mais intensas e bem-sucedidas carreiras de um jovem talento nos dias atuais. Nesse mesmo dia, Larissa conquistou os primeiros lugares em fotogenia, interpretação de texto e passarela, no concurso que Marcelo Germano então promovia em Guarapuava. Dali em diante, a sua carreira iria decolar como um foguete.

Aos 6 anos, Larissa viveu sua primeira experiência na tevê no seriado *Mothern*, do canal GNT; poucos meses depois, foi selecionada para a peça teatral *A noviça rebelde*. Depois disso, foi protagonista da microssérie *Dalva e Herivelto: uma canção de amor*, na Rede Globo, participou da série *Na fama e na lama*, do canal Multishow, fez os musicais *Gypsy* e *As bruxas de Eastwick*, atuou nos filmes *Essa maldita vontade de ser pássaro* e *O palhaço*, e ficou conhecida nacionalmente por seus papéis nas novelas *Carrossel*, *Corações feridos* e *Cúmplices de um resgate*, no SBT. Na emissora paulista, também atuou na série *Patrulha salvadora*. Fez a dublagem da personagem Narizinho, lançou o livro *O diário de Larissa Manoela*, gravou um CD e, atualmente, faz shows, apresentações e participa de eventos. Se hoje, onze anos depois, alguém voltasse a perguntar de brincadeira a Larissa

Manoela se ela aceita se casar, ouviria como resposta que ela não tem tempo para pensar nisso.

Marcelo nunca prometeu nada, dizia apenas que as portas iriam se abrir

As portas começariam a se abrir depois da convenção que aconteceu em Joinville, Santa Catarina, quando eu já havia completado 5 anos. O próprio tio Marcelo, como eu o chamo, ficou impressionado com o fato de eu ter sido a única criança selecionada por todas as agências que estavam na convenção. No mesmo dia do encerramento, um representante de uma agência no Rio de Janeiro perguntou aos meus pais se eles não poderiam se mudar para o Rio. O tio Marcelo foi o responsável por tudo isso e pelo que aconteceria na sequência. Desde aquela época até agora — hoje estou com 16 anos —, ele continua presente e importante na minha vida e na da minha família. Ele é o meu pai profissional e me ajudou, por exemplo, a selecionar as agências de São Paulo que mais trabalhavam com testes. Ele sempre esteve presente, mas nunca prometeu nada. O que ele sempre dizia é que as portas iriam se abrir, mas a partir daí muita coisa poderia acontecer e não se poderia ter certeza sobre o que viria pela frente. O seu papel era estar ali para me dar apoio e incentivo.

Dois anos dentro de ônibus

Os primeiros anos exigiram muito esforço, meu e dos meus pais. Depois que tudo começou, nós ficamos indo e vindo de Guarapuava para São Paulo e Rio de Janeiro, quase sempre de ônibus. Recebi muitos nãos e sins, e aprendi muito com os dois. Quando eu não era selecionada em algum teste, o tio Marcelo dizia que aquele trabalho não era para mim e coisas muito melhores surgiriam e eu estaria preparada para elas. Esse passou a ser o meu pensamento desde então: se algum trabalho não dava certo, era porque não era para mim e coisas melhores viriam.

Eu fiquei muito empolgada com a carreira artística. Eu conversava muito com meus pais, com o tio Marcelo. E ele era objetivo: você não passou no teste porque outra menina foi aprovada. Para mim, nunca era uma frustação, era um aprendizado. Houve algumas vezes que a minha mãe queria desistir, voltar para Guarapuava. Eu dizia: "Não, mãe, vai dar certo, eu vou conseguir um trabalho". Eu pensava que a minha hora iria chegar. E isso realmente aconteceu.

Nunca deixei de fazer testes

Eu estava sempre entusiasmada, querendo ir para frente, e chegou o momento em que começou a surgir um trabalho atrás do outro. Comecei com seriado, catálogos e muitas fotos. Outras coisas também começaram a vir. O tio Marcelo nos aconselhou a continuar fazendo testes. Enquanto eu aguardava os resultados dos testes que já havia feito, eu fazia outros. Nunca deixei de fazê-los. Fiz seriados, musicais, filmes. Depois, as novelas no SBT... Aí não parei mais. Tio Marcelo sempre vibrou com tudo isso; com o livro, as coleções, o CD, as músicas, os shows. A cada dia que passa, ele vibra mais, o que me ajuda muito. Ele me viu crescer. Não tem preço ficar junto de gente que quer ver você bem.

Brincando de boneca no estúdio

Sempre me perguntam como é ter uma agenda tão cheia de compromissos. Como eu faço para conciliar minha vida pessoal com o trabalho. Para mim, tudo isso é muito natural. Está muito bem resolvido na minha cabeça, no meu dia a dia. Como comecei muito cedo, acho que já estou acostumada. Quando era pequena, eu estudava, fazia amigos, brincava também. Levava minha boneca para os trabalhos e brincava com ela, e as brincadeiras eram sempre voltadas para o meio artístico. Nas minhas brincadeiras, a minha boneca era modelo, fazia teatro, depois era cantora.

Eu cuido muito do meu tempo pessoal. Eu vejo a Larissa Manoela que o Brasil conhece e que tem fãs, mas também consigo enxergar a Lari, que tem 16 anos, que quer ficar com as amigas e viver a vida de uma forma gostosa. Eu sempre penso muito nisso, em não perder a minha essência. Tento não pensar só no trabalho.

A fama é uma coisa instável

É muito gratificante ver as pessoas me seguindo nas redes sociais, ver meu número de fãs aumentando a cada dia. É muito prazeroso receber esse carinho. Não tem preço ver o quanto as pessoas gostam do trabalho que a gente faz. Eu também sou fã e tenho os meus ídolos, então também me sinto e sou como eles. Mas sei que tudo isso pode ser passageiro. E sei também que, se a gente acaba se deixando deslumbrar com tudo isso e perde o foco, a gente se perde. Essa carreira é muito instável. A gente tem que estar preparada para tudo. Hoje eu sou uma atriz e cantora. O que é um grande presente, algo que eu não esperava. Por isso, levo o momento de sucesso da melhor maneira possível, para que se um dia acontecer algo eu não me frustre. Hoje eu estou muito feliz de estar num lugar que é extremamente gratificante para mim.

Mesmo se o assédio de fãs for inconveniente, lido bem com isso

Viver um momento de fama às vezes significa não poder ir a alguns lugares, porque isso poderia causar tumulto. Em um shopping, por exemplo, o número de fãs se aglomerando poderia acabar sendo desconfortável para as outras pessoas, que não estariam nem mesmo entendendo o que está acontecendo. Hoje sou reconhecida nos lugares a que vou pelas crianças e mesmo pelas suas mães. Isso não me incomoda, mas, de novo, me preocupo em não causar desconforto ou problemas de segurança para os outros, principalmente para as crianças. Lógico que em alguns momentos acaba sendo um pouco inconveniente. Como quando estou comendo ou na academia fazendo algum exercício. Mas eu lido com isso de uma forma tranquila.

Não perder a esperança, sempre querer fazer melhor

Se algum dia alguém me pedisse um conselho de como lidar com a intensidade da vida artística, eu diria que essa carreira não é fácil. Mas, se essa pessoa realmente gosta do que faz, tem que estar preparada para o que vier pela frente. O importante é ter foco no que se quer e buscar meios para se aperfeiçoar. É mostrar para todo mundo do que é capaz. Não perder as esperanças e sempre querer fazer melhor.

Acho gostoso quando vou às convenções do tio Marcelo e posso dividir a minha trajetória com as pessoas. Esse é o momento em que eu vejo como a minha própria história evoluiu e que eu quero ter cada vez mais histórias para contar.

Gabriela (mãe de Lorena Queiroz): a onça que comia macarrão

Por pouco Lorena Queiroz, a pequena atriz que aos 5 anos já protagonizava a novela *Carinha de anjo* no SBT, não começou seu desfile na passarela do Projeto Passarela com uma chupeta na boca. Com pouco mais de 3 anos, ela estava na seletiva realizada em Campinas, São Paulo, em 2014, e, no último minuto, correu de volta para a sua mãe, Gabriela, e entregou a chupeta. Explicou que queria ser artista, e que artistas não chupam chupeta. Esse gesto foi só mais um dos sintomas, segundo conta Gabriela, do amor que a filha tinha pela carreira artística. "Desde que tinha um ano e meio, ela gostava de participar das festas da escola, dos teatrinhos do Dia das Mães e já chamava a atenção tanto pela beleza como pela espontaneidade", conta.

A pequena Lorena sempre agiu de modo espontâneo e teve tiradas divertidas. Nessa mesma seletiva em Campinas, ela entrou sozinha na sala para fazer a entrevista com Dionny, um dos avaliadores de Marcelo Germano. Dionny perguntou para Lorena: "Se você fosse uma onça, o que você comeria?". Ela respondeu: "Macarrão". E imitou uma onça rugindo, para a risada de Dionny. Além de gostar da vida de artista, Lorena adora macarrão, revela a sua mãe, que acompanha a carreira da filha e as gravações dos capítulos de *Carinha de anjo* diariamente. Mesmo que Gabriela não quisesse acompanhar a filha (coisa que ela quer), não poderia deixar de fazê-lo. Aos 6 anos, Lorena naturalmente ainda não sabe ler com desenvoltura. "Eu que leio o roteiro e a ajudo a decorar as falas; além disso, tenho de cuidar dos e-mails que a emissora envia e outras providências, pois ela é ainda muito novinha."

A dedicação à carreira da filha cobrou um preço a Gabriela. Quando Lorena nasceu, ela deixou de trabalhar como fisioterapeuta para cuidar da filha e, depois que a carreira aconteceu, foi obrigada a passar para outra pessoa a loja de decoração que mantinha em Pedreira, cidade a quarenta quilômetros de Campinas, onde moravam. O caminho que o talento da filha vai percorrer no futuro depende, acredita Gabriela, da vontade de Deus. Mas "nada cai do céu", diz ela, e a filha precisa de toda a sua dedicação e sacrifício para o sucesso acontecer.

"Leve a menina a uma agência, você está perdendo tempo."

Desde quando Lorena era um bebê, as pessoas me paravam para comentar como ela era linda. Com seus olhos grandes, cílios longos e sempre simpática e sorridente, ela chamava a atenção em todos os lugares. Nunca foi uma criança chorona, que chama pela mãe o tempo todo. Ela sempre se deu bem com todo mundo. Se eu fosse, por exemplo, a um shopping, as pessoas me diziam: "Leva a menina a uma agência, você está perdendo tempo". Foi então que a levei, ainda bebezinho, para fazer alguns testes para casting. Em outubro de 2014, eu estava no Shopping Parque Dom Pedro, em Campinas, e ouvi falar da seletiva do Projeto Passarela. Levei a Lorena, ela contou aquela história da onça que comia macarrão e foi selecionada para participar da convenção, em Santos, marcada para fevereiro do ano seguinte. Se havia ainda alguma dúvida que Lorena fora feita para aquele mundo, o desfile que fez em Santos confirmaria que ela estava no lugar certo. Ela adorou desfilar.

Aplausos de pé

Quase todas as agências que estavam na convenção em Santos se interessaram pela Lorena e se propuseram a agenciá-la. Fechei com uma agência de São Paulo e nos meses seguintes ela fez algumas fotos, principalmente para catálogos. Mas foi logo depois de outra convenção do Marcelo Germano, em outubro, em Curitiba, à qual nós também fomos, que a carreira dela deu uma deslanchada. Nessa segunda convenção, ela participou de um workshop de interpretação. Deram a ela um texto que deveria ser memorizado. Ela decorou o texto com muita facilidade, e, quando terminou de recitá-lo, a banca de avaliação a aplaudiu de pé. A sorte estava chegando. Logo depois dessa convenção, a Lorena foi chamada para um teste na novela Carinha de anjo. *Ela foi aprovada e logo começou a gravar.*

Ela gosta tanto que, mesmo quando é liberada, quer ficar no estúdio

Para acompanhar a rotina de gravações, nos mudamos para São Paulo. A família toda veio junto, eu, Lorena, meu marido e meu filho, que é dois anos mais novo do que ela. Eu e a minha filha nos adaptamos superbem ao dia a dia de gravações. As gravações acontecem quase todos os dias e têm um horário determinado para começar e acabar. Elas duram no máximo seis horas. A Lorena se diverte bastante. Tem muitos adultos no estúdio e eles brincam com ela o tempo inteiro. Ela gosta tanto que às vezes é liberada mas não quer ir embora do estúdio. Lorena é acompanhada por uma psicóloga e uma preparadora de elenco, e nunca a vi tensa ou cansada. Fora das gravações, a vida dela também é tranquila. Acorda cedo, vai para a escola e só então para o estúdio, quando é dia de gravação.

Não é só ir ao Projeto Passarela ou a uma agência; tem mais chão pela frente

Desde que Lorena era pequena, percebi que ela era diferente das outras crianças e imaginei que ela se daria bem como artista. Por isso, fui atrás das oportunidades. Mas sei que há pais que impõem seus sonhos aos filhos. Sempre digo que temos de avaliar com cuidado qual é a vontade do filho e qual é a nossa. E se o mundo artístico for mesmo o sonho do filho, temos de dedicar muita energia para que as coisas aconteçam. Não basta ir ao Projeto Passarela ou colocar o filho em uma agência achando que ele vai ficar famoso só com isso. Não é assim. O que o Projeto e as agências fazem é abrir portas para o mercado. Mas o sucesso depende de muitos outros fatores, de muito esforço. Temos sempre de andar nesse caminho com o pé bem firme no chão.

Julia Meneghetti: uma modelo formada por certezas

Se há uma qualidade que ninguém pode negar que Julia Meneghetti tenha é autoconfiança. Pergunte onde ela imagina que a sua ainda iniciante carreira de modelo estará daqui a dois anos e ela vai responder: "No ano que vem, provavelmente vou assinar contrato com uma agência em São Paulo e vou começar a ter trabalhos, em geral internacionais, mas nacionais também". Diz isso em um tom de voz no qual não se nota nenhuma afetação, mas a mesma tranquila e casual certeza de alguém que comenta: "Vou ali tomar um sorvete".

Mas bastam poucos minutos de conversa com essa jovem curitibana de 15 anos para ficarmos convencidos de que, sim, no ano que vem ela estará fazendo desfiles internacionais. É certo que, mesmo estando ainda nos primeiros metros no caminho para o sucesso, a sua carreira já alcançou alguma velocidade. Em 2015, a sua mãe, Rosângela, viu um cartaz anunciando uma seletiva do Projeto Passarela e inscreveu a filha sem que esta soubesse. Julia foi aprovada e, no ano seguinte, foi levada por Marcelo Germano ao IMTA em Nova York. "O Marcelo me ajudou desde o começo. Ele sempre me deu apoio. Fez com que eu me sentisse à vontade em Nova York. Me ajudou nos testes. Isso foi muito importante para mim."

Julia já fez alguns desfiles, mas nenhum verdadeiramente profissional. Desde criança, convoca a família para vê-la desfilar na sala de casa usando as roupas da mãe. Um hábito que, ela admite um pouco constrangida, não deixou de lado inteiramente. Mas esses desfiles caseiros parecem estar com os dias contados, caso seja confirmada uma transformação interna que Julia vem detectando ultimamente: "Eu notei uma mudança em mim. Comecei a me preocupar muito em ser mais responsável, a sair dessa cabeça de criança e entrar na cabeça de adulto. Porque faz parte dessa carreira que a gente tem, não é? Claro, a gente não pode deixar de viver a vida, mas tem também de se concentrar. Eu quero dar o máximo de mim e fazer dar certo".

Na agência, como se estivesse em casa

Depois da convenção, fui a São Paulo e visitei várias agências. Foi a primeira vez que entrei em uma agência. Eu estava com medo de que eu não fosse me sentir à vontade nelas. Mas eu adorei! Principalmente quando entrava naquelas que eu queria muito conhecer. Me senti em casa, como se tudo aquilo fizesse parte de mim. É nelas que eu vou conquistar os meus sonhos e os meus objetivos. Acabei me ligando a uma delas. Ainda estou em acompanhamento, pois eles estão esperando que eu complete 16 anos para seguir os próximos passos. Ah, e Nova York também faz parte dos meus sonhos. Quando fui lá com o Marcelo Germano, eu vi outro mundo. Lá tudo é global. Me senti aberta para todas as passarelas do planeta.

Eu quero ser um exemplo positivo para outras pessoas

Mas o que eu quero não é só desfilar. Eu quero ser alguém em que as pessoas se espelhem e passem a pensar de maneira positiva. Quero que elas olhem para mim e digam: "Se ela conseguiu, eu também posso conseguir". Eu me inspiro muito em algumas modelos que também vieram de famílias super-humildes e agora têm uma carreira de sucesso. Eu também queria que a minha história fosse uma inspiração para os outros. Eu quero ser um exemplo para a minha irmãzinha, Sofia, que também tem vontade de ser modelo.

Minha mãe me mantém informada sobre as novidades da moda

A minha família vem me dando todo apoio. O meu pai fala inglês e ficamos conversando para que eu possa me acostumar com a língua. Conversamos em inglês sobre assuntos normais, do dia a dia. Isso vai me ajudar a conversar com as pessoas sobre assuntos comuns quando eu for para os Estados Unidos. Já a minha mãe me ajuda na maneira de me vestir. Ela está sempre dando dicas de roupas, maquiagem, acessórios. Ela segue muitos blogues de moda e me conta sobre quando serão os desfiles de moda, as novidades da área. É importante isso, pois, agora que estou entrando nesse mundo, eu preciso saber dessas coisas.

Nas próximas páginas, chegamos à conclusão deste livro. Nela, eu explico a grande importância de que os jovens artistas não sejam deixados à própria sorte nos primeiros anos de suas carreiras. Meus colaboradores e eu estamos convencidos de que nosso compromisso com os jovens talentos não termina quando estes iniciam sua carreira artística. Eu sempre disse para os jovens que o meu trabalho é abrir portas, mas que eu não podia garantir o que viria depois. A partir de agora, além de abrir portas, nós vamos, junto com eles, dar alguns passos a mais para dentro do fascinante mundo artístico.

Conclusão

Vocês fazem o espetáculo

Os jovens talentos precisam de um processo de coaching contínuo. A importância de ter uma política de prevenção e controle de danos. Os pais têm de enxergar seus filhos como amigos e olhar o mundo com os olhos deles.

Quando criança, eu sonhava que um dia iria trabalhar em um circo. Na época, eu morava em Rio Grande, e a cidade sempre era visitada por companhias circenses. As grandes lonas eram montadas em um campo de futebol, a apenas duzentos metros do apartamento em que eu vivia com a minha mãe. Era uma felicidade quando o circo chegava. Eu era um pouco traquinas e, confesso, algumas vezes entrava por baixo da lona para ver o espetáculo sem pagar (por favor, não sigam esse mau exemplo).

O circo ia embora, mas eu e meus amigos continuávamos empolgados. Conseguíamos uma lona em algum lugar e montávamos um picadeiro. Ali, inventávamos números com os mágicos mais espetaculares do mundo, trapezistas que arriscavam a própria vida sem medo, domadores de enormes e ferozes leões. Com 9 anos de idade, eu repetia sem parar: "Eu quero montar um circo! Eu quero montar um circo! Eu quero montar um circo!".

Quase quatro décadas depois, penso que realizei o meu sonho. Não, nunca tive um circo tradicional, com palhaços, trapézios, globos da morte, contorcionistas, bailarinas. Mas acredito que, de certa forma, o que eu e a minha equipe fazemos hoje é um desdobramento daquele meu desejo. Assim como a minha fantasia de criança transformava trapezistas voadores, equilibristas de pratos, mágicos que desapareciam no ar na mais inquestionável realidade, hoje encorajamos e contribuímos para que os desejos de futuros atores, músicos e modelos saiam do reino da fantasia e se transformem em sólida realidade.

Hoje, o papel das agências e dos empresários, e me incluo nessas categorias, deve estar muito mais ligado ao coaching, à preparação desses artistas para os desafios que irão enfrentar, do que apenas à busca de oportunidades de trabalho. Meu trabalho, por exemplo, não consiste mais em simplesmente apresentar esses jovens artistas, por meio da convenção que realizo anualmente, aos diretores de agências de modelo, televisão, teatro e cinema, para que então fiquem entregues a si mesmos; estou muito mais focado no coaching, prestando apoio e assessoria para atender a esses jovens talentos nas suas necessidades tanto de desenvolvimento profissional quanto psicológicas e emocionais. Esse tipo de assessoria traz grandes benefícios para os novos artistas, não só aqueles dos quais estamos próximos, mas de todos os jovens talentos. O acompanhamento dessas crianças e adolescentes não tem como objetivo blindá-los dos possíveis equívocos que podem vir a cometer na carreira artística. Não acredito que seja proveitoso tentar evitar que alguém cometa erros. Primeiro, porque não há como proteger alguém de enfrentar momentos desfavoráveis na vida e, segundo, porque é errando que aprendemos e nos tornamos prontos para enfrentar adversidades.

Ação preventiva

O processo de coaching deve desenvolver uma ação preventiva, um plano B que permita a esses jovens amenizar a frustração de expectativas e encarar os desafios que podem surgir, antecipando possíveis problemas.

É o que se chama no mundo empresarial de política de prevenção e controle de danos. Vou dar um exemplo. Estou desenvolvendo uma ação preventiva com uma jovem talento de 16 anos que está prestes a seguir carreira fora do Brasil. Conversei bastante com o pai dela a esse respeito e tratamos com a garota de assuntos espinhosos. Falamos, por exemplo: "Em breve, você vai estar no mercado internacional. Chegando lá, pode ser que fique vários dias sem qualquer atividade. Vai receber vários nãos, vai ter saudades, chorar e até ficar com vontade de largar tudo e voltar correndo para casa. Vai sentir isso, vai sentir aquilo etc.".

A garota com certeza ficou assustada com tudo isso, mas o que essa ação preventiva propõe é exatamente discutir estratégias para enfrentar tais situações desafiantes, para que a jovem não seja tomada pelo medo quando elas surgirem. Em momentos assim, o remédio é ligar uma chavezinha na mente para lembrar que aquela possibilidade desagradável estava prevista e colocar em ação mecanismos para diminuir seus impactos. Se o desafio é algo esperado, os danos são menores e controláveis. Novos desafios podem surgir, porém a capacidade de lançar mão desses mecanismos internos já está instalada, e a jovem lidará com os desafios de uma maneira cada vez mais eficiente.

O efeito que essa abordagem traz para os talentos é precioso. Eles começam a se conhecer e a entender como funcionam internamente nos bons e maus momentos. Com esse conhecimento, têm possibilidades muito maiores de reagir de forma apropriada e positiva diante de qualquer situação. Isso é um grande trunfo, pois as pessoas, em sua maioria, não conseguem enxergar a si próprias com nitidez, não sabem bem o que são e o que querem.

Outro efeito prático de incorporar essa ação preventiva à carreira é que ela permite que o plano de negócios seja mais acurado. Tentar prever e antecipar certos aspectos do futuro é algo que interessa a qualquer profissão, mas ainda mais às carreiras artísticas, por suas características próprias. Elas apresentam maior instabilidade ou tendência a mudar de rumo, já que as indústrias da moda e do entretenimento são influenciadas por um número grande de fatores subjetivos, difíceis de prever e de controlar.

Carreira curta

Mesmo com essas variáveis, é possível tentar planejar o desenvolvimento de uma carreira artística. Uma candidata a modelo de passarela deve saber que sua carreira será curta. Ela terá boas chances de ser chamada para desfiles entre os 16 e 30 anos de idade. Isso significa que tudo vai terminar quando ela ainda estiver na flor da idade? Não. Significa, por exemplo, que essa menina deve entrar em uma faculdade de moda, caso seja o seu desejo dar sequência à carreira nesse meio, e permanecer feliz na profissão, sem prazo de validade.

Quando essa garota toma tal decisão, é porque ela tem definido um norte para a sua vida. Consegue ver as grandes linhas que a sua vida vai seguir lá na frente. Isso amplia a sua visão. Ela já não se vê como alguém sem qualquer controle sobre o próprio destino, e sim como alguém que construirá um novo caminho profissional e não precisará desistir do que ama porque chegou a determinada idade.

Esse horizonte proporciona a ela uma boa gestão emocional. Ao desenvolver esse conhecimento, adquirido na faculdade ou em outras experiências, ela se destaca das demais e, como consequência, aumenta suas chances no mercado. Claro, a qualquer momento, podem surgir surpresas e desafios no caminho, porém a possibilidade de essa jovem modelo encará-los com serenidade será maior, justamente porque ela será capaz de colocar em operação uma política de prevenção e controle de danos.

Esse comportamento rende bons frutos em outras profissões artísticas, claro. No que diz respeito a atores, pensar nesta sequência de possíveis eventos futuros significa projetar-se para além da profissão de ator de peças teatrais, de filmes ou de novelas e considerar outras, como produtor, diretor, roteirista. Já um músico abrirá a possibilidade de se tornar um produtor de musicais ou de shows, por exemplo, em paralelo à carreira de cantor.

Entender que há uma gama de atividades que são satisfatórias, relevantes e bem remuneradas nos bastidores dos grandes espetáculos abre uma nova perspectiva para os que se interessam pelas carreiras artísticas. Fazer essa conexão mental para enxergar que esse mercado vai muito além de ser um músico que atrai multidões ou um ator de sucesso traz um alento ao artista por lhe mostrar que, independentemente dos desafios que surjam no caminho, ele nunca precisará abrir mão de seu sonho de trabalhar naquele universo.

O valor da experiência

Em uma das minhas seletivas, uma mãe me procurou para me agradecer pela experiência pela qual ela e o filho estavam passando. Falou comigo antes mesmo de o filho passar pelo processo de seleção, ou seja, ela não sabia se o filho seria selecionado e continuaria na disputa por uma oportunidade no mercado artístico. Mas isso não tinha tanta importância para ela. Aquela mãe estava me agradecendo porque, quando surgira a possibilidade de o garoto participar da seletiva, tanto ela quanto o filho se encheram de confiança. Se sentiram mais fortes e mais próximos. Ir àquela seleção havia mobilizado a autoestima da família. Era aquela experiência que tinha valor para ela.

Isso é ou não é captar a essência do que vale mesmo a pena? Se o filho fosse selecionado, que maravilha! Mas aquilo que eles estavam vivendo era muito maior. Era um investimento interior. Fosse qual fosse o resultado, nem ela nem o filho iriam voltar para casa de mãos vazias. Ao se prepararem para aquela seletiva no final de semana, os dois conheceram melhor do que eram feitos, com o que sonhavam e que caminho tinham diante de si para atingir seus objetivos.

Nesse processo de autoconhecimento, surge algo muito precioso que é a reflexão sobre qual legado se quer deixar. O que é legado em uma carreira artística? O legado é algo que se quer deixar para as gerações mais novas, a herança, a marca da nossa presença, que vamos deixar neste mundo. Pode ser algo grandioso, como uma fundação que ajude jovens artistas sem recursos; ou mais modesto, como dar aula e apoio para quem está começando na carreira; pode ser até mesmo algo singelo, como decidir ser uma pessoa gentil, que dê sorrisos e atenção para os outros. Esses legados são diferentes no seu porte, mas idênticos na capacidade de dar significado para as nossas vidas.

Sem brancas nuvens

Eis o grande fecho de um ciclo virtuoso: para desenvolver ações preventivas, temos de ter objetivos claros para a carreira e, para saber quais são esses objetivos, temos de nos conhecer mais profundamente. O autoconhecimento coloca em cima da mesa a questão do que de fato é relevante em nossas vidas, do que queremos conquistar. OK, chegamos lá, atingimos o nosso objetivo. Surge aí a reflexão sobre o nosso legado, a contribuição que poderemos dar para que este mundo seja melhor. Isso é colocar em ação a política de prevenção e controle de danos para a humanidade. Ninguém quer passar por essa vida em brancas nuvens, sem ser notado.

Atitudes como se preocupar em deixar um legado e tornar o mundo melhor surgem quando os talentos têm uma personalidade bem resolvida. Independentemente do apoio da família, de empresas, de patrocinadores, de assessores, todos têm uma coisa que só pertence a eles, que é o seu caráter. Nos dias de hoje, vemos no Brasil e no mundo um grande investimento das pessoas na própria aparência. Não tenho nada contra: se podemos ser mais atraentes, mais saudáveis, por que não fazer isso?

O que me incomoda é que vejo pouca gente investindo no próprio interior. Costumamos avaliar as pessoas mais pelas suas posses, pelas amizades que têm, pelo seu status ou aparência. Mas tudo isso é tão passageiro, no minuto seguinte essas coisas já não estão mais ali. Fazemos horas de academia e de malhação, mas esquecemos de malhar a mente. Sem movimento, ela se atrofia. Nas carreiras artísticas, são pouquíssimas as chances de sucesso para quem tem uma mente atrofiada.

Muitas pessoas possuem projetos de vida que atendem exclusivamente aos seus objetivos pessoais. "Depois que me aposentar, vou viajar pelo mundo, passar um tempo na praia, me divertir, me recompensar." Deve ser ótimo fazer isso. Se essa é uma maneira de se sentir feliz, merece todo aplauso. Mas a experiência mostra que os propósitos de vida que incluem colaborar para que outras pessoas alcancem os sonhos delas costumam ser mais recompensadores do que planos de felicidade que estejam voltados para o próprio benefício.

Há muito tempo, li uma entrevista com um médico que trabalhava no Hospital das Clínicas em São Paulo, um profissional especializado em tratar doentes terminais. Sua experiência em conviver com pessoas desenganadas, próximas da morte, era longa. Na reportagem, o jornalista perguntava ao médico qual era o principal sentimento que aquelas pessoas que sabiam que iriam morrer em breve externavam. O médico contou várias coisas que me impressionaram. De duas delas, eu me lembro até hoje. Ele dizia que era comum que esses doentes terminais se arrependessem por não terem ajudado mais pessoas quando tiveram a oportunidade. E contava o caso de uma senhora rica que lhe disse, amargurada, que a única coisa boa de que se lembrava de toda a sua existência era uma ocasião em que ajudara com dinheiro uma pessoa necessitada.

Felizmente, não precisamos esperar por um instante tão dramático para ter uma relação de leveza e gratidão com a vida. Devemos estar atentos 24 horas por dia, todos os dias da semana, na maneira como nos relacionamos com os outros. Se cultivarmos um estado de boa vontade para com as pessoas, e entre essas pessoas devemos incluir a nós mesmos, sempre estaremos preparados para enfrentar problemas e teremos uma visão mais clara das oportunidades. Quando estamos em paz, temos uma visão nítida do que há pela frente.

Isso é especialmente poderoso para os pais. Eles são muito importantes, fundamentais, eu diria, para o sucesso dos filhos — ainda que estes não tenham a oportunidade de seguir uma carreira artística. Quando os pais são pessoas leves, conseguem fazer avançar com muito mais velocidade e alegria a carreira artística do filho ou filha. Estando em paz, estarão atentos e verdadeiramente presentes para ajudar seu jovem artista a descobrir caminhos e a corrigir a rota quando isso for necessário. Que eles consigam ser amigos de seus filhos. Ter a humildade e a sabedoria de não impor sua autoridade para anular os desejos do filho. Mas que não abram mão de seu papel e de suas obrigações de pais.

Quando nos tornamos adultos, nos esquecemos completamente de como funcionavam nossas mentes de crianças e adolescentes. Com isso, costumamos perder rapidamente a conexão com nossos filhos e passamos a julgar seus atos, irritações e frustrações com a mente de homem ou mulher já formados. Mas, se soubermos enxergá-los, vamos perceber que também eles têm o que nos ensinar e também eles têm o poder de nos colocar na rota de novo. Costumamos criticar ou menosprezar os sonhos de nossos filhos, não escutar o que estão dizendo: "Pai, é hora de sonhar de novo, você está adulto demais para o meu gosto". Se tentarmos olhar para o mundo e para nós, pais, com os olhos dos jovens, entenderemos melhor como eles funcionam.

Gostaria também de dizer algo aos jovens que me leem. Meus queridos, vivam plenamente o seu sonho. Curtam essa alegria de sonhar e de querer fazer algo. O sonhar mostra que você não está parado, que está vivo, atento e cheio de energia para se colocar em ação. Então, perceba tudo que está acontecendo à sua volta. Perceba cada ato, cada movimento, cada ensinamento. Seja um jovem diferente, de atitude. Você não precisa entrar no mesmo movimento das outras pessoas.

Tenha personalidade e corra o risco de buscar o que deseja para você, sem se preocupar se será aprovado ou não pelos outros. Sempre valorizei jovens que são capazes de fazer coisas como abraçar um pai em público sem se preocupar se os outros vão ridicularizar sua atitude. Acho especiais aqueles que não têm medo de revelar os seus sonhos, de correr atrás deles, mesmo sabendo que sempre haverá gente que tentará desanimá-los, dizer que nunca darão certo. Esses pelo menos terão uma louca história para lembrar. Piores são aqueles que não têm história nenhuma para contar.

Agradecimentos

Nunca percorri o Caminho de Santiago, ou melhor, ainda não percorri o Caminho de Santiago — a jornada a pé até a cidade de Santiago de Compostela, no norte da Espanha, que milhares de peregrinos de todo o mundo fazem todos os anos em busca de autoconhecimento. Mas andei pelo caminho de carona, na viagem que Daniel Agrela, meu assessor de imprensa, fez ali ao longo de trinta dias. Nunca vou me esquecer da conversa que nós dois tivemos em que ele me contou a sua experiência. Entre todos os insights que teve durante as caminhadas sozinho, Daniel diz que um foi especial: a decisão de escrever um livro sobre essa experiência.

Aquela conversa tão impactante me fez acreditar que eu também poderia tornar realidade o antigo projeto de escrever um livro. Um livro para tratar dos fatos, mitos, oportunidades, riscos e alegrias que existem no mercado artístico.

Esse desejo amadureceu ao longo dos meus anos de experiência em eventos artísticos, especialmente os produzidos pela minha empresa. Durante esse tempo, percebi a ansiedade com que os jovens artistas e seus pais encaravam a possibilidade de entrar no mundo artístico — um mundo que, embora seja tão desejado, é largamente desconhecido pela maioria das pessoas. Eu passei a querer com ainda mais força passar a eles todo o meu conhecimento dessa área. Quem sabe assim eles se sentissem mais seguros, aprendessem a evitar enganos e adquirissem o conhecimento necessário para fazer da carreira dos filhos um sucesso contínuo e feliz.

A questão era como fazer isso. Havia obstáculos. Tantas viagens, o tempo sempre escasso. Isso sem contar aqueles pensamentos que sabotam nossos sonhos. Aquela falsa crença de que não somos capazes de realizar alguma façanha, como escrever um livro.

Mas aí aconteceu a conversa sobre o Caminho de Santiago. Revelei a Daniel o meu velho projeto. E ele veio com a solução. Me apresentou à pessoa que o ajudou a organizar as suas ideias para escrever o seu livro: Eduardo Meirelles Villela, profissional respeitado na área literária e que já participou da concepção, produção e edição de grandes obras no Brasil. Eduardo e eu conversamos muito sobre o meu projeto e tomamos a decisão de encarar esse desafio. Um terceiro parceiro ainda se juntaria a nós: Leonardo Mourão, que ajudou a colocar minhas ideias no papel. Essas três pessoas — Daniel, Eduardo e Leonardo — me deram a orientação técnica necessária para concluir este livro. Além deles, a minha esposa, Simone, essa mulher fantástica que é uma parte de mim, foi uma força determinante para que eu não desistisse da proposta e cumprisse os prazos determinados.

Escrever um livro é algo que faz movimentar emoções e sentimentos profundos. Um livro é como um filho. Nele, expomos, sem censura, a história da nossa vida, as nossas experiências pessoais e profissionais. A cada capítulo que escrevia, eu sentia a mente e o coração pulsando de emoção ao recordar certas passagens da minha vida que foram muito intensas.

Eu acredito que, na caminhada de cada um de nós, surgem anjos cujo único objetivo parece ser transformar os nossos desejos em realidade. Para enxergá-los, é só acreditar e abrir o coração. Quero fazer um agradecimento especial a alguns desses anjos.

À minha cunhada, Cíntia Calizotti, o meu braço direito, que, desde o início, encarou este projeto como se fosse dela, dedicando horas sem fim à missão de realizar um bom trabalho.

À minha filha, Eduarda, a minha inspiração, amiga de todas as horas, que tem uma dedicação e uma paciência sem igual comigo. Amo você, minha filha.

Ao meu filho Lucas, um grande profissional e um exemplo pra mim. Tenho muito orgulho do homem que você se tornou.

Ao meu filho mais novo, Ian, um anjo que chegou à minha vida no momento em que eu mais precisava e deu ainda mais brilho à minha caminhada.

Aos meus irmãos: Guilherme Germano, que desenvolve um trabalho lindo na MGT; Filipe Germano, o irmão pensador, que tem sempre a palavra certa na hora certa; e Rodrigo Germano, o caçula, que tem ideias fantásticas e cuja bela essência eu conheço cada vez melhor.

Às minhas irmãs: a psicóloga Juliana Germano, que, com a sua delicadeza e sentido de vida, é um exemplo para a minha nova filosofia de caminhada em gratidão; a guerreira Camila Germano, profissional e mãe admirável, que não desiste nunca e não tem medo de ir atrás dos seus sonhos; e Isabella, a minha irmã por parte de pai, por quem, ainda que tenhamos nos conhecido tardiamente, tenho um imenso amor, além de admirar a forma como enxerga a vida, com uma pureza sem igual.

Aos meus coaches, Iuri Forindo, Vinicius Camargo e Guilherme Gomes, que viajam constantemente comigo. São os meus guias na minha jornada por autoconhecimento.

À minha psicóloga, Sílvia Maria Martins, uma segunda mãe para mim. O seu auxílio emocional foi determinante durante a composição desta obra.

À minha equipe do Grupo MGT. Seria temerário da minha parte nomear cada um, pois minha família profissional é imensa e eu poderia esquecer alguém. E todos, incluídos amigos e familiares, fazem parte da minha caminhada. Por favor, sintam-se abraçados e amados.

À equipe da Somos Educação, pelo profissionalismo e pelo carinho dedicados a este livro.

Termino agradecendo à minha mãe, pela pessoa que é. Ela encarou todas as adversidades da vida de cara limpa e fez o máximo para criar um homem preocupado com o próximo, apaixonado pelo que faz e que acredita que deve compartilhar o seu conhecimento para, quem sabe, fazer outras pessoas mais felizes.

Marcelo Germano

Anexo 1

Guia rápido: cuidados a serem tomados e erros a serem evitados em uma carreira artística

Cuidados

Profissionais e empresas que vendem book fotográfico
Muitos candidatos a modelo são induzidos por profissionais e empresas pouco sérios a fazer books caríssimos e sofisticados. É jogar dinheiro fora. Books são fundamentais, mas não podem ser exagerados, sob risco de tirarem a atenção do avaliador do que realmente interessa: as feições do modelo. Consulte o Capítulo 4 a respeito.

Escolha criteriosa de agência
É fundamental fazer uma boa pesquisa e visitar a agência com a qual o jovem talento vai trabalhar. Como essa agência trabalha? Como são os cachês? O que tem nos contratos? Os profissionais são idôneos? Que modelos já foram descobertos por ela? Veja mais no Capítulo 4.

Pessoas que vendem cursos prometendo trabalho
Não existe essa possibilidade. Essa promessa é uma tentativa de enganar os talentos e seus pais. Se a pessoa garante que o talento terá trabalho se fizer o curso que ela está oferecendo, fuja dela. É uma armadilha. A internet é um bom canal para checar que serviços são sérios e têm qualidade.

Contatos através de redes sociais
Nunca deixe seu filho, principalmente menor de idade, sozinho diante de algum produtor, agente ou outro profissional do meio artístico. Também não permita que o jovem envie fotos pelas redes sociais, troque informações pessoais ou marque reuniões sem o conhecimento dos pais. Veja Capítulo 7.

Empresários, agentes ou produtores de má índole
Como em todas as atividades, na área artística existem pessoas desonestas e mal-intencionadas. Há agências que fazem contratos com condições prejudiciais para a carreira do talento e estabelecem multas abusivas. É necessário cuidado em dobro ao assinar contratos. Veja Capítulo 9.

Pessoas (profissionais) desconhecidas que prometem e fazem propostas tentadoras de trabalho, até mesmo para morar fora do país
Falsas promessas surgem a qualquer hora. Mas é no momento do sucesso que vão surgir muitos falsos assessores prometendo mil coisas, vendendo fantasias e mentiras. Desconfie sempre de propostas mirabolantes. Cheque sempre com terceiros a idoneidade dos profissionais. Veja mais no Capítulo 9.

Pesquisar muito sobre um profissional ou empresa que vai prestar algum tipo de trabalho
É preciso conhecer o histórico da empresa, do assessor ou do escritório a que o artista está em vias de entregar a administração da sua carreira.

Por meio do CNPJ da empresa e do CPF das pessoas envolvidas, é possível levantar dados, inclusive antecedentes criminais. Veja mais no Capítulo 9.

Ter um advogado para analisar os contratos de trabalho
Mesmo quando a agência e o empresário com os quais se está acertando um trabalho têm boa reputação, é sempre recomendável que um advogado seja consultado. Ele fará uma análise meticulosa das cláusulas contratuais. Muitos termos e colocações podem não ser entendidos por leigos. Veja mais no Capítulo 9.

Conservar a infância e atividades normais que uma criança faz, como brincar, ir a aniversário de amigos e ter tempo suficiente para descanso
Talentos são crianças e adolescentes como quaisquer outros. Não podem perder sua vida normal. Então, não se pode dar a eles um número exagerado de atividades que os deixem cansados e infelizes. Se eles pararem de gostar do que estão fazendo, é hora de parar tudo. Veja mais no Capítulo 6.

Atenção com a parte emocional e psicológica
Um dos compromissos mais importantes dos pais de um jovem artista é dar a ele uma base emocional, que é fundamental para evitar a ansiedade. Não só a ansiedade com um teste, mas aquela de fundo, constante, que faz com que o jovem tenha medo de desafios, não confie em si. Veja mais no Capítulo 6.

Preparar os filhos para o não
É irreal achar que nunca se receberá um não. Aprender a ouvir não é aprender a lidar com a autoestima. A pessoa que está sempre se atualizando tem uma estabilidade emocional mais forte, reconhece suas qualidades e potencialidades e não se abala com recusas. Veja mais no Capítulo 2.

Exposição nas redes sociais (saber o que e como comunicar)
É importante que as redes sociais do jovem talento tenham bom conteúdo, ou seja, assuntos que as pessoas gostem de ler. Os fãs querem conhecer as experiências profissionais e acompanhar o dia a dia do jovem talento. Portanto, as postagens devem ser verdadeiras. Fuja das ostentações. Não mostre o que você não é. Veja mais no Capítulo 6.

Estudar sempre. Busca de conhecimento e aperfeiçoamento como base de vida
Nunca deixe de estudar. O bom artista busca melhorar continuamente, inclusive nos estudos. Além dos cursos específicos de sua área, faça uma faculdade, busque maestria e amplie sua área de interesse. Se não puder frequentar uma faculdade presencial, faça um curso a distância. Veja mais no Capítulo 3.

Erros

Fechar contratos de trabalho sem ler ou questionar algo que prejudique a carreira do artista
É preciso ler as famosas entrelinhas. Alguns contratos "amarram" o artista em longos anos de exclusividade com o assessor ou fixam percentuais de participação no seu cachê que estão acima da média do mercado. Leia o contrato com cuidado, peça ajuda a alguém mais experiente.

Agenciar ou fechar contratos de exclusividade (analisar caso a caso)
É uma prática normal prometer exclusividade a um agente para que gerencie seus trabalhos. Mas é preciso analisar o impacto dessa exclusividade em médio e longo prazo. A análise é feita estimando as possibilidades de negócio que serão geradas pelo empresário.

Fechar contratos com multas abusivas
Caso o artista ou seu representante prefira romper um contrato, deverá pagar uma multa. Isso é uma prática comum no mercado. Mas, em alguns casos, esses valores podem ser abusivos. Para saber se o que é previsto como multa está dentro da normalidade, converse com pais de outros artistas.

Forçar o filho a seguir uma carreira que ele não quer
Há casos em que os pais querem que o filho siga uma carreira, mas isso não está nos planos da criança ou do adolescente. A chance de isso gerar problemas e infelicidade é quase certa. Se o filho não deseja ser artista, ele não será, por mais que haja pressões e ameaças.

Não dar apoio, incentivo e força para o filho
Artistas que se fizeram por si mesmos, sem apoio de ninguém, são quase uma ficção. Sem o apoio da família, o fracasso é quase certo. Além do amor e do encorajamento, os pais têm de participar do planejamento da carreira, se envolver no sonho dos filhos e procurar pessoas para lhes dar apoio.

Não pesquisar e não conhecer a agência antes de agenciar o filho
Há muitas centenas de agências no Brasil. Pouquíssimas delas têm a capacidade e a seriedade necessárias para alavancar a carreira de um jovem artista. É preciso pesquisar, além da idoneidade, a "taxa de sucesso" de uma agência. Ou seja, quantos modelos agenciados por ela tiveram sucesso.

Anexo 2

Planilha de planejamento financeiro

Percentuais recomendados de investimento mensal na carreira do artista

Despesas fixas (moradia, alimentação, transporte, vestuário, telefonia móvel etc.)	25%
Marketing pessoal (marketing digital e assessoria de imprensa para divulgar a imagem e o trabalho do artista)	15%
Cursos preparatórios (teatro, dança, línguas estrangeiras etc.)	15%
Cuidados com saúde e estética (médicos, dentista, salão de beleza, academia etc.)	15%
Outros (gastos não previstos e emergenciais)	10%
Aplicações financeiras para realização de sonhos e projetos futuros (poupança, CDBs, títulos públicos etc.)	10%
Lazer (atividades culturais, viagens de férias etc.)	10%

Exemplo de fluxo de caixa mensal de um artista

Data	Histórico	Recebimentos (R$)	Débitos (R$)	Saldo (R$)
03/12/16	Cachê de campanha para marca X	R$ 2.100,00	—	R$ 2.100,00
05/12/16	Cachê de campanha para marca Y	R$ 4.500,00	—	R$ 6.600,00
07/12/16	Aplicação na poupança	—	R$ 1.000,00	R$ 5.600,00
10/12/16	Remuneração mensal do contrato de trabalho com a TV XPTO	R$ 3.400,00		R$ 9.000,00
10/12/16	Mensalidade do curso de inglês	—	R$ 250,00	R$ 8.750,00
10/12/16	Aluguel	—	R$ 1.000,00	R$ 7.750,00
13/12/16	Fonoaudióloga	—	R$ 600,00	R$ 7.150,00
15/12/16	Dentista	—	R$ 300,00	R$ 6.850,00
16/12/16	Mensalidade do curso de teatro	—	R$ 450,00	R$ 6.400,00
19/12/16	Fim de semana na praia	—	R$ 800,00	R$ 5.600,00
20/12/16	Mensalidade da aula de dança	—	R$ 140,00	R$ 5.460,00
20/12/16	Assessoria de imprensa	—	R$ 1.200,00	R$ 4.260,00
23/12/16	Fatura do cartão de crédito (gastos com alimentação, transporte e vestuário)	—	R$ 1.500,00	R$ 2.760,00
Total mês		R$ 10.000,00	R$ 7.240,00	R$ 2.760,00

Jayme Renato, pai de Marcelo, no programa *Planeta dos homens*, da Rede Globo — 1976 a 1982.

Marcelo Germano em campanha para a malharia Hering — 1978.

Panfleto do curso de manequim Marcelo Germano — 1992.

Marcelo Germano — 1998.

Marcelo com os irmãos — 2001.

Marcelo Germano e seu pai, Jayme Renato, no início do Projeto Passarela — 2005.

Arquivo pessoal/Marcelo Germano

Marcelo Germano e a modelo Viviane Orth, uma de suas descobertas, no início da carreira dela — 2008.

Marcelo Germano e a atriz Larissa Manoela no início da carreira dela — 2009.

Marcelo Germano em evento do Projeto Passarela — 2013.

Marcelo Germano e a atriz Gabriella Mustafá na Convenção de Curitiba — 2014.

Marcelo Germano e sua mãe, Tania Germano, na Convenção de Curitiba — 2014.

Marcelo Germano e a modelo Marcelle Bittar na Convenção de Curitiba — 2015.

Arquivo pessoal/Marcelo Germano

Marcelo no IMTA em Los Angeles — 2016.

Marcelo Germano com Silvana e Gilberto, pais da Larissa Manoela, na Convenção de Campinas — 2016.

Marcelo com seus filhos, Eduarda e Ian, tio Lica e tia Beth na Convenção de Campinas — 2016.

Marcelo Germano com Walcyr Carrasco na Convenção de Campinas — 2016.

Marcelo Germano e Guilherme Abreu na Convenção de Campinas — 2016.

Arquivo pessoal/Marcelo Germano

Marcelo Germano com Lorena Queiroz, protagonista da novela *Carinha de anjo* — 2016.

Marcelo Germano e sua esposa, Simone Calizotti, no palco da Convenção de Campinas — 2016.

Arquivo pessoal/Marcelo Germano

Marcelo Germano com a filha, Eduarda — 2016.

Marcelo Germano e os filhos na Convenção de Curitiba — 2016.

Marcelo Germano durante a produção do seu livro — 2016.

Marcelo Germano, sua esposa, Simone, e o filho, Ian — 2016.

Arquivo pessoal/Marcelo Germano

Marcelo Germano com sua equipe e os talentos selecionados para participar do IMTA — 2017.

Equipe do escritório de Guarapuava — 2017.

Equipe do escritório de Londrina — 2017.

Equipe do escritório de São Paulo — 2017.

Arquivo pessoal/Marcelo Germano

Equipe Grupo MGT — 2017.

Equipe da Seletiva Marcelo Germano — 2017.

Equipe da Seletiva Projeto Passarela — 2017.

Equipe Grupo MGT — 2017.